WIGAND RITTER
WELTHANDEL

ERTRÄGE DER FORSCHUNG

Band 284

WIGAND RITTER

WELTHANDEL

Geographische Strukturen und Umbrüche
im internationalen Warenaustausch

Mit 8 Abbildungen
und 7 Tabellen im Text

WISSENSCHAFTLICHE BUCHGESELLSCHAFT
DARMSTADT

Einbandgestaltung: Neil McBeath, Stuttgart.

Die Deutsche Bibliothek – CIP-Einheitsaufnahme

Ritter, Wigand:
Welthandel: geographische Strukturen und Umbrüche im internationalen Warenaustausch / Wigand Ritter. – Darmstadt: Wiss. Buchges., 1994
(Erträge der Forschung; Bd. 284)
ISBN 3-534-11612-7
NE: GT

Geographisches Institut
der Universität Kiel

Bestellnummer 11612-7

Das Werk ist in allen seinen Teilen urheberrechtlich geschützt.
Jede Verwertung ist ohne Zustimmung des Verlages unzulässig.
Das gilt insbesondere für Vervielfältigungen,
Übersetzungen, Mikroverfilmungen und die Einspeicherung in
und Verarbeitung durch elektronische Systeme.

© 1994 by Wissenschaftliche Buchgesellschaft, Darmstadt
Gedruckt auf säurefreiem und alterungsbeständigem Werkdruckpapier
Gesamtherstellung: Wissenschaftliche Buchgesellschaft, Darmstadt
Printed in Germany
Schrift: Garamond, 9.5/11

ISSN 0174-0695
ISBN 3-534-11612-7

INHALTSVERZEICHNIS

Verzeichnis der Abbildungen VIII

Verzeichnis der Tabellen IX

Vorwort XI

1.	Einleitung	1
1.1	In den Häfen von Dubai	1
1.2	Welthandel und Geographie	3
2.	Die Wissenschaft vom Welthandel	6
2.1	Welt und Welthandel	6
2.2	Die alte Einheit von Kaufmannswissen und Geographie und deren Zerfall	9
2.3	Getrennte Wege im 19. und 20. Jahrhundert	12
2.4	Die volkswirtschaftliche Außenhandelstheorie	16
3.	Die Aufgaben des Welthandels	22
3.1	Die Handelsfunktionen	22
3.1.1	Die räumliche Funktion im Welthandel	22
3.1.2	Die zeitliche Funktion im Welthandel	25
3.1.3	Die Quantitätsfunktion im Welthandel	27
3.1.4	Die Qualitätsfunktion im Welthandel	28
3.1.5	Kredit- und Marketingfunktionen	29
3.1.6	Zusammenfassende Wertung der Handelsfunktionen . .	30
3.2	Zur Rolle der Distanzen im Handelsaustausch	31
3.2.1	Der Umgang des Handels mit Entfernungen	31
3.2.2	Einige Versuche mit Distanzen in der Handelsgeographie	34
4.	Die Akteure im Welthandel und ihre Standorte	37
4.1	Die Kaufleute	37
4.2	Die Handelsplätze und Netzwerke	39
4.3	Die Handelsketten	47
4.4	Direkthandel der Industriefirmen, Einzelhandelskonzerne und Staaten	53

VI Inhaltsverzeichnis

5.	Die Instrumente des Welthandels	57
5.1	Die Formen der Geschäfte	57
5.2	Der Warenweg	59
5.3	Der internationale Zahlungsverkehr	61
5.4	Erfüllungsorte und INCO-Terms	63
5.5	Die Preise und Marktformen	66
5.6	Die Preise an den Weltbörsen	70
6.	Die Waren des Welthandels	72
6.1	Geographisch bedingte Welthandelsgüter	73
6.2	Kulturspezifische Handelsgüter	76
6.3	HECKSCHER/OHLIN- und THÜNEN-Güter	77
6.4	Vereinfachung und Standardisierung von Handelswaren	80
6.5	Industrieprodukte im Welthandel	83
6.6	Die internationale Warenklassifikation	85
6.7	Güterbezogene geographische Analysen	88
7.	Handelsgeographische Raumsysteme	94
7.1	Kaufmannschaften und Handelsstädte	94
7.2	Kaufmannshansen und Städtebünde	98
7.3	Staaten als Handelsregionen	101
7.4	Freihandelszonen	104
7.5	GATT und UNCTAD	106
7.6	Die Weltwirtschaften	109
8.	Regionale Systeme des Welthandels in Antike und Mittelalter	116
8.1	Anfänge des Welthandels und die ältesten Welthandelsregionen	116
8.2	Das Zeitalter der Kamelkarawanen	121
8.3	Handelsketten und Stützpunkte	122
8.4	Das Ende des alten Welthandels	124
9.	Der Welthandel im europäischen Zeitalter	127
9.1	Flagge und Handel	127
9.2	Gründe für die geographische Ausweitung der europäischen Weltwirtschaft	133
9.3	Außenhandelstheoretische Rechtfertigungen	137
9.4	Geographische Auswirkungen von Freihandel und Staatshandel	140

10.	Welthandel und Industrialisierung	144
10.1	Die Umwertung der Güter und der Kaufmannsaufgaben	144
10.2	Die Triade und Grotewolds Thesen zum Welthandel	150
10.3	Zu einigen Plagen der Dritten Welt	154
10.4	Die Welt heute – Methodik und falsche Perspektiven	158
10.5	Alternativen zum internationalen Warenhandel	161
11.	Welthandel – vom Anfang zum Ende der Geographie?	164

Literaturverzeichnis 167

Register 175

VERZEICHNIS DER ABBILDUNGEN

- *Abb. 1:* Große Handelsplätze in der Bundesrepublik Deutschland 42
- *Abb. 2:* Große Handelsplätze in den USA 44
- *Abb. 3:* Schema einer Außenhandelskette (Import) mit Angabe von Ausschaltungsmöglichkeiten 48
- *Abb. 4:* Hypothetische Kette des altweltlichen Gewürzhandels vor 1500 zwischen den Molukken und Nordwesteuropa 49
- *Abb. 5:* Die räumliche Konfiguration eines Überseegeschäfts 59
- *Abb. 6:* Die Marktformen 68
- *Abb. 7:* Modell des Perlentaucher-Syndroms (Tannenbaummodell) 92
- *Abb. 8:* Modell des europäischen Weltwirtschaftssystems im 18. Jahrhundert 139

VERZEICHNIS DER TABELLEN

Tab. 1: Die zehn führenden Handelsplätze der Bundesrepublik Deutschland 43

Tab. 2: Die zehn führenden Handelsplätze der USA 45

Tab. 3: Die zehn führenden Gütergruppen im Welthandel 1984/85 und 1970 87

Tab. 4: Die Stellung bekannter Rohwaren im Welthandel 1984/85 und 1970 88

Tab. 5: Preisbildung bei Bananen aus Afrika in % des Endverkaufspreises 90

Tab. 6: Zusammensetzung des fob-Exportpreises für somalische Bananen 91

Tab. 7: Einbindung wichtiger Welthandelsländer in den internationalen Austausch gemessen an den Güterimporten 1990 160

VORWORT

Die Themenstellung der Reihe „Erträge der Forschung", wie sie die Wissenschaftliche Buchgesellschaft seit langem herausgibt, dient einer Dokumentation des Standes einer Disziplin und ihrer aktuellen Forschungsrichtungen. Dies war in diesem Band nur teilweise durchführbar. Die Beschäftigung der Geographen mit dem Welthandel war immer spärlich und ist seit der Mitte unseres Jahrhunderts aus mannigfachen Gründen nahezu zum Stillstand gekommen. Alte Traditionen hatten sich überholt, neue Ansätze konnten auf Grund der Fachperspektiven innerhalb der Geographie nicht entwickelt werden, die ja niemals den engeren Kontakt zur Handelswissenschaft und zur Nationalökonomie gesucht hatte.

In anderen Feldern der Forschung, die aber nicht zum engeren Feld der Geographie des Welthandels gehören, gibt es dagegen eine reiche Aktivität, wie etwa in der Einzelhandelsforschung, Entwicklungsländerforschung, Studien zu multinationalen Unternehmen oder in der Dienstleistungs- und Stadtgeographie. Hier werden Fragen des Welthandels immer wieder angeschnitten, jedoch nicht in systematischer Weise.

Die nach Ansicht des Verfassers für eine Geographie des Welthandels notwendigen Rückbezüge zu Betriebswirtschaftslehre, Marketing und Volkswirtschaftslehre werden daher in einigen Kapiteln breiter als bisher in der geographischen Literatur aufgegriffen. Ansonsten stellte sich der Versuch, heute ein solches Werk zu schreiben, als eine Spurensuche auf vielen Feldern heraus, die von der Prähistorie über die Bibel, Geschichte, Völkerkunde, Agrarforschung bis zu Finanzwissenschaft und Recht reichen. Auch dazu ist eine vielfältige Literatur weit verstreut in Spezialpublikationen vorhanden, worin jeweils einzelne Fragen aufgegriffen und mit viel Detail behandelt werden. Diese in vollem Umfang und in systematischer Weise aufzuarbeiten, war dem Verfasser nicht möglich. Er sah sich vielmehr vor der Notwendigkeit, selbst einen konzeptionellen Rahmen einer Geographie des Welthandels zu entwerfen, in dessen Ausfüllung sich viele, meist noch unbearbeitete Forschungsfelder ergeben könnten. Diese verdienen die Aufmerksamkeit von Geographen, weil neue Entwicklungen aufzuarbeiten und auch viele vorgefaßte Meinungen in Frage zu stellen sind.

Nürnberg, Januar 1994   Wigand RITTER

1. EINLEITUNG

1.1 In den Häfen von Dubai

Dubai am Arabischen Golf ist Beispiel eines aktiven Welthandelsplatzes. Brennpunkte des Geschehens sind seine vier Häfen Creek, Hamriyyah, Port Rashid und Mina Jebel Ali. In dem malerischen Dubai Creek ankern in mehreren Reihen hölzerne Dhaus. Am Kai stapeln sich Ballen, Kisten, Kartons, Säcke und Fässer, dazwischen auch unverpackte Waschmaschinen, Ventilatoren, Motorräder und Bauteile. Diese Güter warten hier, bis ihre Schiffe an den Kai herankönnen, um dann geladen und nach den kleineren Häfen arabischer Golfstaaten, nach Lingah oder Bander Abbas im Iran, nach Gwadur, Karatschi oder Bombay, nach Mukalla, Aden und Hodeida im Jemen oder gar nach Somalia und Sansibar verschifft zu werden. Alles wird händisch bewältigt, heran- oder weggekarrt. Oft wird von Schiff zu Schiff umgeladen. Auf den Decks stehen würdige Männer in arabischer Tracht, welche die Dispositionen treffen oder Geschäfte aushandeln. Das Herz der Touristen und auch der Geographen schlägt bei diesem Anblick höher. Man fühlt den Puls des Welthandels, sieht die Waren, kann ihre Herkunft ablesen, ihren ungefähren Bestimmungsort von den Schiffsleuten erfragen. Dahinter, in den Gassen des Basars, häufen sich weitere Warenstapel. Dazwischen sitzen in kleinen Büros die Kaufleute und organisieren diesen Handel. Sie führen kaum Aufzeichnungen oder Bücher. Ihre Geschäfte haben sie weitgehend im Kopf. Mit Formalitäten, Steuern und Zöllen brauchen sie sich nicht herumzuschlagen. Ihr blühender Handel besteht zum Großteil in der Weiterleitung von importierten Gütern, denn noch hat ihr Land wenig eigene Produkte zu exportieren.

Nicht minder bunt geht es im Hamriyyah-Hafen zu, der neben Dhaus auch größere Küstenschiffe empfängt. Hierher bringt man Güter aus der Golfregion, Indien und Pakistan wie Reis, Dünger, Brenn- und Bauholz sowie andere einfache Waren. Rundum parken große LKW, welche aus den Levanteländern Obst, Gemüse und Konsumgüter herangefahren haben, diese im benachbarten Großhandelsmarkt abladen und nun auf Rückfracht warten. Diese besteht aus Waren aus dem Hamriyyah-Hafen, aber auch in Industriewaren aus Japan, Korea und Südostasien und in Bekleidung aus Fabriken in den Emiraten selbst. Solche Dinge werden auch in großer Menge in die Hotels gekarrt, wo sich jetzt Einkäufer aus den GUS-Staaten und Osteuropa einfinden, die sie dann auf halblegalen Wegen in ihre Heimatländer bringen, denn dorthin gibt es noch keine regulären Handelsbeziehungen.

Ganz anders sieht es in den beiden modernen Tiefwasserhäfen Dubais in Port Rashid und Mina Jebel Ali aus. Hier ankern Schiffe aus Europa, Japan und den USA. Sofern man als Besucher überhaupt Zugang erhält, ist wenig zu sehen. Die großen Frachter laden oder löschen Massenfracht und Container mit den modernsten Techniken. Nur wenige Menschen sind dabei beschäftigt. Die Fracht wird in den Lagerhallen der Häfen umgeschlagen oder von Lastzügen in die Gewerbezonen weggebracht. Die Waren selbst sieht man nicht. Die Firmen und Kaufleute haben ihre Büros in den Geschäftshochhäusern der Innenstadt oder im Dubai Trade Center in Nachbarschaft zu den Banken und Versicherungen. Der neugierige Besucher ist dort wenig erwünscht. Man hätte auch keine Zeit für ihn. Für Informationen wird er an die Handelskammer, die Firmenzentralen in Übersee oder an andere Institutionen verwiesen.

Die Häfen von Dubai sind eines der vielen Beispiele für die Gleichzeitigkeit des Ungleichzeitigen. Der Creek und Hamriyyah verkörpern den traditionellen Welthandel. So wie heute hier sah es vor 150 Jahren auch in Hamburg, Bremen oder Liverpool aus. Das Handelsgeschehen wurde an seinen Brennpunkten sichtbar und unmittelbar verständlich. Mit seinen beiden anderen Häfen jedoch gleicht Dubai jedem anderen modernen Handelsplatz der Welt. Die Handelstätigkeit hat sich hinter verschlossene Türen mit blanken Messingschildern zurückgezogen. Sie wird mit Hilfe von Nachrichten, Dokumenten, Begleitpapieren und einer effizienten Umschlagtechnik abgewickelt. Für den Beobachter ist sie unsichtbar geworden und kann nur indirekt über Pressemitteilungen und Statistiken erfahren werden.

Die Häfen von Dubai sind aus der geographischen Literatur und besonders durch GABRIEL (1987) und WIRTH (1987, 1988) gut erfaßbar. Sie machen dennoch die Schwierigkeiten deutlich, welche sich einer Geographie des Welthandels heute stellen. Dessen traditionelle, handwerkliche Abwicklung durch zahllose kleine Akteure gibt es nur mehr in Reliktformen in den Peripherien der Welt. Auch Dubai zeigt nur mehr einen Rest des früher vom Golf aus betriebenen Welthandels. In den entwickelten Ländern der Welt wurde auch der Handel industrialisiert und nun mit modernen Formen von Logistik und Organisation abgewickelt, die sich immer weniger mit den klassischen geographischen

Methoden der Beobachtung oder Kartierung erfassen lassen und die nur mehr in abstrakter Form aus Statistiken ableitbar sind.

1.2 Welthandel und Geographie

„Die Handelsgeographie geht unsichere Wege", schreibt OTREMBA (1978, S. 30) in der letzten Fassung seines Werks „Handel und Verkehr im Weltwirtschaftsraum", dem in deutscher Sprache keine größere Darstellung mehr gefolgt ist.

Mit einer Ausnahme gilt seine Aussage noch heute. Gut entfaltet hat sich nämlich die Geographie des distribuierenden Einzelhandels. Sie konnte sich auf die zentralörtliche Theorie und behavioristische Studien zum Konsumentenverhalten stützen und von dieser Grundlage her methodische Anregungen aufgreifen, die zum aktionsräumlichen Ansatz weiterentwickelt wurden (KLINGBEIL 1977, 1978, HEINRITZ 1979). Auf diesem Gebiet sind heute substantielle Forschungsergebnisse vorzuweisen. Mit diesen ist die Einzelhandelsgeographie eng zur Siedlungs- und Stadtgeographie verbunden und somit fest in der Kultur- und Wirtschaftsgeographie verankert. Ebenso wurden in ihrer praktischen Anwendung Verbindungen zur Raumplanung, Absatzwirtschaft, Marketing und Distributionslogistik, also zur Betriebswirtschaftslehre gefunden.

Alle anderen, denkbaren Bereiche der Handelsgeographie führen ein Schattendasein, dessen primäre Ursache wohl das Fehlen geeigneter Theorien ist. Auf praktischer Seite wird dies verstärkt durch die Schwierigkeit, die aktuellen Tätigkeiten des Handels und der Kaufleute mit geographischen Methoden einzufangen. Historiker mögen vielleicht, Jahrzehnte später, Einblick in die Geschäftspapiere erhalten und die Vorgänge rekonstruieren können, was aber nicht allzuviel zum Verständnis der heutigen Situation und ihrer raschen Veränderungen beiträgt. Geographische Arbeiten zum Großhandel gibt es so gut wie gar nicht, bedeutsamer ist nur VANCE (1970). Ähnliches gilt für den Übersee- und Welthandel (THOMAN and CONKLING 1967). Zipfel der Problemstellung werden von der Verkehrsgeographie, der Bürostandortforschung, der Geographie multinationaler Unternehmungen, spezifischer in der Weltstadtforschung (FRIEDMAN 1986, GAEBE 1989, STAUDACHER 1991) und von HOTTES (1991) mit der Plantagenwirtschaft bearbeitet, womit man an den physiognomisch faßbaren Ausprägungen ansetzt, sich aber erst über einen langen Weg der Forschung und Interpretation an die Funktionsweisen des Handels annähern kann, etwa bei MC CONNELL (1986).

1. Einleitung

Gewöhnlich haben sich Geographen in neuerer Zeit mit den Statistiken des internationalen Handels begnügt und diese nach Gütern und Richtungen der Güterbewegungen analysiert. Oft geschieht dies im letzten Kapitel oder als Anhang zu Regionaldarstellungen. Meist aus Verlegenheit, denn jedem Geographen ist wohl klar, daß eine Statistik des grenzüberschreitenden Handelsaustauschs zwar eine vorzügliche Datengrundlage abgibt, aber kaum ein Forschungsinstrument seiner Wissenschaft ist. Über diesen ärmlichen Stand ist die Handelsgeographie seit der Mitte des vergangenen Jahrhunderts eigentlich nicht hinausgekommen. Es wurde versäumt, eine tragfähige Brücke zur Außenhandelstheorie der Nationalökonomie zu schlagen, an deren Diskussion sich Geographen niemals beteiligt hatten. Ebensowenig wurde die Partnerschaft zur betriebswirtschaftlichen Handelswissenschaft gesucht, obgleich die Geographie einst als deren siamesischer Zwilling in die Welt gekommen war. Die Blüte der Handelswissenschaft im 19. Jahrhundert berührte die Geographie auch dann nicht mehr, als allenthalben geographische Lehrstühle an Handelshochschulen eingerichtet wurden. Allzusehr waren Geographen mit der Erkundung und Systematisierung von Naturgrundlagen, Produktionsmöglichkeiten und Landschaften befaßt. Gegenwärtig ist der Weg zur Betriebswirtschaftslehre schwierig, weil diese ihre handelswissenschaftliche Tradition weitgehend aufgegeben hatte und erst in jüngster Zeit auf dem Umweg über internationales und globales Marketing langsam wieder dazu zurückfindet.

Die von Geographen stets gepflegte Kommerzgeographie versuchte sich als angewandt-praktische Richtung. Wegen ihres beschreibenden Charakters und Nützlichkeitsdenkens fand sie an den Universitäten wenig Ansehen und wurde auf nichtakademische Ausbildungsfelder verwiesen, was allerdings dem Markterfolg ihrer Produkte keinen Abbruch tat.

Dazu muß man jedoch deutlich betonen, daß sich Geographen mit ihrer Auffassung vom Wesen, dem Objekt und der Methodik ihrer Wissenschaft selbst entscheidende Hemmnisse errichtet hatten. Die Welt der Kaufleute hatte mit jener der Geographen nicht mehr viel gemein, seit diese ihren Raum als geosphärisches Objekt, als die Erdhülle gegliedert in Länder verstanden und in der höchsten Synthese als Landschaft und Land darzustellen bemüht waren. In diesem Rahmen war der Handel für sie nur eine recht marginal mitgestaltende Kraft.

Forscher, die sich dem territorial verfaßten Erdraum zuwandten und Staatengeographie betrieben, mußten im Welthandel sogar eine ärgerlich irritierende Tätigkeit sehen, die sich einer säuberlichen Regelung

1.2 Welthandel und Geographie

durch Recht, Gesetz und Planung entzieht und damit die Staaten und ihre Grenzen grundsätzlich in Frage stellt. Sicherlich wurde hier auch die weitverbreitete Auffassung von der Unproduktivität, ja dem parasitären Charakter des Handels in der Nationalökonomie und daraus hergeleiteten Ideologien wichtig. Sie lenkte das Forschungsinteresse einseitig auf die Güterproduktion und gerade noch ein wenig auf die gesellschaftliche Wohlfahrt, hatte aber für die Dienstleistungen ein blindes Auge, das sich erst zögernd wieder erhellt.

Die Welt der Kaufleute und des Handels kann aber weder geosphärisch noch territorial verstanden werden. Sie beruht auf endlichen, räumlich aber nicht begrenzbaren Netzwerken, die zwischen Geschäftspartnern aufgespannt werden. Es ist darin nicht notwendig, daß die Partner immer dieselben bleiben, noch daß sie überhaupt feste Standorte haben, die Netzwerke also beständig dieselben Orte verknüpfen würden. Solche Netzwerke sind inkongruent zu allen anderen geographischen Gliederungen und zur Staatenwelt in den Erdraum eingebettet. Sie erfüllen diesen auf ihre spezifische Art sehr selektiv und aus rationaler Sicht auch einseitig. Der Grund ist darin zu suchen, daß in diesem kommunikativen Raumkonzept Distanzen nicht metrisch gemessen und die Lagevorteile anders bewertet werden. Dieses alternative Raumkonzept dient in diesem Buch als Leitschnur für die Behandlung der Probleme des Welthandels (dazu RITTER 1991, S. 14 ff.). Mit seiner Hilfe lassen sich einige der benötigten Brücken zu anderen Wissenschaften schlagen.

2. DIE WISSENSCHAFT VOM WELTHANDEL

2.1 Welt und Welthandel

Wer von Welt spricht, muß zuallererst sagen, was er darunter versteht. Geographen bezeichnen gerne, wenngleich etwas unpräzise die Erde als Welt und verwenden Begriffe wie Weltmeer, Weltteil, Weltwirtschaft und Welthandel in diesem Sinne. Man könnte boshaft behaupten, daß sie von der Kirke ihrer Wissenschaft verzaubert nur mehr den Erdboden unter ihren Füßen wahrnehmen. Seit jeher stehen daneben andere Auffassungen von Welt. Im übertragenen Sinne nämlich ist *Welt* ein geistiger oder organisatorischer Zusammenhang zwischen einer Mannigfaltigkeit von Erscheinungen. Man darf daher von einer Welt der Kaufleute sprechen. Welthandel als ein Aspekt dieser Welt der Kaufleute, bei weitem nicht ihr einziger, ist eine solche Mannigfaltigkeit, die aber den Planeten Erde nicht ausfüllen muß. Man spricht mit Berechtigung auch von einer Welt der Antike, von antikem Welthandel oder mittelalterlichem Weltverkehr, obgleich keine dieser Mannigfaltigkeiten weltumspannend in geographischem Sinne sein konnte, da man ja die Oberfläche der Erde noch nicht voll erkundet hatte.

Als letzteres dann zutraf, lag es für Geographen nahe im Welthandel so wie etwa Hermann LEITER (1929, S. 819) „... *die Summe des gesamten Handels aller einzelnen Volkswirtschaften, sowohl des Binnenhandels als auch des Außenhandels*" zu verstehen. Diese unpraktische Definition schränkt LEITER sogleich wieder ein, indem er sich auf die „*Summe des Außenhandels aller Zollgebiete*" ausrichten will. In ähnlicher Weise wird diese Formulierung von vielen Geographen verwendet und meist schlicht als Summe des internationalen Handels interpretiert (z.B. GRÖTZBACH 1972, S. 1). Diese Auffassung hat den Vorteil sehr leicht operationalisierbar zu sein, vereinfacht aber die Problemstellung zu stark und begibt sich einseitig in das Fahrwasser der Nationalökonomie.

Gehen wir von dem Begriff *Welt* aus, so ist *Welthandel* jener Teil des Handels, mit dem Kaufleute organisatorisch und ökonomisch imstande sind, die ihnen bekannte Welt zu verknüpfen. In den alten Kulturen war diese mit der räumlichen Extension geographischer Kenntnisse gleichzusetzen. Erst ab dem 18. Jh. wurden systematisch und ohne vor-

2.1 Welt und Welthandel 7

dergründig kommerzielle Absichten Entdeckungsreisen in die entlegeneren Teile der Erde gemacht. Seit damals erst bildet sich eine Differenzierung zwischen der Welt der Geographen und der Welt der Kaufleute heraus. Beide sprechen zwar nun von Weltwirtschaft und Welthandel, verstehen aber darunter nicht mehr dasselbe. *Welthandel in Kaufmannssicht* verknüpft heute alle für den Handelsaustausch interessanten Plätze auf der Erde, seine Netzwerke sind aber kleiner als deren bekannte Oberfläche und weniger umfassend als deren Aufteilung in Staaten.

Man kann sich dieser Problematik auch mit dem Konzept der *Weltwirtschaften* nach BRAUDEL (1986) annähern. Er versteht darunter weitgespannte Austauschsysteme, in denen jeglicher Güterbedarf durch Produktion und Handel gedeckt wird. Ein solches System wird so lange vertikal und horizontal ausgeweitet, bis dieses Ziel erreicht ist. Was dann noch außerhalb bleibt, interessiert nicht mehr. Daraus wird verständlich, warum so viele der alten Kulturen kaum Anstrengungen zur Erforschung der Erde unternahmen. Ebenso wird klar, daß neue Bedürfnisse oder auch nur vermutete Handelsmöglichkeiten sehr schnell zu aktiven Bemühungen führen, die Herkunftsgebiete solcher Waren zu erreichen, zu erkunden, zu erschließen und zu erobern. Gold, Gewürze, Pelze, später Kautschuk und Waltran und in jüngster Zeit Erdöl und Erdgas gaben genügend starke Motive für eine von Europa und Amerika ausgehende Ausweitung der Weltwirtschaft. Einem solchen Vorgang verdankt auch Dubai seinen Aufstieg.

Der daraus resultierende Austausch wäre unzweifelhaft zum Welthandel zu rechnen. Innerhalb einer BRAUDELschen Weltwirtschaft brauchen wir jedoch einige Einschränkungen. Sicherlich sind die Einkäufe der Hausfrauen im Supermarkt nicht Welthandel, auch wenn sie dort Waren erwerben, die vorher ihren Weg durch dessen Netzwerke genommen hatten. Die eigentlichen Welthandelstransaktionen müssen irgendwo vor dieser Stufe enden. Zwar wird heute oft von den Verbraucherinnen verlangt, sie müßten bei ihren Einkäufen das Wohlergehen der Menschen in den Herkunftsländern dieser Güter mitbedenken, doch ist dies sicherlich eine intellektualistische Überforderung der Konsumenten.

Ähnliches gilt für die Erzeugungsseite der Güter. Nur wenn sie dem Eigenbedarf dienen, kann der Erzeuger ihre Verwendung wirklich im Sinne haben. Ansonsten erzeugt er für andere und kann kaum bestimmen, was letztlich damit geschieht. Produktion ist nicht Handel, oft nicht einmal dessen Grundlage. Selbst wo sie von Kaufleuten induziert und gesteuert wird, findet die Umwandlung von Produkten in

Waren erst später statt. Bis zu den Verbrauchern haben sie noch einen langen Weg zurückzulegen. Erst in dessen Verlauf bestimmt sich, ob daraus Waren des Welthandels werden. Gewiß behalten die Akteure des Welthandels auch die Endglieder der Handelsketten im Auge, doch wird dies kaum ihr zentrales Anliegen sein.

Demnach ist *Welthandel* als Teilbereich des Handels von Produktion und Konsum deutlich abgesetzt. Er wird *zwischen Kaufleuten* mit Waren spezifischer Art durchgeführt. Die Kaufleute erfüllen dabei eine unentbehrliche gesellschaftliche Aufgabe. Sie machen dies in professioneller Weise unter Einsatz ihres Wissens und unter Berücksichtigung einer Reihe von Handlungsbedingungen, worunter die Orientierung an Preisen und Konkurrenzverhältnissen besonders hervortritt. Der Gebrauchswert der Güter aus Verbrauchersicht und auch ihre gesellschaftlichen Kosten aus Erzeugersicht spielen für sie keine Rolle. Läßt sich eine Ware irgendwo beschaffen und anderswo noch mit Gewinn absetzen, so haben auch erdräumliche Distanzen keine Bedeutung.

Welthandel sollte daher auch nicht mit jenem Güterverkehr gleichgesetzt werden, der im Zuge einer Transaktion Staats- oder Zollgrenzen überschreitet, wenn es auch Statistiker und Volkswirte so sehen müssen. Dem einfachen Verständnis nach scheiden Nachbarschaftshandel, kleiner Grenzverkehr, Mitnahme von Waren durch Touristen und ähnliche Geschäfte über Grenzen hinweg aus. Wohl aber wird man jenen Teil des Binnenhandels eines Zollgebiets zum Welthandel rechnen müssen, der Transaktionen zwischen professionellen Kaufleuten fortsetzt oder der mit Waren im Binnenmarkt nach Kriterien und zu Preisen erfolgt, wie sie im Welthandel üblich sind, denn solche Güter könnten jederzeit auch im Ausland angeboten werden.

Als letzter Schritt zur Annäherung an den Begriff des Welthandels: Güter müssen, um zu seinen Gegenständen zu werden, aus dem gesellschaftlichen Umfeld ihrer Entstehung herausgenommen und in der Hand der Kaufleute zu *Waren* geworden sein, die einen Teil ihrer kulturspezifischen Attribute verloren haben. Umgekehrt gewinnen sie solche hinzu, wenn sie im Besitz der Distributionshändler wieder in Länder und Orte eingebunden werden und ihre Mobilität verloren haben. Im Bereich dazwischen, den wir als Welthandel im weitesten Sinne betrachten wollen, können sie durch viele Hände gehen und mit gleichartigen Waren aller anderen Herkunftsorte im Wettbewerb stehen. Sie haben hier also eine universelle Bestimmung. Güter, denen solche Eigenschaften nicht zukommen, die etwa nur für einen bestimmten Verwender und nur für diesen erzeugt wurden, mag man noch so weit in der Welt herumtransportieren, man wird solche Geschäfte nur unter Vorbehalt zum Welthandel rechnen. Alle anderen Geschäfte aber gehörten zu Welthandelstransaktionen. Ihre Gesamtheit wollen wir einschließlich ihrer Rahmenbedingungen als das *System des Welthandels* betrachten.

2.2 Die alte Einheit von Kaufmannswissen und Geographie und deren Zerfall

Handel und Geographie stammen aus demselben Kindbett. Wo ein Feldherr in fremdem Land, sicher durch sein Heer geschützt, den gordischen Knoten mit dem Schwert zerhauen durfte, mußte der Kaufmann, auf sich alleine gestellt, dem verschlungenen Faden folgen. Alle Bedingungen fremder Örtlichkeiten waren für ihn lebenswichtig und für seine Geschäfte von möglichem Interesse. Kaufleute waren notgedrungen praktische Geographen, die ihr Wissen auf den Reisen im Kopfe mit sich trugen.

Die Welt eines Kaufmanns besteht geographisch grundsätzlich aus drei Bereichen. Im *ersten* führt er seine eigenen Geschäfte aus. Er erwirbt und vergibt Wareneigentum, organisiert die Transporte und stützt sich dabei auf ein Netzwerk von Partnern, Geschäfts- und Gastfreunden oder eigene Niederlassungen. Dies ist sein normales Betätigungsfeld, für welches er Fachmann ist.

Der *zweite Bereich* mag ihm zwar persönlich unvertraut sein, er weiß jedoch darüber aus dem Kontakt mit seinen Geschäftspartnern Bescheid, die wiederum diese Märkte als Spezialisten betreuen.

Es ist sicherlich falsch anzunehmen, den Handelsherren in Sidon, Karthago, Alexandrien oder Venedig wären Indien, Südostasien und China völlig unbekannt gewesen. Sie wußten recht genau, welche Waren von dorther zu welchen Preisen zu holen waren. Die Geschäftsbeziehungen dorthin lagen aber in den Händen anderer Kaufleute und waren problemlos, soweit man sich auf bewährte Partner verlassen konnte. Gleichwohl führten Kaufleute von Zeit zu Zeit Erkundungsreisen durch, wie wohl auch jene des Marco POLO nach China eine war.

Auf der Grundlage neuer Erfahrungen kann dann die Aufnahme direkter Geschäftskontakte geprüft und eventuell wieder verworfen werden. Kaufleute brauchen in diesem Bereich breitere Information und benützen bei derartigen Markterkundungen auch Berichte von Geographen, Diplomaten und Missionaren.

Zum *dritten Bereich* bestehen weder direkte noch indirekte Geschäftskontakte. Um solche einzurichten, müßte ein Kaufmann zuerst selbst mit riskanten Investitionen tätig werden. Dies aber ist nicht sein Beruf, und er sieht sein eigenes Geld nicht als Venture-Kapital an. Für Unternehmungen in solchen Regionen wächst sein Interesse erst dann, wenn ihm andere, der Staat, die Religion, die Forscher, das Militär oder Abenteurer, die Wege gezeigt haben.

Diese Dreigliederung besteht für jeden Kaufmann, wobei sich die Betätigungsfelder eines jeden von ihnen etwas anders gestalten. Man darf sie heute nicht als konzentrische Kreise im geographischen Raum auffassen. Die Bereiche eins und zwei umfassen die Knoten im Netzwerk der Handelsplätze, die Länder abseits dieses Netzwerks bilden den dritten Bereich.

Die eigentliche Kaufmannsinformation wird nur ausnahmsweise niedergeschrieben und publiziert. Sie bleibt in der Regel internes, *datengeschütztes* Material des jeweiligen Handelshauses oder einer örtlichen Kaufmannschaft und wird nur an jene weitergegeben, die Geschäfte ausführen sollen. Zur Ausbildung eines jungen Kaufmanns gehören seit jeher Geschäftsreisen und Aufenthalte bei Geschäftspartnern. Auf diese Weise erworbene geographische Kenntnisse sind ein integraler Teil seiner Berufsausbildung. Geographie gab es also in diesem Sinne schon lange bevor sie sich als Wissenschaft etablierte. Im europäischen Mittelalter waren es die Kaufleute, die sich neben der Kirche am stärksten für die Ausweitung der Weltkenntnis interessierten.

Die Ausbildung der Geographie als Wissenschaft setzte in einem technischen Nebenfeld der Kaufmannstätigkeit ein, nämlich in der Seefahrt. Der Navigator braucht, um sich in der grenzenlosen Weite der Ozeane zurechtzufinden, andere Instrumente als nur im Kopf gespeichertes Wissen. Die arabischen Nakhodas benützten im Verkehr nach Indien und Ostafrika lange Lerngedichte als Datenspeicher. Diese enthielten die Örter der Gestirne, nach denen man sich orientieren konnte. Kompaß, Astrolabium, astronomische Tabellen und die Vorstellung von der Kugelgestalt der Erde samt der daraus abgeleiteten Seekartentechnik erwiesen sich letztlich doch als praktischer gegenüber auswendig gelernten Versen. Die Geographie hatte mit der Seefahrt ein autonomes Anwendungsgebiet gefunden, das für Kaufleute, Reeder, Soldaten und Administratoren nützlich wurde. Seekarten, Landkarten und geographische Beschreibungen deckten dieses Feld ab und nahmen bei der Detailbetrachtung von Orten und Ländern Teile des alten Kaufmannswissens mit auf, aber eben nur Teile.

SUNDHOFF (1979) verdanken wir eine eingehende Darstellung der Handelswissenschaft und ihrer Verbindungen zur Geographie ab dem 12. Jh. Darin verweist er auf interessante und der geographischen Fach-

2.2 Kaufmannswissen und Geographie

welt heute unbekannte, frühe Vertreter der Wirtschaftsgeographie. Wer würde wohl unter dem Titel „*Der vollkommene schlesische Kaufmann*" von Paul Jacob MARPERGER (1714) eine umfassende praktische Wirtschaftsgeographie dieses Landes erwarten, die alles handelsrelevante Wissen in erstaunlich modern anmutender Weise zusammenfaßt? Im Stile des Merkantilismus wird darin der Schwerpunkt auf die Handelsplätze und jene Produktionen und ihren Handel gelegt, die als Import- oder Exportgüter Bedeutung haben. Solche Länderstudien hat der 1656 in Nürnberg geborene MARPERGER mehrfach publiziert, neben anderen wirtschaftsgeographischen Schriften und dem frühesten Werk zum Reiseverkehr.

Zwei Generationen später bringt Carl Günter LUDOVICI, ein bedeutender Kameralist, in seiner Vorrede zu dem 1768 erschienenen „*Grundriß eines vollständigen Kaufmannssystem*" als inhaltliches Ziel, daß „... *Länder, Plätze, Stapelorte, Niederlagen, die Schiffahrt und den Handel angehende Anstalten ... auf das Genaueste erklärt und beschrieben ...*" werden sollten. Und wieder eine Generation später wird in dem kleinen Büchlein von LEUCHS (1791, S. 86 f.) ein Überblick der *Handelsgeographie* skizziert, der inhaltlich einer praktischen Wirtschaftsgeographie entspricht.

Erst nach dem Ende des 18. Jhs. setzt eine allmähliche Trennung von beiden Seiten her ein. Geographie bleibt für die Kaufleute zwar wichtig, wird aber in den Lehrbüchern der Handelswissenschaft zurückgedrängt, wohl weil es bereits aus der Feder von Kameralisten genügend *bürgerliche* Länderbeschreibungen gab, die das Faktenmaterial in der Art der „*Neuen Erdbeschreibung*" von BÜSCHING aufbereiteten. Ihrerseits beginnt sich nun die Geographie als akademische Wissenschaft zu formieren. Sie tritt damit von der Praxis zur Theorie bzw. zur *reinen* Wissenschaft über und sucht Kontakte zu Staatswissenschaften und zur Naturwissenschaft.

Zwei sehr interessante Konzepte aus dieser Übergangszeit stammen von Carl RITTER (1822 ff.) und Alexander von HUMBOLDT (1809). Bei RITTER spielen die alten Inhalte noch eine größere Rolle, werden aber in die Anmerkungen zu seinen Texten verbannt. HUMBOLDT hat seinen „*Versuch über Neu-Spanien*" staatswissenschaftlich ausgelegt. Dies bringt Gemeinsamkeiten zu BÜSCHING und läßt seine spätere naturwissenschaftliche Geographie gerade erst erahnen. Bei beiden aber zeigt sich bereits eine Einengung der wirtschaftlichen Sachverhalte. Natürliche Ressourcen und Produktionsverhältnisse treten hervor, während der Handelsaustausch eher nebenher angesprochen wird. Daneben steht das kuriose Werk von EBELING „*Erdbeschreibung und Geschichte von Amerika"*, das um 1800 in Hamburg als Ergänzung zu BÜSCHING erschien. EBELING wollte eine Handelsgeographie schreiben, bringt aber statt dessen in großer Breite die Erkenntnisse der Naturwissenschaft zu Geologie, Fauna und Flora Amerikas, wie wir solches später besser geordnet im *länderkundlichen Schema* nach HETTNER wiederfinden können.

2.3 Getrennte Wege im 19. und 20. Jahrhundert

Handelswissenschaft und Geographie trennen sich im 19. Jh., und dies sollte in seinem Verlauf immer deutlicher werden. Zwar werden von Geographen dickleibige Handels- und Kommerzgeographien geschrieben und in vielen Auflagen verbreitet; dafür steht etwa im deutschen Sprachraum ANDREE/HEIDRICH/SIEGER, *„Geographie des Welthandels"* (4. Aufl. 1927); im englischen Bereich CHISHOLMS *Handbook of Commercial Geography* (1. Aufl. 1889, 19. Aufl. 1975); der Inhalt dieser Werke ist jedoch dem Zuge der Zeit folgend eine landes- und produktenkundliche Beschreibung mit etwas mehr Aussagen zur Wirtschaft als in normalen Landeskunden oder Schulbüchern. Die Güterproduktion hat ausschließlichen Vorrang. Dienste und Handel finden allenfalls randlich mit einigen Seiten Erwähnung, die durch Tabellen zum Außenhandel garniert werden. Die Möglichkeit einer echten Geographie des Handels wird nicht erkannt, nicht versucht, und vermutlich hätte dies die naturwissenschaftliche Orientierung der Verfasser auch gar nicht erlaubt. Daß diese Werke dennoch ein breites Publikum fanden, zeigen ihr Umfang und zahlreiche Auflagen bis in die jüngste Zeit.

Daneben entstanden Kompendien mit noch deutlicher güterkundlicher Ausrichtung. Sie erfassen Produktionsmengen und Anbaugebiete für wichtige Welthandelsgüter in beschreibendem Text oder als güterkundlicher Atlas. Ein solcher ist z. B. der *Oxford Economic Atlas of the World* (4. Aufl. 1972), worin dem Welthandel gerade eine Seite gewidmet ist, allerdings zu vielen Gütern die Exportströme angegeben werden. Gut bekannt ist auch der *kulturgeographische Weltatlas* von Johannes HUMLUM (8. Aufl. 1978), der bezeichnend im englischen Titel *„Atlas of Economic Geography"* heißt. Acht Auflagen dieses Werks in dänischer Sprache sind sicher erstaunlich. Im begleitenden Textband wird der Außenhandel der Welt und einiger Länder auf wenigen Seiten in Tabellen erläutert. Es ist wenig nützlich, hier noch weitere Beispiele dieser Art von Handelsgeographien anzuführen. Methodisch kam man näm-

2.3 Getrennte Wege im 19. und 20. Jahrhundert

lich von seiten der Geographie darüber nicht viel hinaus. Dies belegen die Bücher von OBST (1960) und BÖSCH (1966), die beide Neuerungen versucht hatten. In die gleiche Periode fällt die Aufrüstung der Schulatlanten mit immer mehr Wirtschaftskarten, in denen solche Inhalte regional aufbereitet werden.

Alle diese Werke stammen von akademischen Geographen mit naturwissenschaftlicher Ausbildung. Dennoch spiegelt sich darin, mit einer gewissen zeitlichen Verzögerung, der Einfluß volkswirtschaftlicher Lehren, so wie diese von einem breiten Publikum aufgenommen und interpretiert wurden (dazu RITTER 1991 a). In diesem Sinne entsprechen die güterkundlichen Kompendien und Atlanten der freihändlerischen Denktradition, welche ja um alle Herkunftsgebiete eines Gutes auf der Welt wissen will, um die beste Bezugsquelle identifizieren zu können. Die synthetischen Wirtschaftskarten im Schulatlas führen den Kameralismus fort und unterstützen sozialistische Strömungen.

Zusammenfassend läßt sich behaupten, daß die Handels- und Wirtschaftsgeographie ab Anfang des 19. Jhs. zu einer dokumentierten Ergänzung von Betriebswirtschaftslehre und Nationalökonomie wurde, denen sie Material zulieferte. Diese Funktion war wichtig, solange sich die Wirtschaft nicht durch eigene, schnellere und informativere Quellen davon losgelöst hatte. Für den Welthandel übernehmen dies heute unzählige Fachzeitschriften zu fast jeder Ware und jedem seiner Segmente. Geographische Theoriebildung wurde von OBST, BÖSCH und mehr noch OTREMBA versucht. Einen Durchbruch zu eigenständigen Hypothesen bringt aber nur VANCE (1970). Daher kann auch für den angloamerikanischen Bereich JOHNSTON (1989) fragen, warum sich Geographen so wenig mit dem internationalen Handel beschäftigen und über deskriptive Hypothesen nicht hinauskommen.

Die Entwicklungen in der Geographie haben ihr Gegenstück in der Handelswissenschaft. Diese erlebte ihre Akademisierung erst um 1900 und entfaltete sich dann zu einem eigenständigen Fach im Rahmen der Betriebswirtschaftslehre, das seine höchste Blüte nach dem Ersten Weltkrieg erlebte. Im Zuge dieses Prozesses verschwinden geographische Inhalte aus ihren Werken. Arnold LINDWURMS Handelsbetriebslehre von 1878 enthält noch ein breites Kapitel „*der Umschwung des Welthandels*", das eigentlich eine Geographie der wichtigsten Handelsländer und Handelswege ist. Bei SCHÄR (1921) findet man nur mehr detailarme geographische Aussagen, obgleich er sich bei Begriffen wie Ökumene, Weltwirtschaft und Weltmarkt ausdrücklich auf Friedrich RATZEL bezieht. Bei den jüngeren Autoren wie OBERPARLEITER (1930), SEYFFERT

(1951) oder HELLAUER (1954) tauchen keine direkten Bezüge zur Geographie mehr auf.

Umgekehrt werden diese Autoren auch von den Wirtschaftsgeographen nicht mehr wahrgenommen. Erich OTREMBA, der 1957 seine „*Allgemeine Geographie des Welthandels und Weltverkehrs*" vorlegte und darin auch deren Entwicklungsgang darstellt (OTREMBA 1957, S. 28–34; 1978, S. 18–38), hat zur Handelswissenschaft offenbar keine Beziehung gefunden, obgleich er an einer Wirtschaftshochschule lehrte. Ähnliches kann man von den anderen Wirtschaftsgeographen seiner Generation an den Handelshochschulen sagen, mit rühmlicher Ausnahme von SMITH und PHILLIPS (1951). Dabei aber hätte ein Blick in das Inhaltsverzeichnis von HELLAUERS *Welthandelslehre* genügen können, um eingestreut in die Systematik der handelswissenschaftlichen Gliederung die geographischen Aspekte des Welthandels, seiner Märkte, der Verkehrs- und Kulturverhältnisse, der Handelsorganisation, der Standorte, Handelsplätze, Messen und Börsen wie auch die Rolle der Erfüllungsorte bei Geschäften und bei der Preisfeststellung angesprochen zu finden. Daraus hätte sich eine inhaltsreiche Geographie des Welthandels herleiten lassen, der in Relation zur Handelswissenschaft die Rolle einer empirisch forschenden Wirtschaftswissenschaft zugefallen wäre.

HELLAUER steht jedoch als Betriebswirt am Ende dieser Entwicklung. In den sechziger Jahren setzte die breite Aufnahme von amerikanischen Ideen und Methoden ein, die sich in einem Regionalsystem mit anderer Funktionsweise als in den europäischen Handelsländern ausgebildet hatten. Dies bringt zunächst eine *Betriebswirtschaftslehre des Außenhandels* (BEHRENS 1957, HENZLER 1970). Dabei ist man sich bewußt, daß bereits der Begriff Außenhandel von der traditionellen Linie wegführen muß, indem statt des funktionellen ein institutioneller Handelsbegriff verwendet wird (BEHRENS 1957, S. 1). Man sieht wie hier die Betriebswirte vor einem ähnlichen Paradigmenwechsel stehen wie die Geographen um 1800.

Die amerikanische Entwicklungslinie führt über das Marketing, welches mit seiner Orientierung auf den Absatz die Handelswissenschaft zurückdrängt, zum internationalen Marketing, das sein Blickfeld langsam auch auf das Ausland ausweitet. Dies wird von den großen Konsumgütererzeugern vorangetrieben, die seit dem Zweiten Weltkrieg verstärkt Auslandsmärkte bedienen. Die Literatur zum *internationalen Marketing* (z. B. CATEORA und HESS 1966; MIRACLE und ALBAUM 1966) kennzeichnet eine sehr selektive Aufnahme von Elementen der alten Handelswissenschaft mit gelegentlichen geographischen Ein-

2.3 Getrennte Wege im 19. und 20. Jahrhundert 15

sprengseln. Andererseits aber entsteht aus den Aufgaben der Marktforschung und Marktbewertung ein neuartiger Bedarf an geographischer Information. Dieser wird jedoch nicht inhaltlich gedeckt, sondern nur in ellenlange Checklisten mit Beurteilungskriterien für fremde Länder eingebaut (z. B. MIRACLE und ALBAUM 1966, S. 376 ff.) oder punktuell angesprochen wie bei BEREKOVEN (1985, S. 76 ff.) und STAHR (1991, S. 66 ff.) in Länderbewertungen.

In ihrer Verlegenheit orientieren sich die Autoren über solche Dinge in der Kulturanthropologie (z. B. HENZLER 1970, S. 138), Völkerpsychologie, Kunst, Religion usw. und versuchen dort Hilfe für die Analyse der Märkte fremder Länder zu bekommen. Dies führt durchaus auch zu wertvollen neuen Erkenntnissen, wie in den Arbeiten der Soziologen HOFSTEDE (1980) und TODD (1985) über den Einfluß von sozialen Grundhaltungen und Familienstrukturen auf die Wirtschaftsentwicklung. Die Geographie dagegen übt keinen nachweisbaren Einfluß in dieser Richtung aus. Dies ist sehr bedauerlich, da Marketingleute zu drastischer Vereinfachung geographischer Sachverhalte neigen, die sie letztlich doch nicht übersehen dürfen, und zu wenig an eine regional differenzierende Betrachtung denken. Die jüngste Tendenz zum *globalen Marketing* (KREUTZER 1989) ist aus solchen Gründen der Geographie noch viel ferner, zeigt aber Ansätze zu einer Wende. CZINKOTA und RONKAINEN (1988) sprechen sehr deutlich Relief, Klima, Bevölkerung, Verkehrsinfrastruktur und Wohlstandsniveau an, man darf aber hier unterstellen, daß ihnen die Geographien nicht mehr an Gesichtspunkten hatten vermitteln können.

Marketing leitet sich als Aufgabe vom distribuierenden Einzelhandel her, den die Konsumgütererzeuger systematisch beliefern und für den Absatz ihrer Produkte einsetzen. Dieses Marketing kann global werden, weil große Erzeuger von Markenprodukten auch Einfluß auf den Vertrieb in Übersee nehmen wollen. In vielen Fällen haben sie dabei den einst selbständigen Importgroßhandel und andere Welthandelsfunktionen in den internen Bereich ihrer Unternehmen hereingenommen, wo diese nun von eigenen Abteilungen betreut werden. Auf diesem Felde ist vermutlich eine Welthandelslehre unnötig geworden. Der Bedarf bleibt freilich bei allen anderen Güterarten erhalten. In anderer Hinsicht kommen aus dem Marketingbereich für die Wirtschaftsgeographie interessante Anregungen. *Strategisches Marketing* (KELLNER 1990) knüpft wieder in ganz unerwarteter Form Fäden zu alten Fragen der Geographie. Marketing für Regionen, Städte und Tourismusziele zwingt zur ökonomischen Bewertung geographischer Erscheinungen in breitem Umfang. Hier überall darf man den Marketingpraktikern und ihren oft skurrilen Ideen keinen Vorwurf machen, die Geographie hätte weit mehr Hilfestellung geben können.

2.4 Die volkswirtschaftliche Außenhandelstheorie

Im Gegensatz zu der praktisch und funktionell ausgerichteten Handelswissenschaft und dem Marketing wird von der Nationalökonomie eine abstrakte Theorie des Handelsaustausches zwischen Staaten bzw. Volkswirtschaften gepflegt. Diese *Außenhandelstheorie* bestimmt maßgeblich die Handelspolitik über ihren Einfluß auf Regierungen und Banken. Wir konnten sehen, daß sich die Geographie letztlich diesem nationalökonomischen Modell gebeugt hat, obgleich auch diese Theorieentwicklung an der Handelsgeographie fast spurlos vorbeilief, zumindest im deutschen Sprachraum. Lediglich die Handelstheorie des Marxismus wurde bewußt rezipiert.

Grundlegende Fragen zur Bedeutung des Außenhandels für die Macht der Herrscher und Staaten wurden schon von den frühen *Merkantilisten* im 16. Jh. gestellt und nach dem damaligen Wissensstand beantwortet. Man sah damals im Außenhandel eine Quelle für Geld, d. h. Edelmetall, wofür ein Land möglichst nur Gewerbeprodukte in höchster Verfeinerung exportieren sollte. Diese bringen nämlich im Gegensatz zu Rohwaren einen stärkeren Zufluß barer Zahlungsmittel und können so die inländische Wirtschaft befruchten und höhere Steuererträge bewirken. Dem Staat wurde die Regulierung dieses Handels zugewiesen. Er hatte die Importe fremder Güter auf unentbehrliche Rohwaren zu beschränken, jene von Gewerbeprodukten durch den Aufbau eigener Manufakturen zu vermindern oder durch Verbote ganz zu unterbinden. Setzt man statt Edelmetall den Begriff *harte Devisen*, wird sogleich ersichtlich, daß viele Staaten auch heute nach einfachen merkantilistischen Grundsätzen Handelspolitik betreiben. Der Lehre der Merkantilisten stellten David HUME und Adam SMITH ihre *Freihandelslehre* entgegen. David RICARDO gab dieser 1817 mit seinem *Gesetz der komparativen Kosten* am Beispiel des Tausches von portugiesischem Wein gegen englisches Tuch, wie dieser im Methuen-Vertrag von 1703 vereinbart und 1810 nochmals bestätigt worden war, eine erste theoretische Form. Damit geht er von der isolierten Betrachtung des eigenen Landes umgeben von einer auszubeutenden Umwelt zu einem Zwei-Länder-Modell über. Dessen Folgerungen sind kontraintuitiv und sollen deshalb dargelegt werden.

Nimmt man an, daß England eine Einheit Tuch für 100, eine Einheit

2.4 Die volkswirtschaftliche Außenhandelstheorie

Wein für 120 Arbeitsstunden erzeugen könne, Portugal dagegen Wein für 80 und Tuch für nur 90 Stunden, so müßten alle englischen Unternehmer schleunigst nach Portugal auswandern und nur dort produzieren. Wären aber die Preise für beide Güter beim Äquivalent von 100 Arbeitsstunden eingependelt, so könnte England eine Einheit Tuch gegen eine Einheit Wein tauschen und damit 20% der Arbeitsstunden sparen, bzw. dafür 1,2 Einheiten Tuch hervorbringen. Portugal umgekehrt erhält bei diesem Preis eine Einheit Tuch für eine Einheit Wein und muß nicht zur Tuchherstellung das Äquivalent von 1,125 Einheiten Wein aufwenden.

RICARDO zeigt damit, daß auf Grund der relativen Kostenunterschiede, ausgedrückt durch den Arbeitsaufwand, bei diesem Austausch beide Partner profitieren können und ein tatsächlicher Vorteil dieses Handels vom international üblichen Preisniveau gesteuert wird, denn läge der Weinpreis nur bei 90, so würde der Handel für Portugal uninteressant.

Dieses Modell enthält viele vereinfachende Annahmen. So werden beide Länder zu Punkten in einem nichtgeometrischen Raum abstrahiert. Distanzen und Transportkosten bleiben unberücksichtigt, ebenso Preisschwankungen, Geldwert und technische Fortschritte in der Produktion. Das Qualifikationsniveau der Arbeitskräfte wird als gleich angenommen, sie können auch nicht in das andere Land abwandern usw. Da Portugal und England jedoch als Märkte durch das Meer getrennt sind, spielen manche dieser Umstände bei der Anwendung in der Praxis keine Rolle. Diese war in RICARDOS Fall auch schon seit über 100 Jahren bewährt. Es ließe sich gegen sein Modell lediglich einwenden, daß zwischen zwei Ländern mit völlig gleichem Kostenniveau auch bei Freihandel kein Austausch stattfinden würde.

Der Zwei-Länder-Ansatz ist mit nur zwei Gütern recht einfach. Bilateraler Austausch dieser Art wird auch heute unter staatlicher Lenkung betrieben. Es wäre überdies nur ein Rechenproblem, das Modell auf alle Länder und alle Güter auszuweiten. Freilich dürfen bei mehr als zwei Ländern die *Distanzen* und Transportkosten nicht mehr vernachlässigt werden. Angewandt auf eine freihändlerische Weltordnung würde sich dann jedes Land bei seinen Exporten auf eine kleine Palette von Gütern spezialisieren oder gar nur ein einziges hervorbringen, bei dem seine komparativen Vorteile größer sind als aller seiner Konkurrenten. Wie eine Welt aussieht, in der *Transportkosten* wirksam sind, veranschaulicht das Modell des isolierten Staates nach Johann Heinr. v. THÜNEN (1826) in seiner gedanklichen Ausweitung auf die gesamte Welt. Die entlegensten Wirtschaftszonen hätten nur bei wenigen Viehwirtschaftsprodukten wie Wolle oder Fleischextrakt noch genügend große komparative Vorteile, um die Barriere der Transportkosten zu überwinden. Dagegen behält diese die zentrale Stadt für ihre Dienste und Gewerbe weltweit, da sie ja keine Konkurrenten hat. Mit zunehmendem Wohlstand in den zentralen Zonen müßten die schwächeren Produktionen immer weiter in die Peripherie hinausverlagert werden. PEET (1969, S. 293 f.) hat dies für die britischen Importe im 19. Jh. untersucht, wovon noch zu sprechen ist. Im großen und ganzen finden wir diese Situation noch bei einigen überseeischen Agrarexportländern. Viele neuere Modellvorstellungen vom Weltwirtschaftsraum sind letztlich von diesem THÜNEN-Typ. Distanzen werden als eine Erklärungsvariable eingesetzt und die Peripherie als äußere Thünenzonen angesehen.

Bei dem vielfältigen Handelsaustauch zwischen Ländern mit praktisch gleichem Kostenniveau, etwa in Europa, spielen Transportkosten nur eine untergeordnete Rolle. Dies bliebe bei einem RICARDO-Ansatz unerklärt. Hier setzt als erste wichtige Ausweitung das HECKSCHER/ OHLIN-*Theorem der Faktorproportionen* an. Bertil OHLIN (1937) hielt die Ausstattung eines Landes mit Produktionsfaktoren (Boden, Naturressourcen, Klimavorteilen, Arbeit, Know-how, Kapital) für entscheidend im Handelsaustausch. Mit hohem Einsatz der in einem Lande reichlichen Faktoren müßten Güter billiger sein als in einem anderen, wo eben diese Faktoren knapp und teuer sind. Sie sollten daher die Grundlage für die weltwirtschaftliche Spezialisierung sein. Bei OHLINS Heimatland Schweden denkt man dabei unwillkürlich an Waren aus Holz oder Eisen.

Dieses Faktorproportionentheorem löst einige Widersprüche auf, läßt aber den grundsätzlichen Einwand bestehen, warum der Handel zwischen den Industrieländern trotz faktisch gleicher Faktorproportionen weit umfangreicher ist, als jener zwischen ihnen und den Entwicklungsländern, bei welchen ja alle Faktoren bis auf Kapital und Know-how billiger sein sollten. Dies wurde von LÖSCH (1939, 1962), LEONTIEF (1951) und auch von GROTEWOLD (1979) kritisiert. LEONTIEF erklärt den Export arbeitsintensiver Güter aus den USA trotz des weltweit höchsten Lohnniveaus mit dem Umstand, daß hier qualifizierte Arbeit im Vergleich zu anderen Ländern ein sehr reichlicher Faktor sei. Dieses *Humankapital,* wie man seither sagt, machte damals durch die hohe Produktivität der Arbeit die amerikanischen Produkte noch wettbewerbsfähig.

LINDER (1961) stellt in seinem einflußreichen Werk heraus, daß zwar der Handel zwischen Industrie- und Entwicklungsländern nach HECKSCHER/OHLIN erklärbar wäre, nicht aber der Austausch zwischen den

2.4 Die volkswirtschaftliche Außenhandelstheorie

Industrieländern selbst. Für sie würden die Ähnlichkeit der Nachfrage und das vergleichbare Wohlstandsniveau entscheidend. Industrieländer tauschen untereinander *Waren gleicher Art*, aber verschiedener Marke und Machart aus, ein Gedanke den GROTEWOLD aufgreift. Entscheidend ist für LINDER die Binnennachfrage eines Landes. Export ist immer dann möglich, wenn Massenabsatz die Erzeugung großer Stückzahlen erlaubt. In seinem Sinne wäre also Handel die Folge des Wohlstands der Nationen und nicht seine Ursache. Freilich dürften dann Erzeuger in kleinen Ländern und Marktgebieten wenig Chancen auf Exportmärkten haben.

Hier haken wieder andere Autoren ein. MYINT (1968) greift die bereits von Adam SMITH vertretene These vom Export als *Ventil für Überschüsse* auf. Die im Binnenland dank Fortschritten der Produktionstechnik oder Ausweitungen erzeugten, aber hier nicht absetzbaren Überschüsse können so lange preisgünstig im Ausland angeboten werden, bis Bevölkerungsvermehrung und Wohlstandszuwachs die Inlandsnachfrage angehoben haben. Eine ganze Reihe einstiger Getreideexporteure, Indien, Ägypten und Deutschland im 19.Jh., sind auf diese Weise wieder als Anbieter ausgeschieden und müssen importieren.

LORENZ (1967) und HIRSCH (1974) suchten Erklärungen mit Bezug auf Josef SCHUMPETER (1926). *Neuartige Produkte* können so lange in großem Umfang exportiert werden, bis Nachahmer diese ebenfalls und vielleicht noch billiger anbieten können, was in jüngerer Zeit mit Autos und Mikrochips aus Japan und Südkorea gegenüber den ursprünglich amerikanischen Exporten deutlich wurde. Diese Thesen verbinden sich leicht mit den Vorstellungen vom *Produktlebenszyklus* nach VERNON (1966). Im Marktzyklus eines neuen Gutes ergeben sich Phasen, in denen zu sehr günstigen Kosten produziert und daher leicht exportiert werden kann. Dies bringt auch Chancen für sehr kleine Länder, wobei man etwa an Liechtenstein denken kann dazu (MALUNAT 1987). Großräumig begründet NURKSE (1959) den Aufschwung des Welthandels im 19.Jh. mit dem ungeheuren *Nachfragesog* der damals neuerschlossenen Überseeländer, die ihren Ausbau auf Schulden finanzieren mußten. Der Zwang zu deren Bedienung und Rückzahlung lenkte ihre Spezialisierung auf jene Wirtschaftszweige, welche die größten komparativen Vorteile gegenüber den Industrieländern hatten. Auch diese Wechselwirkungsthese gilt noch heute, besonders für die rohstoffreichen Entwicklungsländer.

Alle diese Theorien gehen von einem streng *territorialen Raumkonzept* aus. Länder bzw. Volkswirtschaften sind gegeneinander abgeschlossene Räume. Zwischen ihnen wird zwar in vielen Modellen Freihandel als Prämisse gesetzt, aber die Produktionsfaktoren können nicht von einem Land ins andere diffundieren. Daher wird das Argument, daß Faktorwanderungen etwa der Arbeitskräfte den Handelsaustausch substituieren könnten und umgekehrt, nur wenig beachtet. Freihandel ist natürlich im Binnenbereich der Volkswirtschaftsregionen verwirklicht. Hier sind die *Faktorwanderungen* unbehindert, und es treten massive Konzentrationen von Menschen und Kapital in Erscheinung, die REICHART (1993 b) sehr deutlich auf die ungeschickte Handelspolitik der Regierungen zurückführt. Solche Wanderungen sollten aber auch komparative Vorteile aufheben. JOHNSON (1981) zeigt, daß solche dennoch innerhalb der USA wirksam bleiben, bestimmte Industriezweige anlocken und damit den internen Handelsaustausch bestimmen. Ein Ausgleich anfänglicher komparativer Vorteile müßte sich nach Meinung der Freihändler im Laufe der Zeit auch zwischen den Volkswirtschaften einstellen. Darin wollte man ein automatisch wirkendes Prinzip sehen, wogegen schon 1841 Friedrich LIST einwandte, daß die entstehenden und noch schwachen Industrien eines sich entwikkelnden Landes (hier Deutschland) zunächst einen Schutz durch Zölle gegenüber den Konkurrenten (England) bräuchten, um reife Strukturen aufbauen zu können. Dieses *Schutzzollargument* wurde von Staaten immer wieder zur Protektion ihrer Binnenmärkte mißbraucht und hat allerlei ergänzende, listige Instrumente hervorgerufen wie Kontingente, Quoten, Handelsbehinderung durch bewußt restriktive Normen, bürokratische Vorschriften, Devisenbeschränkungen bis hin zu staatlichen Außenhandelsmonopolen. Freihändler suchten demgegenüber durch andere Instrumente wie die *Meistbegünstigung* die Handelsmöglichkeiten offenzuhalten, was heute in breiter Weise in die Bestrebungen des GATT einmündet.

Ausgehend von MYRDAL (1957) stellten sich seit den sechziger Jahren die Dependenztheoretiker auf den Standpunkt, daß beim Austausch die Entwicklungsländer wegen ständig steigender Preise für Industriegüter bei gleichbleibenden oder sinkenden Preisen für Rohwaren mit einer ständigen Verschlechterung ihrer *Terms of Trade* (Austauschbedingungen) zu rechnen hätten. Verstärkt würde dies durch das globale Nachfragemonopol einiger weniger Industrieländer, dem bei Rohwaren das zersplitterte Angebot aus vielen kleinen und armen Ländern gegenüberstünde. Diese Thesen fanden in der Dritten Welt bereitwillige Aufnahme und bestimmten schnell die Haltung ihrer Regierungen. Diese riefen nach einer *neuen Weltwirtschaftsordnung* im Rahmen der UNCTAD. Über die Popularisierung solcher Thesen (z. B. SENGHAAS 1972, 1978) fanden diese auch bei den Geographen in der Entwicklungs-

2.4 Die volkswirtschaftliche Außenhandelstheorie

länderforschung breite Annahme. Recht seltsam, da sich doch die Geographie gegen alle anderen Ansätze der Außenhandelstheorie so passiv verhalten hatte. Dependenztheoretiker verhärteten ihr Modell zur starren Ansicht, daß Entwicklungsländer wegen ihrer schlechten Terms of Trade niemals eine Chance zur Industrialisierung und zu höherem Wohlstand erhalten würden. Der Aufstieg einiger wenig entwickelter Volkswirtschaften in Europa zu vollwertigen Industrieländern seit dem Zweiten Weltkrieg (Österreich, Finnland, Norwegen) wie auch die anhaltende Stärke der asiatischen Schwellenländer im Export von Industriegütern führten solche Thesen ad absurdum.

Die geographische Beschäftigung mit der Außenhandelstheorie blieb abgesehen von der Dependenztheorie und den Marxisten minimal. Aus neuerer Zeit ist eigentlich nur mehr GROTEWOLD (1979) mit seiner „Regionalen Theorie des Welthandels" zu erwähnen. In der Tat bringen diese Modelle im empirischen Test nur selten genügend klare Aussagen. Dem geographischen Denken ist überdies die Abstraktion ganzer Länder zu Punktökonomien zutiefst zuwider. Aufnahme erfahren daher eher die Maßnahmen der praktischen Handelspolitik der Staaten, die auf solchen Modellen basieren, wofür stellvertretend die kleine Schrift von GRÖTZBACH (1972) genannt werden soll. Zwar sickert auch über die Medien viel Außenhandelstheorie in die Schuldidaktik ein, hat aber nur sehr wenig Anregung für geographische Forschung gebracht.

3. DIE AUFGABEN DES WELTHANDELS

3.1 Die Handelsfunktionen

Der Welthandel hat die Aufgabe jene Nachfrage nach Gütern zu decken, die in einem Netzwerk kommunikativ verknüpfter Märkte unbefriedigt bleiben müßte, wenn nur lokal oder gebietlich erzeugte und verteilte Waren zur Verfügung stünden. Seine Elemente sind die zwischen professionellen Welthandelskaufleuten abgewickelten Geschäfte. Um solche gewinnbringend gestalten zu können, müssen dabei Handelsfunktionen im Sinne wertsteigernder Leistungen entlang einer Handelskette von den Erzeugern zu den Verbrauchern erfüllt werden. Diese Leistungen werden von der Außenhandelstheorie ausgeklammert, von den Marxisten geleugnet und von vielen anderen einfach übersehen. Daher haben sie in der Zeit zwischen den beiden Weltkriegen die Handelswissenschafter herausgestellt und systematisch klassifiziert (OBERPARLEITER 1930, SEYFFERT 1951).

Wegen der besseren Umsetzbarkeit in geographische Fragestellungen wird hier dem Ansatz von OBERPARLEITER gefolgt. Er unterscheidet eine räumliche, zeitliche, quantitative und qualitative Handelsfunktion, ergänzt durch Kreditfunktion sowie Werbe- und Absatzfunktionen, welch letztere man heute als Marketing zusammenfaßt. Die Interpretation ist hier jedoch angewandt-praktisch ausgerichtet und soll sich ausschließlich auf die Funktionserfüllung im Welthandel richten. Sie trägt einigen zwischenzeitlich eingetretenen Veränderungen Rechnung. Die Funktionen des Einzelhandels und die dort sehr wichtigen Sozial- und Wohlfahrtsaspekte brauchen hier nicht betrachtet werden.

3.1.1 Die räumliche Funktion im Welthandel

Dem Welthandelskaufmann stellen sich mehrere räumliche, also in engerem Sinne angewandt-geographische Aufgaben. Sie resultieren aus dem Fehlen der Einheit des Ortes bei der Abwickelung der Geschäfte, die durch besondere Techniken ersetzt werden muß. Es gilt den Kontakt zu Beschaffungs- und Absatzmärkten herzustellen, diese Märkte zu bewerten, ggf. im Sinne einer Optimierung, die Waren und ihre Gegenlei-

3.1 Die Handelsfunktionen

stungen räumlich zu übertragen, sie rechtlich einwandfrei zu übergeben. Dazu kommt der Aufbau einer dafür geeigneten Unternehmensorganisation und eines Netzwerks von Geschäftskontakten an entsprechenden Orten zur Durchführung der Geschäfte und des begleitenden Informationsaustauschs.

Das Auffinden von Beschaffungsmärkten war in früheren Jahrhunderten noch eine ganz entscheidende Problematik und gab Anlaß zur Erkundung fremder Länder bis hin zum Erwerb von Kolonialbesitz durch die Mutterländer. Seit dem frühen 19. Jh. wurden Teile dieser Aufgabe von Geographen ausgeführt, die sich der Ersterkundung solcher Länder samt ihren Potentialen zugewandt hatten. Sie konnten freilich den Kaufleuten das Optimierungsproblem niemals abnehmen. Um die Absatzmärkte kümmerten sich die Geographen weniger. Für den Kaufmann ist aber hier die Optimierung noch akuter. Es gilt unter den heute rund 180 Außenhandel treibenden Staaten und einer noch viel größeren Zahl von Handelsgebieten die Dispositionen zu treffen. Ein früher Einstieg in entstehende Märkte wird vielleicht hohe Marktanteile in deren Wachstumsphase bringen, eine dauerhafte Präsenz solche absichern. Da aber Welthandelskaufleute in erster Linie nach möglichen Geschäftspartnern suchen, stützen sie sich hierzu nicht mehr auf geographische Literatur, sondern auf ihre spezifischen Informationskanäle über Konsulate, Handelskammern, Messekontakte und die Wirtschaftspresse.

Um gewinnbringend zu bleiben, müssen Geschäfte zwischen räumlich getrennten Partnern und Märkten genau durchkalkuliert werden, wobei Veränderungen der Kosten, Preise und Währungskurse auch vorausschauend zu beachten sind. Der Transport mitsamt seinen spezifischen Risiken ist eine Teilaufgabe der räumlichen Funktion. Bis ins späte 19. Jh. waren Kaufleute oft noch selbst die Transporteure, begleiteten ihre Warenlieferungen oder ließen sie von Angestellten begleiten. Heute sind Geschäftsabwickelung und Transport gewöhnlich getrennt, selbst in Dubai. Die Transporte werden von Frachtführern, Spediteuren und Reedereien in eigener Verantwortung ausgeführt. Daher hat sich die ursprünglich so enge Systemverflechtung von Handel und Verkehr spürbar gelockert. Verkehrswege, Routen und Transportlogistik werden nach den technischen und ökonomischen Erfordernissen der Transportfirmen gestaltet. Es besteht damit auch kein zwingender Grund mehr, Handels- und Verkehrsgeographie zusammenzulegen, wie dies noch Otremba (1957, 1978) machte. Freilich sei dahingestellt, ob die Handelsgeographie deshalb schon einen eigenständigen Teil der Wirtschafts- und Kulturgeographie abgibt.

Die rechtliche Übertragung des Wareneigentums bedarf wegen der sonst eintretenden Ungewißheiten einer exakten räumlichen Festlegung. Sie kann am Standort des Käufers oder des Verkäufers oder auch an einem vereinbarten Umschlagplatz erfolgen. Maßgeblich wird die Zweckmäßigkeit des Übergabeorts und die relative Stärke der beiden Kontrahenten (RITTER 1984). Dazu müssen jedoch alle Zusammenhänge des Geschäftsablaufs mitbedacht werden, z.B. ob etwa der Weitertransport nach Übergabe in einem Hafen tatsächlich auch technisch möglich ist. Die entscheidenden Übergabehandlungen erfolgen meist nach vertraglich vereinbarten und feststehenden Klauseln wie cif und fob, den sogenannten INCOTERMS (siehe Kap.5.5). Cif- und fob-Preise einer Ware in einem genannten Ort enthalten alle vom Verkäufer bis dorthin anfallenden Transportkosten, Versicherungsspesen, Zölle, Steuern und andere Nebenkosten. In *fob-Preisen* stecken die Kosten des Land- und Flußtransports zu einem Verschiffungshafen, in *cif-Preisen* zusätzlich die Kosten des Seetransports in den Bestimmungshafen. Ein cif-Preis besagt auch, daß sich der Verkäufer um den Transport über See kümmert.

Die allgemeinen Risiken bei der räumlichen Handelsfunktion bestehen im Verfehlen des günstigsten Beschaffungs- oder Absatzmarkts auf Grund mangelnder Information, der Wahl einer zu teuren Transportalternative und im Verfehlen der günstigsten Orte und Formen der Eigentumsübertragung. Daneben stehen die speziellen Transportrisiken wie Havarie, Diebstahl, Verderb, Blockierung der Ware oder ihr Verlust infolge von Unruhen, Kriegen und Naturkatastrophen. Vieles davon wird heute durch Versicherungen abgedeckt, aber manche Fälle von höherer Gewalt sind nicht versicherungsfähig.

Die Erfüllung räumlicher Welthandelsfunktionen hat starken Einfluß auf Standorte und Firmensitze der Kaufleute. Wer sich besonders in diesem Bereich engagiert, wählt einen transportnahen Standort in einer Seehafenstadt, in der Nähe eines internationalen Flughafens oder an anderen wichtigen Verkehrspunkten. Diese Bindung ist um so stärker, um so eilbedürftiger die Waren sind, so finden wir die Importeure tropischer Blumen oft an Flughäfen. Bei anderen Geschäften ist heute der Verkehrsstandort gegen andere Plätze abzuwägen, wo die Kunden-, Bank- oder Behördenkontakte besser sind. Noch immer aber sitzt, weltweit gesehen, der Großteil der Kaufleute in Seehafenstädten.

In der freien Wirtschaft ist mit der Erfüllung der räumlichen Handelsfunktion eine ständige Suchaufgabe verbunden, die neue Märkte und neue Partner erkundet und bei Eignung in das Handelsnetz einbezieht. Der Kaufmann hat im Sinne der Hypothese von MYINT sozusagen stets einen Überschuß an Waren, für welche er Absatz sucht.

3.1 Die Handelsfunktionen 25

Daraus ergibt sich, wie OBERPARLEITER betont (1955, S. 222), eine Tendenz zur räumlichen Ausweitung des Welthandels. VANCE (1970, S. 53, S. 85) sieht diese auch in der Notwendigkeit professioneller Spezialisierung und Organisation begründet. Fehlt dieses Moment, so neigt der Handel schnell zu Absprachen und exzessiven Preissteigerungen, die letztlich zur Übernahme des Außenhandels durch den Staat führen wie gewöhnlich bei kriegführenden Ländern. OBERPARLEITERS Ausweitung des Welthandels ist natürlich durch die Nachfrage begrenzt. Ihr Fehlen wird besonders bei Rohwaren als geographische Begrenzung deutlich. Viele der vermeintlich so knappen Bodenschätze sind deshalb an entlegenen Orten noch völlig wertlos wie ganz besonders im Binnenbereich Afrikas (dazu RITTER 1991 b, S. 34 ff.).

3.1.2 Die zeitliche Funktion im Welthandel

Welthandel operiert nicht unter den Prämissen der Einheit von Ort, Zeit und Handlung (RITTER 1991, S. 18 ff.). Die zeitliche Überbrückung stellt eigentlich noch größere Anforderungen als die räumliche Funktion. Die Waren im Welthandel müssen im Rhythmus von Erzeugung und Verbrauch durch die Netzwerke geschleust werden, so daß sie jeweils *zum rechten Zeitpunkt am richtigen Ort* verfügbar sind. Auch hier treten Optimierungsprobleme in Hinblick auf Kaufs- und Verkaufszeitpunkte sowie Preisschwankungen auf. Viele Verkäufer bzw. Erzeuger sind am prompten Verkauf ihrer Produkte interessiert oder dazu gezwungen *(Kassaware)*. Teilweise werden die Güter schon lange vorher verkauft, aber erst zu einem späteren Zeitpunkt ausgeliefert *(Terminware)*. Dies bringt das Problem unterschiedlicher Preise zu den Zeitpunkten der rechtlichen und der physischen Eigentumsübertragung ins Spiel. Verdichtet und örtlich fixiert manifestiert sich dieses Moment im *Terminhandel* an den Warenbörsen, wo professionelle Spekulanten bereit sind, dieses zeitliche Risiko zu übernehmen. Nicht zu übersehen ist bei Überseegeschäften das zeitliche Risiko während des Transportlaufs, das man auch der räumlichen Funktion zurechnen könnte. Transportverzögerungen können zum Verlust des Geschäfts oder gar der Ware führen.

Zeitliche Überbrückungsaufgaben im Welthandel stellt zunächst die Natur der Geosphäre durch die Unterschiede der Jahreszeiten mit Angebots- und Nachfragesaisonen. Diese werden vielfältig überlagert durch zeitliche Momente, welche die Kalender und bestimmte Feste bewirken (TRAGL 1992). In origineller Weise stellt VANCE (1970, S. 25 ff., S. 51 f.) hierzu Nachfrageakkumulation und -antizipation als Reaktionsweisen der Händler heraus. Ansonsten ist *Lagerhaltung* das Instrument der zeitlichen Handelsfunktion. Sie ist wieder mit vielen warenspezifischen Kosten und Risiken belastet (Verderb, Schwund, Raumkosten, Bewachung, Kühlung oder Beheizung). Den wichtigsten Kostenfaktor stellt die Kapitalbindung in Lagerbeständen dar. Das darin steckende Geld kann oft zwischenzeitlich vom Kaufmann nicht für andere Geschäfte eingesetzt werden. Er hat daher alles Interesse, seine Lager gering zu halten oder die Bestandshaltung an die Erzeuger und die Abnehmer abzuwälzen.

Dem entgegen steht das öffentliche Interesse an ausreichenden Mindestlagern, um außergewöhnliche Verbrauchsschwankungen und Versorgungsengpässe decken zu können. Bei Rohöl und manchen Gütern werden den Händlern solche Mindestlager vorgeschrieben. Kartelle halten Pufferlager zum Ausgleich von Preisschwankungen. Regierungen legen strategische Lagerbestände bei wichtigen sensiblen Gütern an. Die plötzliche Auflösung solcher Lager kann beträchtliche Unruhe in die Märkte tragen. Horte sind Vorräte nicht verderblicher Waren, die für Unsicherheiten einer fernen Zukunft angelegt werden.

Ein Teil der Lagerung ist mit der organisatorischen Struktur der Handelsketten verbunden, da ja mit jeder Eigentumsübertragung eine wenn auch nur kurze Zwischenlagerung verbunden ist. Bedeutsam ist darunter die Vorratshaltung während der Transporte, denn die *segelnde* bzw. *schwimmende* Ware stellt Zwischenlager dar, und noch immer dauern Schiffstransporte viele Wochen oder sogar Monate. Kurzfristige Störungen im Welthandel müssen deshalb noch keine Verknappung oder Preiserhöhung für die Verbraucher bringen.

Auch Lagerhaltung ist heute häufig von der sonstigen Geschäftsabwicklung getrennt und spezialisierten Firmen übertragen. Lager des Welthandels haben typische Standorte als Auffanglager im Erzeugungsgebiet und als Dispositionslager in Seehäfen und Torpunktstädten, seltener im Verbrauchsgebiet. Man sucht nämlich geographische Orte aus, von denen her noch viele Optionen für den weiteren Bestimmungsort der Waren offenbleiben, und dies ist bei Posten, die schon im Verbrauchsgebiet lagern, nicht mehr der Fall. Verdichtet finden wir dieses Moment in den sogenannten *Stapelplätzen*, wo Kaufleute zum schnellen Weiterverkauf bestimmte Bestände halten, deren letztes Ziel noch völlig offenbleibt. Dafür eignen sich besonders Freihäfen und Zollfreizonen. Im Anschluß an solche können sich für verschiedene Waren Spot-Märkte für sofort verfügbare Partien ausbilden.

3.1.3 Die Quantitätsfunktion im Welthandel

Aus den Unterschieden des Mengenanfalls bei Erzeugern, den üblichen Bezugsmengen der Abnehmer wie auch aus der Kapazität der Transportmittel ergibt sich die Quantitätsfunktion des Handels. Waren, die von den Erzeugern nur in kleinen Posten angeliefert werden können, müssen von den Händlern zu größeren, einheitlichen Partien konsolidiert werden. Waren, die nur in kleineren Mengen weiterverkauft werden können, muß man aufteilen und umpacken. Dazu haben sich im Welthandel bei Transaktionen zwischen Kaufleuten *Mengenstandards* herausgebildet, die den Verträgen zugrunde gelegt werden. Solche Partien oder Lose sind auch die Einheiten, in welchen an den Börsen gehandelt wird. Man kann sie den Börsenseiten der Tageszeitungen entnehmen. So wird Weizen in New York zu 5000 Bushel notiert, Kupfer zu 5000 Pfund, Kakao zu 10 t, Gold zu 100 Troy-Unzen. Börsenpreise gelten für solche Mengen oder ihr Vielfaches. Kleinere Mengen sind generell teurer. Die Mengenstandards sind ein wesentliches Moment, worin sich Welthandelsgeschäfte vom sonstigen Handel unterscheiden. Mengenprobleme beim Transport ergeben sich aus den Abmessungen und Ladekapazitäten der Transportgefäße. Im Landverkehr sind diese heute durch LKW und Eisenbahnwaggon bestimmt. Im Seeverkehr durch die wesentlich größeren Kapazitäten auf Schiffen. In jedem Hafen wird der Umschlag zwischen den Verkehrsmitteln als *Break of Bulk* neben seinen technischen Aspekten zu einer unentbehrlichen Handelsaufgabe. Auch dies ist vielfach schon professionellen Handlingfirmen übertragen und wird bei kleineren Warenpartien auch von den Spediteuren ausgeführt. Diese bilden daneben aus ungleichartigem Stückgut Sammelladungen.

Eine kostengünstige Standardtechnik für viele Quantitätsprobleme bietet der Containertransport. Der 20-Fuß-Normcontainer kann mit bis zu 22 t Ladung gefüllt werden. Früher oder später wird sich dies als Standardgröße im Welthandel gegenüber den heute noch üblichen Ballen, Bündeln und Fässern durchsetzen.

Zur Sicherung der benötigten Mengen auf Beschaffungsmärkten dienen dem Handel langfristige Lieferkontrakte, Verkauf vor der Produktion der Waren u. ä., die zugleich ein wichtiges Hilfsmittel bei der Stabilisierung der Gütererzeugung sind, etwa in der Form des Vertragsanbaus in der Landwirtschaft. Die Erfüllung der Quantitätsfunktion ist standortmäßig generell an Lagerhaltung und Umschlagstätigkeit gebunden und bildet keine eigenen Plätze aus, wenn man vom Distributionsgroßhandel absieht. Sie stärkt freilich die Rolle der anderen, besonders bei den Importhandelsplätzen.

3.1.4 Die Qualitätsfunktion im Welthandel

Nur ausnahmsweise werden Produkte ohne eine Qualitätskontrolle gekauft. Im Inland gibt diese dem Abnehmer die Garantie, daß die Ware in ihrer Beschaffenheit den gesetzlichen Vorschriften über die Zulassung zum Verkauf entspricht. Im Welthandel gibt es noch keine Gesetze, jedoch werden analoge Maßnahmen nötig. Viele Waren werden nach Handelsklassen oder Standards sortiert. Weil im Welthandel einheitliche Mengen bevorzugt werden, führt man diese Aufgabe schon im Erzeugungsgebiet aus. Andere Güter bedürfen der Haltbarmachung für Lagerung und Transport. Bei wieder anderen werden die handelsüblichen Qualitäten durch Mischen oder Verschnitt hergestellt. Dies kann im Erzeugungsgebiet, an Zwischenhandelsplätzen oder auch erst im Bestimmungsland erfolgen, je nachdem welche Sachkompetenz erforderlich ist. Blending von Tabak machen erst die Verarbeiter, Wein verschneidet der Großhändler, Rohöl mischt schon der Exporteur im Förderland. Hier ist z. B. das bekannte *Arabian Light* eine Mischung von Rohölen aus verschiedenen Feldern zu einer einheitlichen Handelsqualität. Am Ende der Handelsketten steht, nicht mehr zum Welthandel gehörig, die Bildung von Sortimenten, Sets und Kombinationen für den Einzelhandel.

Verbunden wird dies alles mit ein- oder mehrmaliger Qualitätsprüfung bei der rechtlichen Übertragung der Waren, was vielfach von speziellen Prüfanstalten gemacht wird und einem Schiedsgericht unterliegt. Wichtige vereinfachende Instrumente sind Qualitätsklauseln in den Verträgen, Garantien der Verkäufer oder ihrer Behörden sowie *Handelsmarken* (dazu MEYNEN 1985, S. 482 f.). Zur Qualitätsfunktion gehört im internationalen Geschäft die Bestätigung der Herkunft der Waren. Sie spielt für deren Zulassung auf den Märkten um so mehr eine Rolle, um so stärker der Staat den Außenhandel kontrolliert und reguliert. In diesem Rahmen hat jedes Land seine eigenen Normen für Gestalt, Funktionsweise, stoffliche Zusammensetzung und andere Attribute der Waren, die es zuläßt. Solche Dinge müssen von den Zollbehörden kontrolliert werden. In der Europäischen Union ist die Angleichung dieser staatlichen Kontrollvorgaben ein wichtiger Vorteil des Binnenmarkts, und ähnlich müssen andere gemeinsame Märkte vorgehen.

3.1 Die Handelsfunktionen 29

Die Erfüllung qualitativer Handelsaufgaben ist standortmäßig außerordentlich anpassungsfähig und vielfältig. Es muß jedoch betont werden, daß die Art der Ware den Standort der Leistung bestimmt und daß dazu häufig Warenpartien unterschiedlicher Herkunft zusammengeführt werden müssen. Dies erfordert Lagerbestände, großen Raumbedarf und eine oft industrieartige technische Ausrüstung.

3.1.5 Kredit- und Marketingfunktionen

Die Rolle des Kredits im Welthandel wird später im Zusammenhang mit der Abwicklung der Geschäfte zu behandeln sein. Systemtheoretisch betrachtet ist Kredit eine *emergente Notwendigkeit in Handelsketten* (RITTER 1991 b, S. 40f.) und tritt daher schon bei den frühesten echten Welthandelsbeziehungen auf. Kreditinnovationen, d.h. neuartige Instrumente in der Vergabe von Handelskrediten, sind ebenso wichtig, vielleicht sogar noch wichtiger als Verbesserungen der Transporttechnik. Standorte der Kreditfunktion sind die Bankplätze, konzentriert in den höchstrangigen nationalen Zentren und den Weltstädten (GAEBE 1989; BRAUDEL 1986).

Absatz- und Werbefunktion kann man als *Exportmarketing* zusammenfassen. Dieses zielt auf die Verstetigung und Ausweitung bestehender Beziehungen und Verkaufsmengen. Dazu gehört auch die generelle Werbung der Exportländer für ihre Produktpaletten durch Information und Promotion zur Beeinflussung der Verbraucherpräferenzen. Die Träger sind dann Verbände und staatliche Stellen, oft unter Mithilfe von Marketingfirmen. Die Grenzen zur Exportförderung durch Bürgschaften, Subventionen sind fließend.

Standorte für Tätigkeiten im Exportmarketing sind große Wirtschaftsmetropolen oder Weltstädte mit ihren Presse- und Kommunikationseinrichtungen sowie die internationalen Messen und Ausstellungen, vor allem solche Plätze, wie sie VANCE (1970, S. 118) als *Arbiter Markets*, d.h. geschmacksbildende Märkte, bezeichnet. Gezielt müssen auch die Handelsplätze kleiner Länder und Handelsgebiete immer wieder betreut werden.

3.1.6 Zusammenfassende Wertung der Handelsfunktionen

Schon ein Überblick der Handelsfunktionen liefert eine Fülle von Gesichtspunkten zum geographischen Verständnis des Welthandels, der sich nach vielen Richtungen vertiefen ließe. Jede Funktion hat ihre Standorterfordernisse, die wieder nach Warenarten und spezifischer Transporttechnik sehr breite Variationen zeigen. Gold und Diamanten werden eben nicht an den gleichen Plätzen gehandelt wie Schnittblumen, Schweinebäuche oder Rohöl.

OBERPARLEITER und die anderen Handelswissenschafter haben diese Funktionen in ihren Werken analytisch aufbereitet. Bei jeder Welthandelstransaktion aber müssen die notwendigen Handelsfunktionen vollständig erfüllt werden. Andernfalls sind die Waren am Ende ihres Wegs nicht verwendbar oder müssen in Extremfällen sogar verramscht werden. Nur bei gewissen Fertigwaren und Konsumgütern kann schon der Erzeuger ein verwendungsfähiges Produkt ausliefern, und für diesen Fall mag sich die Möglichkeit ergeben, alle Handelsfunktionen in einer einzigen Hand zusammenzufassen.

Ein Kaufmann, der alle Funktionen selbst übernimmt, behält theoretisch auch die gesamte handelsspezifische Wertschöpfung, ausgedrückt als Nettodifferenz zwischen Erzeuger- und Verbraucherpreis. Es besteht dafür also stets ein starker Anreiz. Allerdings kann diese Zusammenfassung im Welthandel nicht zur Regel werden. Auch die mächtigsten Direktanbieter, etwa die Autofirmen, müssen in ihre unternehmensinterne Abwickelung spezialisierte Hilfsdienste, Frächter, Banken, Versicherer usw. einschalten und diese entlohnen. Auch für sie ist Spezialistenwissen zu teuer und nicht immer selbst zu erwerben. Es ist hier sehr bezeichnend, wie Auto- und Ölfirmen sich aus dem Feld der Überseetransporte nach Versuchen wieder zurückgezogen haben und diese Spezialisten überlassen.

Es läßt sich jedoch im geographischen Netzwerk der Handelsplätze die Erfüllung der Funktionen vielfältig verschieben und sachlich anders aufteilen. Dabei wird die Frage interessant, ob dies insgesamt eine Verteuerung bringt, denn gänzlich wegrationalisieren lassen sie sich nicht. HENZLER (1970, S. 46–51) nennt als wesentliche Vorteile des direkten Außenhandels den Abbau von Ungewißheiten, vermindertes Preisrisiko, geringeren Kreditbedarf, kleinere Lagerbestände, größere Absatzmengen und weniger Qualitätsrisiko. Dies zeigt an, daß die Gesamtheit der Handelsfunktionen durch Direkthandel billiger würde. Neben dem Direkthandel wirken auch Verbesserungen der Transporttechnologie und der logistischen Vernetzung in dieser Richtung. All

3.2 Zur Rolle der Distanzen im Handelsaustausch 31

dies aber könnten die Vorteile in den Schatten stellen, die sich aus einem Abbau staatlicher Hemmnisse und bürokratischer Prozeduren ergäben.

Der gesamte Komplex der Handelsfunktionen hat in der Wirtschaftsgeographie erstaunlich wenig und nur in Fragmenten Aufnahme gefunden (OTREMBA 1957, S. 259; SMITH and PHILLIPS 1951, S. 770). Außer bei VANCE (1970) taucht nirgends der Gedanke auf, daß Handelsfunktionen ein jeweils zusammengehöriges Leistungsbündel darstellen und sich von diesem und seiner Organisation her die Wege und Standorte des Welthandels bestimmen.

3.2 Zur Rolle der Distanzen im Handelsaustausch

3.2.1 Der Umgang des Handels mit Entfernungen

Distanz als grundlegende Variable bei geographischen Beziehungen ist im Rahmen der räumlichen Handelsfunktion etwas anders zu sehen als üblich. CHRISTALLER (1933) rechnet für alle Güter seiner zentralen Orte mit einer unteren Reichweite, welche ein für die Anbieter genügend großes Marktgebiet umreißt, und einer oberen Reichweite, deren Überschreitung in jedem Falle dazu führt, daß dieses Gut an einem anderen Ort nachgefragt wird. Bei THÜNEN läßt sich ableiten, daß distanzabhängige Transportkosten beim Gang von der zentralen Stadt nach außen die mögliche Palette der in die Stadt lieferbaren Agrarprodukte immer mehr ausdünnen, bis am Rande der Wildnis keines mehr marktfähig ist. Er räumt jedoch ein (1966, S. 275 f.), daß Veredelungsprodukte wie Schnaps von dieser Regel ausgenommen sein können. Historisch gesehen setzt Welthandel mit gerade solchen Gütern ein, die wegen ihres Werts und ihrer Seltenheit auch *weltweit* marktfähig sind. Gegenwaren müssen aber oft die distanzabhängigen *Thünengüter* sein. Es gibt daher immer auf der Erde auch Winkel, die sich mangels geeigneter Gegenware am Welthandel nicht beteiligen können.

In jedem Fall sind Distanzen durch die Handelsströme bedingte, relative ökonomische Bewertungen. Sie bedeuten nicht primär die meßbare, erdräumliche, also kilometrische Distanz und auch nicht abmeßbare Wegstrecken, sondern einen komplexen, nach Richtung, Zielpunkt, Ausgangsort und einsetzbaren Techniken zu bewertenden Begriff, bei dem Zeit, Risiko und andere Momente hineinspielen, was sich alles letztlich als Kosten berechnen läßt. Im Umgang des Welthandels mit Distanzen wird der Raum vielfältig manipuliert:

a) *Tarifdistanz:* Transportraten orientieren sich zwar grob an geosphärischen Wegelängen, aber in sie gehen neben den reinen Beförderungskosten noch viele andere Spesen und Gebühren ein. Transportunternehmen berechnen zur Vereinfachung ihrer Tätigkeiten nicht jeden einzelnen Transportfall zwischen Ausgangs- und Bestimmungsort, sondern setzen ihre Tarife für einheitlich verrechnete Tarifzonen an. Die Schiffahrt und die Post haben überhaupt die Transportentgelte für breite geographische Zonen vereinheitlicht. Von einem Ausgangsort her gesehen sind daher viele Städte gleich weit entfernt. Erdräumliche Distanzen von Hunderten, ja Tausenden Kilometern sind einfach weggewischt. Transportunternehmen schaffen sich dadurch die Freiheit, Wege und Umschlagplätze wechseln zu können, ohne daß dies für ihre Auftraggeber relevant würde. Die Tendenz geht zu immer breiteren Tarifzonen für ganze Staatsgebiete, Staatengruppen und Kontinente. Die Berechnung stützt sich auf empirische Mischkalkulationen. Dies wird akzeptiert, weil Transportkosten gegenüber dem Warenwert geringer geworden sind und reine Beförderungskosten oft niedriger sind als die sonstigen Spesen. Tarife im See- und Flugverkehr sind oft richtungsbezogen differenziert. Damit wird die Unpaarigkeit der Güterströme berücksichtigt. Das Finden von geeigneter Rückfracht für den leeren Laderaum in Schiffen und Flugzeugen ist heute eine wichtige Pionieraufgabe im Welthandel. So manche Waren sind erst dank handfester Rückfrachtrabatte welthandelsfähig geworden, etwa Schnittblumen aus Kolumbien und Obst aus verschiedenen Tropenländern. Daneben auch Thünengüter, die sonst in den Bestimmungsländern zu teuer wären. Manchmal ist der Rückfrachtrabatt eine wichtige Starthilfe für neue Wirtschaftszweige. Dies ist bei den Bekleidungsexporten aus Dubai der Fall, die für Containerladungen nach Europa oder USA nur 20 bis 25 % des normalen Entgelts zu zahlen haben.

b) *Zeitdistanz:* Die Verkehrsmittel erfordern für die gleiche Wegstrecke unterschiedlich lange Beförderungsdauer und Wartezeiten, was wieder spezifische Risiken mit sich zieht. Der Vorteil der schnellen Transportabwicklung kann um ein Vielfaches größer sein als die Kostenersparnis mit einem langsameren Verkehrsmittel. Dies begünstigt den LKW-Verkehr gegenüber der Eisenbahn und den Containerverkehr gegenüber anderen Methoden im Land- und Seeverkehr. Für eilbedürftige Kleinsendungen und Geschäftspost hat sich die Exportwirtschaft mit Kurierdiensten einen schnelleren und auch verläßlicheren Weg geschaffen, als ihn die Post international bieten kann. Telex und Telefax ersetzen die langsameren Briefe, Telegramme und sogar Gespräche. Diese Vorteile werden zunehmend auch dann in Anspruch genommen, wenn

3.2 Zur Rolle der Distanzen im Handelsaustausch

Sendungen oder Nachrichten an sich gar nicht eilbedürftig wären, da sich mit ihrer Hilfe Ungewißheiten reduzieren lassen.

Im transaktionsbegleitenden Geschäftsreiseverkehr hat sich das Flugzeug als schnelleres Verkehrsmittel durchgesetzt, obgleich es auf kürzeren Strecken teurer ist als Bahn oder PKW. Flugreisen vermindern die Ausfallzeiten durch Abwesenheit der Manager von ihren Büros, die Kosten sind ohnedies einfache Geschäftsspesen. Man darf hier nicht übersehen, daß sich die großen Weltmetropolen zeitlich bereits sehr nahe liegen (RITTER 1970, S. 136; REICHART 1993 a). In gewissen funktionalen Aspekten verschmelzen sie bereits zu einer synthetischen Weltstadt. Die Standorte abseits solcher Zentren sind aus Handelssicht allesamt peripher, soweit sie sich nicht in die hochrangigen Transport- und Kommunikationssysteme einklinken lassen. Diese neue Peripherie kann schon an den Rändern der Weltstädte beginnen.

c) *Risikodistanz:* Bei Welthandelsgeschäften lassen sich viele Risiken allein durch schnellere Abläufe vermeiden und so Versicherungskosten senken. Wesentlich geringer als bei anderen Verkehrsmitteln sind beim Lufttransport die Gefahren von Diebstahl, Verderb, Fristversäumnissen oder Währungskursänderungen während des Transports. Man erspart sich auch Verpackung. Der Einsatz von Vertrauensspediteuren oder eigenen LKWs ist risikoärmer als Transport durch fremde Frachtführer, wo die Ware längere Zeit außerhalb jeder Kontrollmöglichkeit des Eigentümers bleibt.

Generell wirken Transport- und Länderrisiken im Welthandel wie eine Vergrößerung ihrer geographischen Entfernung. Dies wird besonders wirksam bei solchen Risiken, die nicht durch Versicherungen oder Exportbürgschaften abgedeckt werden können, wozu u.a. Unruhen und Krieg zählen. Unsichere Gebiete sind demnach *weiter* von ihren Handelspartnern entfernt als sichere Länder. Sie zahlen mehr für ihre Importwaren und erhalten weniger für ihre Exporte, ganz wie im THÜNEN-Modell die äußeren Zonen. Da schlechte Nachrichten heute in jedem Fall rascher reisen als die Waren, bricht ihr Handelsverkehr im Krisenfall schnell zusammen, was ihre Notlage drastisch verschärfen kann.

d) *Psychologische Distanz:* Sie wird bestimmt durch das Vorhandensein oder Fehlen einer persönlichen Vertrauensbasis zwischen Handelspartnern, verstärkt durch zu geringe Kenntnis des Partnerlandes, seiner Sprache und Kultur sowie durch vorhandene Vorurteile. All dies läßt Kaufleute vorsichtiger agieren, als wenn man den Partner und sein Umfeld kennt. Wenn sie nicht überhaupt auf Kontakte verzichten, wählen sie für ihre Geschäfte die risikoärmeren, aber teureren und langsameren Lösungen, besonders im internationalen Zahlungsverkehr. Dies bringt automatisch negative Distanzeffekte, wogegen gute Information und Vertrauen zwischen Kaufleuten wie eine Verkürzung aller Entfernungen wirken. Darin ist auch ein Grund zu sehen, warum selbständige Kaufleute als Länder- und Regionalspezialisten nicht völlig von den Industriegiganten verdrängt werden können. Alle vier Distanzmomente lassen sich in Geldeinheiten bewerten und zu den Gesamtkosten der räumlichen Funktion aufaddieren. Für noch wenig im Welthandel erfahrene Akteure und ihre Länder sind diese Transaktionsdistanzen meist um ein Vielfaches größer als erdräumliche Wegelängen vermuten ließen. Geschickte und erfahrene Kaufleute können profitable Geschäfte auch mit Partnern machen, die für alle anderen *zu weit* entfernt wären. Ihnen kann es sogar gelingen die erdräumlichen Distanzen insofern zu unterbieten, als sie dank ihres besonderen Wissens billiger liefern, als es sonst möglich wäre. Mangel an solchem Wissen bewirkt, daß kleinere Erzeuger ihren Aktionsradius oft nur schwer über den nationalen Markt hinaus ausweiten können und daß die weniger entwickelten Länder von dieser Seite her viele Nachteile haben.

3.2.2 Einige Versuche mit Distanzen in der Handelsgeographie

Wir wissen nun um den handelshemmenden Einfluß von Distanzen und die Möglichkeiten, ihn zu umgehen. Da sich zwischen manchen Handelspartnern himalajaartige Kostengebirge auftürmen, während andere wie durch Tunnels unter diesen Gebirgen hindurch verkehren, sind generelle Distanzbewertungen in Form von Isochronen oder Isodapanenkarten nicht sonderlich nützlich. Es ist also durchaus vernünftig, wenn die meisten Ansätze der Außenhandelstheorie diese Frage aus ihren Modellen ausklammern und den entstehenden Fehler in Kauf nehmen. Diese macht auch GROTEWOLD (1979, 1993). Aber Geographen sollten es nicht ganz so einfach hinnehmen.
Einige Versuche mit Distanzen lassen sich anführen und auf den Welthandel übertragen. So prüft PEET (1969) die Ausweitung der im Thünen-Modell postulierten Beziehungen auf den Importhandel Großbritanniens. Die durchschnittliche Entfernung der Gebiete, aus denen England Weizen importierte, stieg dabei von 3850 km um 1830 auf 9500 beim Ausbruch des Ersten Weltkriegs. HAGGETT (1983, S.537) liefert dazu eine Skizze. Diese beträchtliche Wegverlängerung wurde aber in England nicht preiswirksam, weil in der gleichen Periode die Seefrachten auf ein Drittel sanken. Die räumliche Ausweitung des Weizenhandels war notwendig geworden, da frühere Lieferanten wie Preußen

3.2 Zur Rolle der Distanzen im Handelsaustausch

und Rußland nun ihre angewachsene Bevölkerung versorgen mußten. Dies erzwang geradezu die Erschließung neuer Anbaugebiete in den USA, Kanada, Argentinien und Australien. NURKSE (1959) hat die damit verbundene Stimulierung des Welthandels und der britischen Exporte hervorgehoben. Analog ist die Entwicklung in den Erdölexportländern in jüngster Zeit zu verstehen.

Diese Beispiele zeigen, daß wachsende Distanzen im Welthandel nicht zwingend Nachteile mit sich ziehen. Sie stellen vielmehr eine stimulierende Herausforderung für innovative Strategien dar. Dazu ließe sich eine schier unendliche Kette historischer Beispiele bringen, doch scheint das Argument nur für Thünen-Güter zu gelten, kaum für Industrieprodukte und originäre Welthandelsgüter.

Die extremen Schwierigkeiten einer generellen Distanzmessung und -bewertung im Außenhandel lassen sich aus den Arbeiten von HERRMANN et al. (1982) und BRÖCKER (1984) ersehen. Beide entstanden an dem renommierten Institut für Regionalforschung der Universität Kiel. HERRMANN et al. stellen fest, daß geographische Distanz eine viermal wichtigere Variable sei als die kulturellen, sprachlichen und historischen Affinitäten zwischen den Ländern, mit Ausnahme von ehemaligen Kolonialgebieten. Dabei wird der Handel mit Investitionsgütern stärker von solchen Affinitäten bestimmt als jener mit Konsumgütern, was den psychologischen Distanzfaktor betont. BRÖCKER untersucht ausgehend von einem Gravitationsmodell den Einfluß geographischer Distanz und ökonomischer Integration (für 1970) auf den Austausch zwischen europäischen Ländern. Er kann bei der Untersuchung von 42 Branchen nur wenig Distanzeinflüsse feststellen, was aber angesichts seines Stichjahrs kaum verwundert. NIEROP und VOS (1988, S. 361) meinen, daß sich die Bedeutung der Distanzen im Welthandel verstärkt, wenn die Barrieren gegenüber den näher gelegenen Partnerländern immer mehr abgebaut werden.

Ein interessanter Gedanke stammt von Erwin SCHEU (1927). Er stellte die Reichweite des Güterversands, die ja jener der Handelstransaktionen analog sein muß, an Hand der Versandstatistik der Deutschen Reichsbahn für einige Verkehrsbezirke fest. Im Ergebnis nahm die Austauschintensität zwischen diesen mit der dritten Potenz der Entfernung ab. Dieses von ihm verallgemeinerte Ergebnis legt den Schluß nahe, daß der innerdeutsche Handel damals wie in einem CHRISTALLER-Modell ablief, jedoch eher aus psychologischen Gründen denn wegen der Tarifgestaltung der Reichsbahn. Ferner fand er bei seinen Berechnungen, daß die Größe des Versandgebiets selbst Einfluß auf die Versandreichweiten aus diesem Gebiet hatte.

3. Die Aufgaben des Welthandels

Man darf selbstverständlich nur mit allergrößter Zurückhaltung solche Thesen auf den Welthandel anwenden, da man ja richtige Distanzen dort gar nicht feststellen kann. Dennoch zeigt sich bei der Mehrzahl der höher entwickelten Länder ein deutlich nichtlinearer Distanzabfall der Intensität der Handelsbeziehungen und auch eine größere durchschnittliche Reichweite des Außenhandels flächengroßer Länder, besonders für die USA, Frankreich und Deutschland gegenüber Belgien und den Niederlanden. Man könnte sich letzteres vielleicht damit erklären, daß auch für Geschäftsleute die geographischen Dimensionen ihres Heimatmarktes und die Distanzen zwischen dessen Handelsplätzen eine gewohnheitsmäßige Einschätzung von nah und fern bewirken (dazu RITTER 1991 b, S. 196 f.).

Viele Länder haben im Außenhandel atypisch große Entfernungen zu bewältigen. Für Israel ist dies leicht einzusehen, da es von allen seinen Nachbarn boykottiert wird. Ebenso fehlen Japan mit Ausnahme von Südkorea noch immer aufnahmefähige Märkte in seiner näheren Umgebung. Für viele Entwicklungsländer sind die sehr weit ausgreifenden Handelsbeziehungen eine ökonomische Plage. Für solchen Handel, der weit über die nach SCHEU zu erwartenden Distanzen hinausgeht, läßt sich der Ausdruck *Fernhandel* verwenden, den Geographen auch sonst gerne benützen. Es wäre dies Handel, der über den mehrfachen – diese Festlegung könnte nur willkürlich erfolgen – Radius des Exportlandes hinausgeht und auf den nur mehr ein kleiner Teil des Gesamthandels entfallen sollte. Für Deutschland (1988) stimmt dies in etwa. 51,5% seiner Exporte liefen in die EG und unmittelbare Nachbarländer und nur 11,2% in die USA, nach Kanada und Japan. Ganz anders Japan, das sich mit seinem Export gezielt um Märkte der höchstentwickelten Länder bemüht und gewaltige Exportdistanzen bewältigt. Japan hat fast nur Fernhandel. Dieser Situation entspricht das Konzept der Triade von Kenichi OHMAE (1985), der zur konsequenten Substitution von Handelsverkehr durch Zweigwerksgründungen in den Partnerländern aufruft.

Damit wird die Plage der Entwicklungsländer noch deutlicher. Sie müssen Fernhandel betreiben, weil sie ihre Waren in der Regel nur in den Triadenländern absetzen können. Dieser ist aber ungleich schwieriger und komplizierter als Nachbarschaftshandel in angrenzende Länder, der im Falle Deutschlands eine so große Rolle spielt. Vielfach haben sie noch keine Akteure, die diesen selbst durchführen könnten.

Mit gewissen Vorbehalten könnten wir *Welthandel* mit solchem *Fernhandel* gleichsetzen, obgleich leider die Instrumente fehlen, um ihn vom Außenhandel über kurze Distanzen scharf genug abzugrenzen.

4. DIE AKTEURE IM WELTHANDEL UND IHRE STANDORTE

4.1 Die Kaufleute

Sachkundige, professionell arbeitende Kaufleute sind die Akteure des Welthandels. Sie schließen mit gleichartigen Partnern ihre Geschäfte ab und suchen diese Verbindung auf eine dauerhafte, die Wiederholbarkeit garantierende Basis zu stellen. Sicherlich ist der hier verwendete Begriff *Kaufmann* weit und wird in jedem Lande rechtlich etwas anders definiert. Gemäß dem Handelsgesetz handelt es sich um die Vollkaufleute, die unbedingter für ihr Wort und ihre Handlungen einstehen als gewöhnliche Handelstreibende. Rechtlich kann auch eine Institution oder Firma *Welthandelskaufmann* sein, Akteure aber sind immer Personen, die Geschäfte aushandeln und durchführen und nicht Länder, Staaten, Behörden oder Aktiengesellschaften.

Der einfachste Fall ist sicher jener des Kaufmanns, der in seinem eigenen Namen für eigene Rechnung und Gefahr seine Geschäfte durchführt. Er bestimmt dann auch, welche Handelsfunktionen er im Welthandel übernimmt, mag er sich auch für viele Hilfsfunktionen an Frächter, Lagerhalter, Banken, Makler und andere spezialisierte Dienstleister wenden. Deren Leistungen werden zwar ebenfalls nach kaufmännischen Grundsätzen ausgeführt. Sie zählen aber nur dort zu den Akteuren des Welthandels, wo sie bestimmenden Einfluß auf die Handelsfunktionen nehmen. Dies macht z. B. eine Übersee-Reederei, nicht aber eine Fährreederei.

Kaufleute bedienen sich häufig unselbständiger Vertreter und Agenten, welche solche Geschäfte in gleicher Weise, jedoch nicht in eigenem Namen und für fremde Rechnung betreiben. Neben diesen stehen auf Provisionsbasis arbeitende Vermittler (Broker), Makler und Börsenhändler. Ferner Kommissionäre, die in anderen Ländern für fremde Rechnung, aber in eigenem Namen agieren, und nicht zuletzt auch die Spekulanten an den Warenbörsen. Diese Typen von Außenhandels- und Welthandelskaufleuten sind vielfach von der Handelswissenschaft systematisiert worden (z. B. HELLAUER 1954, S. 87–136), wir zählen sie zu den Akteuren des Welthandels, soweit sie wichtige Funktionen erfüllen.

4. Die Akteure im Welthandel

In mannigfacher Weise betätigen sich heute große Industrie- und Einzelhandelsfirmen im internationalen Geschäft. Sie haben meist eigene Import- und Exportabteilungen mit angestellten Managern. Diese agieren als professionelle Kaufleute im Namen und für Rechnung ihres Hauses ohne eigenes Risiko und oft auch ohne Erfolgsbeteiligung. Die verantwortlichen Leiter solcher Abteilungen sind Akteure des Welthandels. Ähnliches gilt für Manager in staatlichen Außenhandelsorganisationen. Diese haben zwar vielerlei Vorgaben ihrer Regierungen einzuhalten, können aber von dieser letztlich doch nicht bei den Geschäften voll kontrolliert werden, wie ihnen diese ja auch die Entscheidungen nicht abnehmen kann.

Der einzelne, selbständige Kaufmann wird seinen *Standort* nach Maßgabe der von ihm erfüllten Welthandelsfunktionen wählen müssen. Er kann sich weder an seine Heimatstadt noch an sein Heimatland binden, wenn seine dauernde Anwesenheit im Rahmen seines Kontaktnetzwerks anderswo vorteilhafter ist. Große Handelshäuser sind durch ihre vielen Niederlassungen und Agentennetzwerke von solchen Bindungen freier. Sie etablieren ihre Firmenpräsenz an allen wichtigen Plätzen bis hin zu weltumspannenden *Handelsnetzen*. In solchen Fällen wird die interne Kommunikation der Firma wichtig. Ihre Zentralen richten solche Organisationen überwiegend in den höchstrangigen, nationalen und internationalen Steuerungszentren der Wirtschaft ein, wo sie vorzüglichste Verkehrsdienste, vollständigstes Angebot aller Dienste und höchstqualifiziertes Personal vorfinden und wo auch alle Informationen am schnellsten verfügbar sind. Die einzelnen Geschäfte brauchen jedoch diesen Ort nicht zu berühren. In Deutschland sind derzeit Hamburg, Düsseldorf, Frankfurt und München solche Plätze, vielleicht bald auch wieder Berlin oder Leipzig.

Im Welthandel ergibt sich darüber hinaus eine gewisse Notwendigkeit in Hafenstädten *präsent* zu sein. Seehäfen als Standorte von Welthandelsfirmen treten weltweit deutlich hervor, in Deutschland z.B. Bremen neben Hamburg. Rang und Bedeutung der führenden Handelsplätze sind daher nicht ganz kongruent mit dem, was FRIEDMAN (1986) als seine Weltstädte identifiziert hat. Weltweit tätige Industriefirmen und importierende Großunternehmen des Einzelhandels behalten den Sitz ihrer Außenhandelsabteilungen oft am Stammsitz der Firma. Erweist sich dies wegen dessen abseitiger Lage als zu ungünstig, so werden sie in Seehäfen oder Steuerungszentralen ausgelagert und dann auch kaufmännisch verselbständigt.

In Verbindung mit den Standortnetzen der großen Welthandelsunternehmen steht das Problem des internen Handels zwischen Mutter- und

Tochterfirmen in verschiedenen Ländern, der einen Grenzfall der Welthandelstransaktionen darstellt. Er hat zwar alle Merkmale des normalen Welthandels, da ja Handelsfunktionen erfüllt werden, wird aber zu internen Verrechnungspreisen abgewickelt, bei denen man Gewinne und Steuerlast leicht hin- und herschieben kann. Regierungen verlangen daher inzwischen, daß auch solche Preise in Hinblick auf Versteuerung und Verzollung den wahren Erzeugerkosten oder den Weltmarktpreisen entsprechen müssen. Dies bewirkt größere Verantwortung und Selbständigkeit für Auslandstöchter und macht Standortfragen wichtiger.

Staatliche Außenhandelsfirmen brauchen wegen ihres engen Kontakts zu Regierungsstellen einen Geschäftssitz in der Hauptstadt ihres Landes, ergänzt durch Zweigniederlassungen an Torpunkten oder in Seehäfen. Zweigstellen im Ausland liegen in den dortigen Steuerungszentralen oder, wenn Geschäfte mit staatlichen Partnern abgeschlossen werden sollen, ebenfalls in den Hauptstädten.

4.2 Die Handelsplätze und Netzwerke

Die Orte, an denen Kaufleute ihre Geschäfte abschließen, sind die Aktionszentren des Welthandels, die *Welthandelsplätze* oder kurz *Handelsplätze*. Diese sind nicht notwendig auch die Geschäftssitze der Akteure, wie uns die vielen Abschlüsse an den periodisch stattfindenden Messen und Auktionen zeigen. Insgesamt aber bilden diese durch Transport und Kommunikation verbundenen Handelsplätze die Region des Welthandels als ein Gefüge von relevanten Standorten, das in den entwickelten Teilen der Erde dichter, in anderen jedoch sehr locker ist. Die Areale zwischen den Handelsplätzen, also der geographische Erdraum als Wirtschaftraum verstanden, haben eine nachrangige Stellung. Sie werden von den Handelsplätzen aus als Beschaffungs- oder Absatzmarktgebiete bedient, gewöhnlich aber nicht von den Welthandelskaufleuten selbst. Man darf die Gesamtheit dieser Märkte nur in metaphorischem Sinne als die Region des Welthandels bezeichnen (so OTREMBA 1978, S. 63; OBST 1960), denn sie hat keinen inneren Zusammenhalt. Andererseits bilden alle Handelsplätze eine eng verknüpfte *Systemregion des Welthandels,* die man aber nicht als Erdraum oder Territorium, sondern nur als *Netzwerk* auffassen darf.

Die Welthandelskaufleute haben heute nur mehr wenig Ursache, sich selbst im Detail um Produktionsbedingungen, Ressourcennutzung und Marktforschung abseits ihrer Handelsplätze zu kümmern. Eine generelle Kenntnis geographischer Gegebenheiten, etwa Klima und Witterung, Kulturzugehörigkeit der Bevölkerung, Sozialverhältnisse, Verkehrsinfrastruktur und der staatlichen Handelspolitik mögen ihnen genügen. Da sie als Kaufleute nur in den wichtigsten Zentren eines Landes zu tun haben, neigen sie dazu, von gleichartigen geographischen und sozialen Rahmenbedingungen im gesamten übrigen Lande auszugehen. Die in der Literatur zum internationalen Marketing geforderten detaillierten Analysen werden erst selten erstellt.

Was an den Handelsplätzen selbst vor sich geht, ist für Welthandelskaufleute ungleich wichtiger. Vor allem ist hier die Kenntnis der *Konkurrenzsituation* zu nennen. Diese läßt sich am besten überschauen, wenn an einem Handelsplatz von vielen Akteuren und in großem Umfang Geschäfte abgeschlossen werden. Solche Orte locken daher weitere Kaufleute an.

Auf die Unterscheidung von Export- und Importplätzen gegenüber Export- und Importhandelsplätzen legt HELLAUER (1954, 161 ff.) großes Gewicht. Ein Seehafen oder Grenzort mag nämlich ein Exportplatz sein, da dort der physische und rechtliche Übergang der Ware vom Binnenland ins Ausland stattfindet. Er ist deshalb noch nicht der Exporthandelsplatz in dem auch die Geschäfte abgeschlossen werden. Solche Unterschiede sind auch heute wichtig, vielleicht sogar noch wichtiger geworden, weil die Wege der Waren, der Zahlungen, der Geschäftsabwickelung und der Informationsweitergabe sich technisch noch weiter voneinander gelöst haben.

Nicht alle großen Städte eines Landes, insbesondere nicht alle hochrangigen zentralen Orte und Verwaltungsmittelpunkte sind Handelsplätze und nur wenige, oftmals gar nur eine, weisen sich als Welthandelsplätze aus. Das Handwörterbuch der Betriebswirtschaftslehre von 1958 (S. 2576–2581) nennt 178 Städte namentlich als Handelsplätze von weltweiter Bedeutung. Von diesen lagen 47% in Europa und nur 14% in Süd- und Ostasien. Heute hätte sich der asiatische Anteil sicherlich erhöht. Überdies muß die Zahl der Handelsplätze in Übersee steigen, denn jeder der unabhängig gewordenen Staaten braucht einen eigenen führenden Handelsplatz, wenn er nicht völlig von fremden Kaufleuten abhängig bleiben will. Regierungen sind daher stets bestrebt, möglichst große Teile der Handelsfunktionen an die Plätze im eigenen Land zu ziehen.

Ausgehend von dieser Situation wurde vom Verfasser 1972 in der Hochphase der Entkolonialisierung ein Versuch der Erfassung aller Handelsplätze der Welt angeregt (BÖHM 1974). Als brauchbarste Quelle erwies sich das Nachschlagewerk BOTTIN International. Da eine solche Auswertung später nicht wiederholt werden konnte und auch von an-

4.2 Die Handelsplätze und Netzwerke

derer Seite nichts Derartiges publiziert wurde, mag es nützlich sein, einige Ergebnisse trotz des zeitlichen Abstands anzusprechen.

Der BOTTIN bemüht sich um ein möglichst umfassendes Verzeichnis aller für Außenhandelskaufleute interessanten Firmen in allen Ländern und allen Städten der Welt. Die Firmen sind mit Adresse und Tätigkeitsfeld aufgelistet und lassen sich in Sektionen klassifizieren:
1) Eigentliche Handelsfirmen als Exporteure und Importeure
2) Banken und Versicherungen
3) Transportfirmen, internationale Spediteure, Reedereien, Schiffsmakler, Lagerhalter, Kühlhäuser, Dispatcher, Stauereien, Packer und Warenprüfer
4) Organisatorische Hilfsdienste wie Adreß- und Auskunftsbüros, Patentbüros, Werbeagenturen, Wirtschaftspresse, Industrie- und Managementberater, Consultingfirmen, Public-Relations-Büros, Handelsvertretungen, Fabriksvertretungen, große Einzelhandelsfirmen
5 a) Sonstige Hilfseinrichtungen wie Reisebüros, Botschaften, Konsulate, Kammern, Presseagenturen, Treuhänder, Rechtsanwälte, Autovermietung und Tagespresse
5 b) Hotels und Restaurants.

Darunter sind die drei ersten Sektionen repräsentativ für die Erfüllung internationaler Handelsfunktionen, allerdings gibt BOTTIN keinen Hinweis auf den Umfang der Tätigkeiten auf diesem Feld. Im folgenden sollen sie alleine betrachtet werden. Die große Anzahl von Firmen in den anderen Sektionen müßte sonst das Bild verfälschen und Aktivitätsbereiche wie den Tourismus mit ins Spiel bringen.

Aus der Gesamtzahl der Firmen in den Sektionen 1 bis 3 nach Städten läßt sich die Bedeutung eines Handelsplatzes im jeweiligen Land erkennen, aus der Relation der Sektionen 1 bis 3 zueinander die funktionelle Ausrichtung. Zwischen den Ländern ist kein exakter Vergleich möglich, da sich nationale Politik, die Vielfalt der Wirtschaft und auch die Struktur des Städtenetzes auswirken. Immerhin zeigen Vergleiche zwischen Ländern mit gleichem Außenhandelsregime und Entwicklungsstand durchaus plausible Zahlenrelationen. Die nachstehenden Angaben stützen sich auf die von BÖHM zusammengestellten Auswertungsbögen.

Die Bundesrepublik Deutschland wies damals 39 Handelsplätze mit mehr als 20 Firmen der Sektionen 1 bis 3 auf (siehe Abb. 1). Die zehn führenden Plätze zeigt Tabelle 1: Neben Hamburg mit seinen besonders vielfältigen und differenzierten Handelsdiensten standen führende nationale *Steuerungszentralen,* gefolgt von regionalen Vertei-

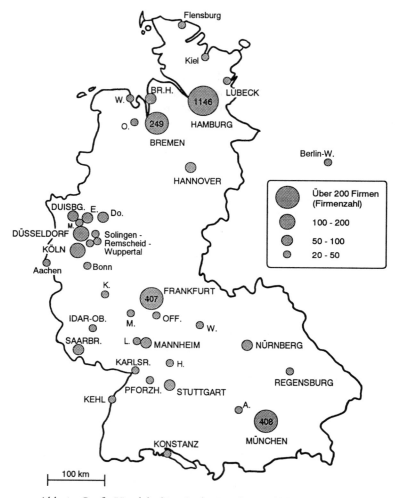

Abb. 1: Große Handelsplätze in der Bundesrepublik Deutschland (nach BOTTIN 1973).

lungszentren und Binnenhäfen *(gateway-cities)* wie Duisburg und Mannheim. Auffällig tritt Saarbrücken als Handelsplatz an der Grenze hervor. Seine Rolle wird bestätigt durch Kehl, Konstanz und Aachen (Abb. 1), deren Stellung heute angesichts offener Grenzen ohne Kontrollen freilich nicht mehr so stark sein dürfte. Außerdem fallen die *Vororte* einiger mittelbetrieblich strukturierter Wirtschaftsformationen

4.2 Die Handelsplätze und Netzwerke

Tab. 1: Die zehn führenden Handelsplätze der Bundesrepublik Deutschland

Stadt	Firmenzahl	führende Sektion	zweite Sektion
Hamburg	1146	H	T
München	408	B	T
Frankfurt	407	H	B
Bremen	249	T	H
Düsseldorf	131	T	B
Köln	112	T	H
Duisburg	95	T	B
Saarbrücken	76	T	B
Stuttgart	74	T	H + B gleich
Mannheim	60	T	B

H = Sektion 1; B = Sektion 2; T = Sektion 3
Nach BOTTIN 1972.

gemäß RITTER (1987, 1991) auf, darunter Idar-Oberstein, Offenbach, Pforzheim, Solingen, Remscheid und Wuppertal. Diese Typen von Handelsplätzen sind auch schon bei HELLAUER (1954, S. 161 f.) differenziert und weltweit angesprochen. In einigen Teilen Deutschlands fehlen größere Handelsplätze, obgleich auch dort die Voraussetzungen gegeben wären. So im nördlichen Westfalen und angrenzenden Niedersachsen samt Nordhessen um Münster, Osnabrück, Bielefeld und Kassel, weiter im südlichen Baden-Württemberg und in Nordbayern. Hier blieben die Handelsplätze allesamt unter 20 Eintragungen im BOTTIN, ohne daß die Gründe völlig klar wären.

Von einer übermäßigen Konzentration läßt sich für Deutschland 1972 trotz der überragenden Stärke Hamburgs nicht sprechen. Neben diesem standen in den Nachbarländern etwa gleichrangig Antwerpen (943 Eintragungen), London (856), Brüssel (761) und Paris (669), wobei man annehmen darf, daß eine französische Publikation wie BOTTIN sicher Paris nicht vernachlässigt hat. Es wäre allerdings denkbar, daß in den westlichen Nachbarländern schon damals eine stärkere Konzentration im Handel stattgefunden hatte.

Ein illustratives Gegenstück zu Deutschland bilden die USA (Abb. 2 u. Tab. 2). Hier ist allerdings durchwegs die Sektion 3 am größten und der Export-Import-Handel schwächer repräsentiert, entsprechend der geringeren Bedeutung des Außenhandels für amerikanische Firmen und das Land insgesamt. In den USA wiesen 64 Städte mehr als 20 Firmen der Sektionen 1 bis 3 auf. Darunter waren mehrfach Städte

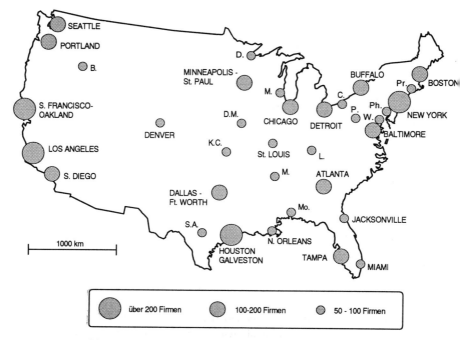

Abb. 2: Große Handelsplätze in den USA (nach BOTTIN 1973).

im gleichen Agglomerationsraum wie San Francisco–Oakland, Houston–Galveston, Dallas–Ft. Worth, wobei unklar blieb, ob es sich bei den Satelliten um eigenständige Handelsplätze handelte.

Ansonsten waren die Standorttypen ähnlich wie in Deutschland. Es fehlten allerdings die Grenzorte und die Vororte von Wirtschaftsformationen und Industrierevieren. Dagegen sind die *Gateway-Städte* im Mittelwesten für die USA charakteristisch. Ihre Aufgabe besteht vornehmlich in der Weiterleitung von Welthandelsgütern zwischen ihren Hinterländern und den Seehäfen. Mit Export-Import-Geschäften haben sie direkt wenig zu tun.

Die eigentlichen Schwerpunkte des Außenhandels der USA sind nicht unerwartet die Seehäfen der nordöstlichen Atlantikküste, der Pazifikfront, der Großen Seen und am Golf von Mexico. Davon abgesehen entspricht die Verteilung der großen Handelsplätze etwas besser den Bevölkerungs- und Wirtschaftsgebieten als in Deutschland.

Auch die Überseeländer und damals schon unabhängigen Ex-Kolo-

4.2 Die Handelsplätze und Netzwerke

Tab. 2: Die zehn führenden Handelsplätze der USA
(Sektionen 1 bis 3)

Stadt	Firmenzahl	Stadt	Firmenzahl
New York	515	Houston	162
Los Angeles	276	Baltimore	142
San Francisco	257	Detroit	123
Chicago	170	Boston	123
Portland/Oregon	164	Buffalo	120

Nach BOTTIN 1973.

nien erwiesen sich bei der Auswertung 1974 als gut ausgestattet, wohl freilich durchwegs mit kleineren Firmen. Nur selten war damals die Handelstätigkeit schon einseitig auf die Hauptstadt konzentriert. Dieser Vorgang war jedoch in der Sowjetunion und den COMECON-Staaten schon abgeschlossen und bis zur *Hauptstadt als dem alleinigen Handelsplatz* weitergeführt. Andere Städte hatten hier nur mehr Einrichtungen der Sektionen 5a und 5b. Viele Drittweltländer sind wohl später diesem Weg gefolgt.

Grundsätzlich muß natürlich die Konzentration von Kaufleuten und Geschäftsaktivitäten im Welthandel ausgeprägter sein als im Nachbarschaftshandel über Zollgrenzen hinweg oder zwischen Inselstaaten und dem benachbarten Festland. Außerdem darf man annehmen, daß dieser Nachbarschaftshandel bei kleinen Ländern einen überproportionalen Anteil am gesamten Außenhandel zeigen wird. Sein Fehlen macht uns das US-amerikanische Muster verständlich. Deutschland kennzeichnet wohl die Mitte zwischen zwei Extrempositionen.

Welthandelskaufleute werden selten in isolierten Einzelstandorten auftreten. Dies wäre allenfalls in Pioniersituationen sinnvoll. Ansonsten suchen sie die Fühlung mit ihrer eigenen Konkurrenz. Es hat aber jeder Kaufmann sein eigenes Netzwerk von Geschäftsbeziehungen, und diese Kontaktstrukturen müssen daher geographisch nicht kongruent sein, wenn auch die Firmensitze am gleichen Ort liegen, mitunter sogar im selben Gebäude. Diese Nachbarschaft erlaubt und erfordert neben der Konkurrenz auch kooperatives Handeln. Das von RITTER (1991 b, S. 43) angesprochene Systemprinzip der Branchenbildung gilt hier, sogar auf einer noch komplexeren Funktionsebene.

Abstrahieren lassen sich solche Netzwerke zu *Graphen*, die dann den Einsatz aller Instrumente graphentheoretischer Analytik erlauben. Allerdings haben die Netzstrukturen im Welthandel keine feste räumliche

Form. Der eigene Standort des Kaufmanns kann zwar als zentraler Netzknoten interpretiert werden, doch ist auch dessen Stellung nicht unbedingt dauerhaft fixiert. Transaktionen eines Kaufmanns brauchen weder seinen noch den Firmensitz seiner Partner geographisch berühren. Sie können sich ausschließlich über externe Konten des Netzwerks abspielen und sind dann nur über intangible Informationen und Nachrichten mit den Geschäftssitzen verbunden. Man kennt solche Probleme analog und juridisch deutlicher aus der Schiffahrt als Cross-Trade oder Drittländerverkehr. Aus solchen Unbestimmtheiten resultiert das häufige Unverständnis der seßhaften und beständig *verorteten* Vertreter der Menschheit gegenüber den Welthandelskaufleuten. Deren Ressourcen sind ja nicht Produktionsanlagen und auch nicht Märkte, sondern ihre Geschäftsbeziehungen zu ihren Partnern. Diese stellen auch das *Kapital* des Kaufmanns und die Grundlage seines Kredits dar, alles Dinge, die schwer zu durchschauen und zu verstehen sind. Netzwerke entstehen durch die Erfahrungen der Kaufleute (VANCE 1970, S. 78) als *historische Geflechte*, die man mit hierarchischen Ordnungs- und Theorievorstellungen nicht erfassen kann.

Teile der Netzwerke bestehen nur latent, gleichwohl aber dauerhaft. Sie können im Bedarfsfall schnell aktiviert werden. Bei größerer Regelmäßigkeit der Geschäftsbeziehungen pflegen Kaufleute irgendeine Form ihrer Präsenz an anderen Handelsplätzen einzurichten, womit dann auch Netzwerke dokumentarisch oder durch Auswertung einfacher Quellen und Firmenangaben ersichtlich werden.

In ursprünglichster Form erfolgt die *Präsenz* an anderen Handelsplätzen durch Familienangehörige und Verwandte. Häufig geht es dabei noch gar nicht um ein größeres Geschäftsvolumen und auch nicht um bessere Kontrolle oder Informationen, sondern darum, an einem anderen Handelsplatz ebenfalls als dort eingesessene Firma betrachtet zu werden und sich auf diese Weise den Zugang zu Abschlüssen und Krediten zu erleichtern.

So waren die Kaufleute von Dubai, obgleich sie ihre Geschäfte damals noch in einfachen Lehmhäusern und Palmblatthütten abwickelten, seit jeher in den anderen Handelsplätzen am Golf präsent und mit den dortigen Häusern durch Heiratsbande verknüpft. Mit dem Einsetzen des Erdölzeitalters konnten sie diese Netzwerke sogleich aktivieren, in jedem der Golfstaaten wie einheimische Firmen operieren und bei den großen Importaufträgen und Ausschreibungen der Regierung mitbieten, die man Fremden wohl nicht überlassen hätte.

In jedem dieser Netzwerke gibt es neben dem zentralen Knoten auch andere, welche diese Funktion übernehmen könnten. Eine Handelsfirma kann notfalls rasch und relativ problemlos ihr Hauptquartier in ein anderes Land verlagern. Dies geschieht auf Zeit während politischer Krisen, in denen andere Firmen und Private oft ihr ganzes Hab und Gut verlieren. Aus derartigen Ausweichbewegungen resultiert ein oft rascher Wechsel in Rang und Bedeutung der Handelsplätze. Am Arabischen Golf verlagerte sich die Rolle als führender Platz seit dem frühen 19. Jh. von Bushir nach Basra und Kuwait, von hier nach Manama auf Bahrain und derzeit Dubai. Einst hochberühmte Welthandelsplätze wie Brügge, Nowgorod oder das von CARTER (1972) so gründlich untersuchte Dubrovnik (damals Ragusa), letztlich auch Venedig haben diese Rolle völlig verloren. Mitunter wird ein Handelsplatz zur aufgegebenen Ruinenstätte. Man denke dabei an Petra, Palmyra, Lou-lan im Tarimbecken oder auch Haithabu bei Schleswig, das am cimbrischen Isthmus Vorläufer von Kiel, Lübeck und Hamburg gewesen war.

In den *Raumkonzepten* der traditionellen Geographie haben Netzwerke noch keinen festen Platz, und Methoden zur Erfassung der flüchtigeren Aspekte des Welthandels fehlen. Macht man sich jedoch Ansätze der modernen Systemtheorie zunutze, so wird die gedankliche Durchdringung oft verblüffend leicht, und es lassen sich fruchtbare Fragestellungen für die Handelsgeographie erkennen.

4.3 Die Handelsketten

Das zuletzt Gesagte gilt für nichts deutlicher als für den besonders von Rudolf SEYFFERT (1931, 1957, 1972) herausgearbeiteten Begriff der Handelskette (Abb. 3). Er bezeichnet damit den Weg einer unveränderten Ware vom Erzeuger bis zum letzten Verwender bzw. Verarbeiter. Unverändert heißt dabei, daß die Ware zwischendurch nicht in einen physikalischen oder chemischen Umwandlungsprozeß eingeführt wird, der sie zu einem sachlich andersartigen Gut gemacht hätte. Die Handelsfunktionen beinhalten keine solchen Transformationen. Die Glieder einer solchen Kette sind nach SEYFFERT *warenbewegende* Betriebe, die jeweils bestimmte Handelsfunktionen erfüllen (KLEIN-BLENKERS 1974).

Aus der Sicht des Welthandels haben wir Gründe die eigentlichen Endglieder aus der Betrachtung auszuklammern. Die Kette beginnt dann mit dem ersten Großhändler nach den Produzenten und endet mit dem letzten Großhändler vor den Letztverbrauchern, der mehr als bloße Distributionsaufgaben im Inland erbringt. Treten diese beiden Endglieder in unmittelbaren Geschäftskontakt, so spricht man von

48   4. Die Akteure im Welthandel

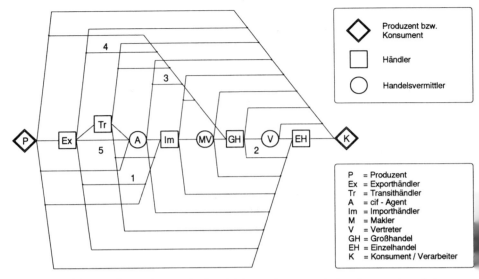

Abb. 3: Schema einer Außenhandelskette (Import) mit Angabe von Ausschaltungsmöglichkeiten (1 bis 5) (Quelle: HENZLER 1970, S. 46).

direktem Außen- bzw. Welthandel, wenn sich andere Partner dazwischenschieben von *indirektem* Handel. Notwendig ist die Einschaltung von Zwischengliedern, wo die Spezialkenntnisse der Partner im Geschäft nicht zur Erfüllung der erforderlichen Handelsfunktionen ausreichen würden. Dies gilt besonders für Exporteure und Importeure, die sich mit den an sich handelsfremden staatlichen Vorschriften auseinandersetzen müssen. Alle diese Partner erwerben Wareneigentum oder erfüllen Handelsfunktionen in eigenem Namen. Insofern besteht die Handelskette nach SEYFFERT aus einer Abfolge aneinandergereihter Einzelgeschäfte und unterscheidet sich von einer logistischen Kette, die allein die Abfolge von Manipulationen mit Ware oder Zahlung meint.

Eine größere Zahl von Kettengliedern wird generell eine zeitliche Verzögerung der Gesamttransaktion vom Anfang bis zum Endpunkt der Kette bedeuten, wie auch eine entsprechende Verteuerung der Ware. Es liegt daher nahe, jede Kette durch die *Ausschaltung* von Zwischengliedern zu verkürzen und so zu verbilligen (vgl. Abb. 3 nach HENZLER 1970, S. 46). Dies ist aber nur sinnvoll, wenn die verbleibenden Glieder alle notwendigen Handelsfunktionen vollständig erfüllen können und nicht etwa Zwischenhändler diese Leistungen billiger erstellen. Die

4.3 Die Handelsketten

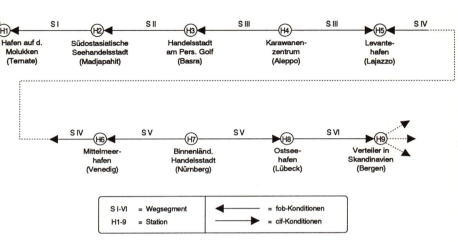

Abb. 4: Hypothetische Kette des altweltlichen Gewürzhandels vor 1500 zwischen den Molukken und Nordwesteuropa (Quelle: RITTER 1984, S. 5).

Handelskette SEYFFERTS ist also ein *systemischer Zusammenhang*. Sie repräsentiert eines der grundlegenden Verknüpfungsmuster in der Wirtschaft (RITTER 1991 b, S. 38 f.), wann immer die Einheit von Ort, Zeit und Handlung fehlt und auch nicht hergestellt werden kann.

Allen beteiligten Händlern fällt die Handelskettenspanne als Entgelt samt eventuellen Monopolprofiten zu, die im Verlauf der Kette realisiert werden können. Diese wird nach Leistung und Stellung zwischen ihnen aufgeteilt. SEYFFERT (1931) stellte im Binnenhandel mit Konsumgütern zwischen 40 und 50% der Einstandspreise fest. Bei Schnittblumen betragen sie noch heute für jede Stufe üblicherweise 100%. Eine sehr lange Kette, wie sie Abb. 4 zeigt, vermag daher extrem teuer zu werden. Selbst wenn auf jeder Station die Händler nur 50% aufgeschlagen haben sollten, ergäben sich hier 2560% der Einstandspreise als Endpreis.

Abbildung 4 zeichnet ein hypothetisches Bild des Gewürzhandels zwischen den Molukken und Nordeuropa vor 1500 n. Chr. Vermutlich war dies auch die längste Welthandelskette, die jemals existiert hatte. Die Versuchung, sie zu verkürzen, muß gewaltig gewesen sein. Dies wurde mehrfach versucht und gelang durchgreifend den Portugiesen nach der Entdeckung des Seewegs nach Indien.

Heute wird die Reduktion der Ketten zum Direkthandel am vollständigsten von Industriefirmen beim Auslandsmarketing ihrer erklärungs- und garantiebedürftigen Produkte durchgeführt. Sie brauchen dazu eine feingegliederte, flächendeckende Vertriebsorganisation in jedem Marktgebiet. Ohne diese würden sie rasch von Konkurrenten mit besserem Service verdrängt. Natürlich ist dazu dann ein verläßlicher Fluß von Informationen zwischen den Vertriebspunkten, den Produktionsstätten und der Zentrale wichtig. Sach- und landeskundige Angestellte wird man vor Ort dennoch nicht entbehren können, und hierin liegt eine Schwierigkeit. Gerade wegen seiner Kenntnis von Land und Kultur kann der ansässige, einheimische Kaufmann nicht immer vollwertig ersetzt werden.

Erzeuger dagegen, die nur über Exporthändler ihres Landes die fernen Märkte beliefern, brauchen sich um den Absatz nicht direkt zu kümmern. Sie müssen nur von Zeit zu Zeit kontrollieren, ob sie dadurch nicht Marktanteile verlieren. Die Einschaltung oder Eliminierung von Zwischengliedern der Handelsketten bestimmt sich also danach, wer, wo, welche Handelsfunktion am besten erfüllen kann. Umgekehrt ergibt sich aus der Aufteilung der Aufgaben entlang der Kette, an welchen Handelsplätzen günstige Geschäftsstandorte liegen, was freilich angesichts der Notwendigkeit ständiger Optimierung auch immer wieder zu Umgliederungen zwingt.

Geographisch bedeutsam wird hier, welcher Partner die räumliche Funktion erfüllt und, ausgedrückt durch die *Klauseln cif und fob*, wie er sie erfüllt (vgl. Kap. 5.4). Exporteure brauchen sich nicht mit der Organisation von Transporten befassen, wenn sie ihre Waren am eigenen Platz fob absetzen können. Ihnen kommen die Kunden ja sozusagen ins Haus. Sie werden sich dann auch kaum für den weiteren Weg der Waren und deren endgültige Bestimmung interessieren. Sie können sich dies aber nur leisten, wenn sie in sogenannten Verkäufermärkten operieren, in denen die Waren begehrt und knapp sind.

Dies widerspricht dem heutigen Bild im Rohwarenhandel. Dort schließen Verkäufer in armen Ländern fob-Geschäfte ab, obgleich gerade diese Märkte wegen des Überangebots an Ware unter ständigem Konkurrenzdruck stehen. Dies ist nicht nur aus einem Mangel an Kenntnissen und Organisation zu erklären, sondern aus den systemischen Eigenschaften der Handelsketten. In stabilen Systemen bleiben Merkmale aus früheren Entwicklungsstadien als *Remanenzen* erhalten, auch wenn sie nicht mehr unbedingt notwendig oder nützlich sind (JÜLG 1993, S. 369). Die heute üblichen Usancen im Welthandel gehen vielfach noch auf Verhältnisse in der Initialphase der Ausbildung des europäischen Welthandels zurück. Damals wurden Ketten von Europa zu den Zielgebieten aufgebaut, wofür nach VANCE (1970, S. 54) cif-Angebote die Regel sind (vgl. Kap. 8.3).

4.3 Die Handelsketten

Exporteure, die cif anbieten, schaffen ihre Waren zu den Abnehmern. Gewöhnlich wird es sich dabei um Thünen-Güter handeln, die weder unentbehrlich oder teuer, aber meist reichlich verfügbar sind. Dafür müssen Anbieter die Transporte organisieren und damit die räumliche Funktion erfüllen. Üblich ist cif in Käufermärkten, wo die Abnehmer unter vielen Anbietern auswählen können. Bei komplexen Industrieprodukten aber erzwingen häufig die Wareneigenschaften das cif-Angebot.

Im System der Handelskette hängen cif- und fob-Geschäfte zusammen. Wer fob einkäuft und die Waren holen muß, wird seine Gegenware cif zu den Kunden bringen. Solche Handelsbräuche haben sich zwischen Ländern als Remanenzen erhalten, obgleich sich heute Exporteure und Importeure nur mehr selten um Rückfrachten bemühen müssen. Wer einst welche Rolle übernahm, hing von seiner relativen Stärke in der Kette ab. Am Anfang einer historischen Handelsära scheint jeweils der fob-Anbieter in einer Position der Stärke zu sein, welche schon HELLAUER (1920, S. 328) begründet. Später kann sich dies umkehren.

Abbildung 4 erlaubt eine weitere Betrachtung. In den Häfen der Molukken und der Levanteküste erhielten die ansässigen Kaufleute ihre Bezüge cif angedient und gaben Gewürze zu fob an ihre Kunden ab. Sie erfüllten also die räumliche Handelsfunktion nicht. Solche *Loko-Händler* schließen nur Geschäfte am eigenen Handelsplatz ab, der auch jeweils der Erfüllungsort ihrer Verpflichtungen sein wird. Selbstverständlich können sie alle anderen Handelsfunktionen betreuen und daher sehr nützlich sein.

Handelsplätze, an denen diese Art von Geschäften überwiegt, nennt man *Stapelplätze* oder *Emporien*. Sie sind Standorte eines besonders lebhaften Austauschs und wegen der hier lagernden Warenbestände auch Standorte von Auktionen, Börsen und preisbildenden Märkten überhaupt. Paradigmatisch für diese Rolle stand das mittelalterliche *Brügge*, dessen Kaufleute keine Seefahrt betrieben, weil ohnehin alle anderen zu ihnen kamen. Heute sind reine Handelsplätze dieser Art seltener, wenngleich das Stapelgeschäft in keinem Zentrum des Welthandels fehlen wird. Oft stehen Stapelplätze am Anfangspunkt einer Welthandelskette, wenn in Übersee Exportwaren nur bis zum nächsten Seehafen gebracht werden. In dieser Form etwa ist die Stapelplatzrolle von Singapur, Colombo, Santos und von vielen Erdölhäfen zu sehen.

Beschaffungshändler kämmen die weite Welt nach Waren ab, die sie ihrem Handelsplatz zuführen. Sie bieten diese hier cif an, kümmern sich aber gewöhnlich nicht um die weitere Verwertung. Als Spezialisten haben sie ihre Organisation um die Beschaffung aufgebaut, und dies gibt ihrem Handelsplatz sein Gesicht, mögen auch gegenläufige Geschäfte für sie Wert haben. Paradigmatisch für diese Rolle stand das mittelalterliche *Venedig*. Seine Hauptfunktion war die Beschaffung wertvoller Waren aus den Häfen islamischer und byzantinischer Länder am Mittelmeer und Schwarzen Meer. Damals wie auch heute sehen wir den Beschaffungshandel eng mit der Seefahrt verbunden. Alle großen Seehäfen der Industrieländer sind Beschaffungsplätze. Wo im weiten Binnenland der Beschaffungshandel eine Rolle spielt, entstehen besondere Aufkaufsnetzwerke mit Zentren in Pfortenstädten (gateways) oder Seehäfen, die nicht selten peripher zum eigentlichen Marktgebiet liegen. Dieser Handel bestimmt u. a. auch die früher erwähnten Vororte gewerblicher Wirtschaftsformationen in Deutschland.

Zugeführte Waren werden in diesen Plätzen für ihr späteres Absatzgebiet adaptiert oder transformiert, d. h., es wird die Qualitätsfunktion ausgeführt. Dies legt es nahe, hier auch die industrielle Veredelung einzurichten, ein wichtiger Anstoß zur Industrialisierung.

Absatzhändler übernehmen Waren fob am eigenen Handelsplatz und leiten sie cif an viele, weitverstreute Weiterverteiler. Davon bestimmte Handelsplätze liegen günstig im Mittelpunkt des jeweiligen Absatzgebiets, und wenn schon nicht im geographischen, so doch im transportlogistischen Zentrum. Sehr deutlich war dies für *Lübeck* in der Hansezeit, das damals die hochwertigen Produkte West- und Mitteleuropas über die Landenge von Schleswig empfing und in den skandinavischen und den Ostseeländern vertrieb. Solche Plätze stehen auch an den Endpunkten von Handelsketten. VANCE (1970, S. 81) nennt sie *unravelling points* und betont deren historische Vorwärtsverlagerung im Zuge der wirtschaftlichen Entwicklung der Märkte. Wir können dies in Europa in der Ablösung von Lübeck durch Kopenhagen, von Brügge durch London und auch im Verhältnis von Nürnberg zu Venedig wiedererkennen. Heute werden von dieser Funktion vor allem die großen Städte im Binnenland der Industriestaaten bestimmt, in Deutschland etwa München und Hannover.

Transithändler kombinieren beide Funktionen, beschränken sich aber dabei auf wenige Transportrelationen zwischen größeren Handelsplätzen. Ein reiner Transithändler erfüllt die räumliche Handelsfunktion in beiden Richtungen, übernimmt die Waren fob und bietet sie zu cif-Konditionen an. Wenn das Schwergewicht an einem Handelsplatz auf dieser Funktion liegt, werden nur wenig zusätzliche Leistungen erbracht, und der Anteil an Frächtern und Spediteuren wird unter den

Kaufleuten hoch sein. Paradigmatisch dafür wurde im 16. und 17. Jh. *Lissabon.* Die Portugiesen holten mit ihren Flotten die Gewürze aus Südostasien und leiteten sie nach Antwerpen weiter. Heute können wir die Erdölfirmen in Rotterdam in ihrer Stellung gegenüber Deutschland als Beispiel anführen. Transithandelsplätze in reiner Form sind oftmals kurzlebig. Dies belegen Petra und Palmyra im Vorderen Orient gegenüber den ewigen Städten Damaskus und Jerusalem.

4.4 Direkthandel der Industriefirmen, Einzelhandelskonzerne und Staaten

Für die fehlende Einheit von Ort und Zeit lassen sich im Welthandel Surrogate finden und somit durch Änderung der Systemaspekte die Handelsketten verkürzen. Solche sind ungebrochener Transport, schnelle Nachrichtenübertragung und Regulierung durch den Staat.

Besonderen Bedarf an Direktbeziehungen haben Industriefirmen beim Verkauf komplizierter Maschinen, Anlagen und Systemlösungen. Anbieter solcher Güter sind vielfach gezwungen, die Funktionen von Zwischen- und Großhändlern, Exporteuren und Importeuren selbst zu übernehmen, weil nur sie das nötige Spezialwissen haben. Ansonsten wird die Schwelle, ab welcher Direkthandel sinnvoll ist, von einem gewissen Mindestvolumen der Umsätze in einem Marktgebiet und auch von der Vertrautheit einer Firma und ihrer Mitarbeiter mit diesem bestimmt sein. Auch die größten transnationalen Konzerne bleiben bei randlichen Märkten bei indirekten Kontakten.

Bei Direkthandel wird die Standortorganisation in Übersee bevorzugt in Handelsplätzen aufgebaut, die aus dem Stammland schnell und problemlos zu erreichen sind und wo das beste Angebot an Hilfsdiensten zur Verfügung steht. Dies wird gewöhnlich der *führende Handelsplatz* oder die Hauptstadt eines Landes sein. Je nach dem Bedarf an Personal aus dem Stammland der Firma werden Nebenumstände wichtig, denn Leute, die willens sind, Jahre ihres Lebens in völliger Isolation von Landsleuten und ohne die gewohnten Lebensannehmlichkeiten im Ausland zu verbringen, sind heute in den Industrieländern immer schwerer zu finden. Für weniger beliebte Dienstorte greifen manche Firmen schon auf Kräfte aus Entwicklungsländern, z.B. Indien, zurück, deren Ausbildung für solche Tätigkeiten das gleiche kostet, die aber in ihren Ansprüchen viel bescheidener sind.

Vorderhand nehmen Organisationen mit Direkthandel ständig und rasch zu. Immer mehr Industriefirmen sehen sich gezwungen, ihr Auslandsmarketing in die eigene Hand zu nehmen. Bei völliger Ausrichtung auf fremde Agenten würde ein Erzeuger nämlich riskieren, daß gerade seine verbesserten Produkte und Neuheiten nur verzögert auf den Markt kämen und Konkurrenten dort ihre Marken schneller lancieren könnten. Je mehr sich die Welt technisiert und die Produktionstechnologien sich wandeln, um so umfassender wird wohl auch der Direkthandel mit Industriegütern werden müssen. Hypothetisch läßt sich sogar ein Zusammenhang von Innovationshäufigkeit mit Direkthandel postulieren. Solchen Zwangsläufigkeiten könnte sich kein Anbieter entziehen, vielmehr würden sie logisch durch Zweigwerksgründungen weiterzuführen sein, so daß Exporthandel durch Erzeugung vor Ort substituiert würde.

Allerdings bringt Direkthandel eine Auflösung des integrierten Netzwerks des Welthandels in einzelne, voneinander unabhängige *Firmennetzwerke* mit sich. Diese sind zwar geographisch kongruent, z. T. sogar deckungsgleich, aber für andere nicht, wie auch generell nur in einer Richtung benützbar und allenfalls durch externe Hilfsdienste miteinander verbunden. Noch hat dieses System, das Mc CONNELL (1986) als bestimmend im Welthandel ansieht, keinen harten Krisentest bestehen müssen.

Auf der Beschaffungsseite haben Importeure und Verarbeiter von Rohwaren seit jeher analoge Probleme. Sie sind an billigen und verläßlichen Bezugsquellen interessiert und verstetigen ihre Beschaffung durch direkte Lieferkontrakte mit den Erzeugern und Beteiligungen an der Produktion, wobei gleichfalls frühere Zwischenglieder von Handelsketten ausgeschaltet werden oder gar nicht erst zur Ausbildung kommen konnten. Auch dies scheint mit Situationen beschleunigter Innovation zu korrellieren, und zwar schon in der frühen Kolonialzeit, welche das Plantagensystem hervorbrachte (HOTTES 1991).

Direkthandel bevorzugt große Handelsplätze, jedoch erzwingt die speziellere Aufgabe oftmals eine davon abweichende geographische Festlegung der Bezugswege und Umschlagplätze mit firmeneigenen Ablade- und Löschhäfen, die dem sonstigen Handel nicht dienen. In sehr ausgeprägter Form ist dies bei den großen Erdölkonzernen der Fall. Diese hatten die gesamte Handels- und Produktionskette firmenintern verwirklicht und gingen sogar noch über das übliche Maß hinaus, indem sie auf der einen Seite selbst die Prospektion und Gewinnung von Erdöl, auf der anderen als Filialisten den Detailverkauf ihrer Produkte über eigene Tankstellen aufgebaut hatten. Die damit verbundene Marktmacht hat international viel Widerstand hervorgerufen. Erdölländer haben mit gewissem Erfolg dieses System wiederaufgebrochen.

4.4 Direkthandel

Ihre staatlichen Ölkonzerne ziehen nun die gleiche Organisation von der anderen Seite her auf.

Nicht minder bekannt ist der *Bananentrust*, verkörpert durch die United Fruit Company der USA. Diese organisierte eine fast unangreifbare Marktstellung aus der logistischen Notwendigkeit einer Kühlkette heraus, zu welcher Transport, Lagerung und Vermarktung eines empfindlichen Tropenprodukts zusammengeschlossen sein müssen. Dies wurde durch firmeneigene Plantagen in kleinen Erzeugerländern weiter gestützt. Man spricht noch heute von den Bananenrepubliken, weil deren Regierungen gar nichts gegen den Willen der Gesellschaft tun konnten. Schon 1921 hat BITTER den Bananentrust wegen seiner imperialistischen Praktiken angeprangert. Er muß aber zugestehen, daß erst die Bananenkonzerne jene Organisation schaffen konnten, die diese Frucht zur Handelsware und einem billigen Konsumgut gemacht hat (BITTER 1921, S. 62, S. 64). REICHART (1982) diskutiert die heute schwerer zu realisierende Möglichkeit einer Kühlkette analoger Art für frische Ananas.

Neu ist die Ausweitung internationalen Direkthandels auf die großen Einzelhandelskonzerne. Warenhäuser, Filialisten, Supermarktketten und Versandhäuser bieten allumfassende Sortimente von Konsumgütern an, die schärfster Preis- und Qualitätskonkurrenz ausgesetzt sind. Die Zusammenstellung und modische Erneuerung solcher Sortimente übersteigt die Kapazität normaler Großhändler und Importeure. Die Einzelhandelskonzerne sind daher rückwärtsschreitend in die Handelsketten eingedrungen. Über eigenen Sortimentsgroßhandel kamen sie zur Beschaffung billiger Ware aus dem Ausland, traten als Importeure und Exporteure, Aufkäufer und auch als Produzenten im Ausland ein.

Neben diesen Formen des Direkthandels stehen staatliche und halbstaatliche Organisationen, im Extremfall Monopolfirmen für Außenhandel. Dabei beseitigt staatlicher Zwang die Ungewißheiten, die sonst diese Zusammenfassung aller Handelsfunktionen erschweren. Ideal gesehen tritt die Außenhandelsorganisation des einen Landes ihrem Gegenstück im Partnerland gegenüber. Sind die Partnerländer jedoch durch ein anderes Handelsregime geprägt, so werden offene oder verdeckte Zweigorganisationen im Ausland nötig, und das System gleicht jenem der Industriefirmen mit Direkthandel.

Staatliche Außenhandelsfirmen, die staatlichen Marketingboards der Entwicklungsländer und auch die verstaatlichten Industriekonzerne im Westen haben neben dem Spezialisierungsproblem der Direkthändler auch alle Schwächen bürokratischer Organisationen. Ihr rascher Zusammenbruch in Krisenzeiten braucht daher nicht zu überraschen.

4. Die Akteure im Welthandel

Geographisch gesehen zwingt staatliche Einflußnahme auf Außenhandelsgeschäfte alle Akteure in die Nähe der Regierungsstellen, also in die Hauptstädte. Diese werden dadurch zum wichtigsten, oft einzigen Handelsplatz ihres Landes. Alle anderen Orte, insbesondere die Hafenstädte verlieren die Handelsfunktionen und behalten nur die logistische Abwickelung von Import und Export. Lediglich Messeplätze behalten eine gewisse Bedeutung, da sie die unentbehrlichen Informationskontakte zwischen Lieferanten und Käufern herstellen müssen, die einer Geschäftsanbahnung gewöhnlich vorausgehen.

Durch Direkthandel in jeglicher Form wird Welthandel in Teilaspekten zum *firmeninternen* Tätigkeitsbereich gemacht, und es werden etablierte Handelsplätze ausgeschaltet oder umgangen, weil Vertriebszentralen und Hauptbüros auch die übrigen Aspekte der Geschäfte an sich binden. Dies ist freilich nicht vollständig möglich, weil technische und logistische Manipulationen nicht so leicht an andere Orte verschoben werden können wie die Marketing- und Kreditfunktionen. Bei großen transnationalen Direktmarketern bildet sich eine dreiteilige geographische Organisation heraus, wobei die Zentrale ihre weltweit verstreuten Tätigkeiten über Regionalbüros koordiniert, als deren Sitz man die führende Weltstadt dieser Erdregion wählt.

Die Erdölkrisen haben eine weitere Grenze aufgezeigt und einen Umschwung eingeleitet. Man lernte aus der Erfahrung von Liefer- und Länderboykotts die Gefahren sehen, welche direkte Beschaffung mit ihrer natürlichen Beschränkung auf wenige, besonders günstige Lieferanten oder Lieferländer bringt. Jede Unterbrechung, welche eine Firma trifft, ist ja ein Vorteil für die zufällig gerade nicht mitbetroffenen Konkurrenten. Dies führt heute zur Beschaffung der benötigten Waren aus einer möglichst großen Zahl von Ländern, mag auch nicht alles aus der billigsten Quelle kommen und die Warenqualität unterschiedlich sein. Dieses *global sourcing* ist Gegenstück des *global marketing*. Es ist nichts wirklich Neues, weil es elementarer kaufmännischer Vorsicht entspricht. Der Direkthandel findet damit wieder zur Flexibilität des traditionellen Handelssystems zurück. Angewandt auf Industrieprodukte könnte global sourcing zu einem Segen für viele heute noch bettelarme Entwicklungsländer werden.

5. DIE INSTRUMENTE DES WELTHANDELS

5.1 Die Formen der Geschäfte

Elemente des Welthandelssystems in geographischer Betrachtung sind die vollständigen *Transaktionen*, die als sinnvolle Abläufe Waren vom Erzeuger zum Verbraucher bringen. Solche Transaktionen lösen sich bei näherer Betrachtung oft in *Einzelgeschäfte* auf, die jeweils für sich besehen nur eine vage Beziehung zur Gesamttransaktion zeigen müssen. Sie sind sozusagen Konstrukte zur Erfüllung der Handelsfunktionen. Im Ausgangspunkt eines Geschäfts steht ein Posten einer Ware im Besitz des Verkäufers, im Endpunkt ist dieser voll ins Eigentum des Käufers übergegangen. Ein solches Einzelgeschäft wird zwischen Kaufleuten angebahnt, vereinbarungsgemäß durchgeführt und der Abschluß durch die Bezahlung dokumentiert.

Somit kann eine Welthandelstransaktion etwa mit Kaffee aus Kolumbien für Deutschland in eine Reihe aufeinanderfolgender Geschäfte entlang der Handelskette gegliedert sein, bei welchen es den Kontrahenten egal ist, wie oder wohin bei den folgenden Geschäften disponiert wird. In geographischer Sicht freilich wird man die Gesamttransaktion in ihrem Ergebnis zu verfolgen und in Statistiken zu erfassen suchen.

Kaufleute machen Geschäfte, und daher ist eine kurze Umschau in diesem Bereich nützlich. Wir kennen bereits den Unterschied zwischen *Distanz- und Lokogeschäften* (HELLAUER 1954, S. 118 f.). Es gibt Geschäfte mit vorhandener Ware gegen sofortige oder spätere Bezahlung, Geschäfte auf Termin mit Ware, die im Augenblick für den Verkäufer noch gar nicht verfügbar ist, und Geschäfte, die gar keine Erfüllung von Handelsfunktionen anstreben. Solche *Spekulationsgeschäfte* im Gegensatz zu *Effektivgeschäften* betreffen nur die vertragliche Seite. Man handelt mit Kontrakten, die Verfügungsrechte geben.

Der Normalfall im Welthandel ist jedoch das *Distanzgeschäft* mit vorhandener Ware gegen Bezahlung im Rahmen der üblichen Fristen, z. B. drei Monate nach Empfang der Ware. Dies trägt dem Fehlen der Einheit von Ort, Zeit und Handlung Rechnung. Letztere findet man im Welthandel nur bei den Auktionen, wo Käufer, Verkäufer oder deren Agenten persönlich anwesend sind und mit Einschaltung des Auktionators Kontrakte in vereinfachter Form verbindlich abschließen, etwa durch Aufzeigen, Handschlag oder Meldung. Bedeutung haben solche Auktionen im Welthandel nur mehr bei wenigen Waren wie Schafwolle, Vieh, Obst, Gemüse, wenn die Qualität einzelner Warenpartien sehr unterschiedlich ist.

Die Distanzgeschäfte im Welthandel schließen gewöhnlich einen See- oder Lufttransport ein. Wir können daher im Überseegeschäft das Grundmuster sehen, denen gegenüber alle anderen Formen der Geschäfte Komplikationen oder Vereinfachungen bedeuten. Der Ablauf ist so gestaltet, daß die fehlende Einheit von Ort, Zeit und Handlung kompensiert wird. Ein solches Geschäft setzt sich aus dem *Weg der Ware,* dem Weg der Zahlung und begleitenden Hilfsgeschäften zusammen. Im Normalfall wird die Ware vom Standort des Verkäufers zu einem Seehafen gebracht, dort verschifft und vom Empfangshafen zum Standort des Käufers weiterbefördert. Dieser erwirbt je nach den vereinbarten Bedingungen an einem dieser vier Orte das Wareneigentum und trägt ab hier auch die Kosten und Gefahren.

Der *Weg der Zahlung* ist dazu gegenläufig. Der Käufer bezahlt an seine Bank, die der Bank des Verkäufers eine entsprechende Nachricht gibt, und diese zahlt dem Verkäufer den Rechnungsbetrag aus oder schreibt ihn gut. Wie die beiden Banken die Abwickelung untereinander regeln ist unerheblich, doch kann dies durch staatliche Restriktionen und andere Nebenumstände sehr kompliziert werden.

RITTER (1991 b, S. 111) bringt ein einfaches Modell eines solchen Geschäfts (Abb. 5; dazu auch Schweizer. Bankges. 1984, S. 19, S. 73; JAHRMANN 1988, S. 161 u. a.). In dieses sind geographisch gesehen sechs Orte involviert, nämlich zwei Handelsplätze, zwei Seehäfen und zwei Bankplätze. Sitzen Käufer, Verkäufer und Banken bereits in Seehäfen, so sind nur zwei Orte beteiligt, sachlich ändert sich jedoch nichts.

Warentransport und Geldüberweisung sind in diesem Geschäft Hilfsleistungen. Eine direkte rechtliche Verpflichtung besteht nur zwischen Käufer und Verkäufer. Wichtig ist für beide die Festlegung eines *Erfüllungsortes,* wo der Verkäufer seine letzte typische Handlung leistet und der Käufer in alle Rechte und Risiken eintritt. In unserem Beispiel wäre dies der Versandhafen (fob-Klausel). Ein solcher kann für Ware und Zahlung auch unterschiedlich vereinbart sein, wird aber einer der sechs Orte bleiben. Waren- und Zahlungsweg werden von Nachrichten, Bestätigungen und Dokumenten begleitet. Käufer und Verkäufer stehen daneben über Informationen und gegenseitige Besuche in Verbindung. Alle diese Übermittlungen bedienen sich andersartiger technischer Einrichtungen und können deshalb räumlich völlig voneinander getrennt sein.

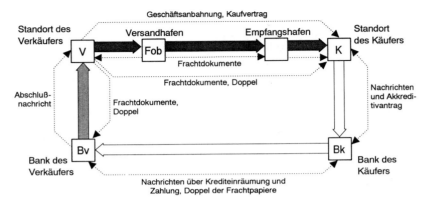

Abb. 5: Die räumliche Konfiguration eines Überseegeschäfts (fob-Bedingungen, Dokumentenakkreditiv; stark vereinfacht) (Quelle: RITTER 1991 b, S. 111).

Die Wege der Waren werden durch die Technik des Seeverkehrs und die Konfiguration der Landmassen bestimmt, sind daher meist deutlich länger als die Luftlinie. Seit jeher hat man deswegen für die begleitenden Nachrichten kürzere Wege gesucht, weil sich viel besser disponieren läßt, wenn letztere schneller reisen als die Waren. Diese Aufgabe übernehmen heute Flugzeug und Funk. Wenngleich Umwege bei der heutigen Geschwindigkeit der Telekommunikation und des Luftverkehrs keine Rolle mehr spielen, sind sie doch den Großkreisrouten angenähert und die Übertragungszeiten sehr kurz.

5.2 Der Warenweg

Die Arten der Transaktionen sind nicht ohne Einfluß auf die Warenwege, und wir haben hier zwischen direktem, indirektem Außenhandel und Transithandel zu unterscheiden.

Der indirekte Außenhandel, den wir hier als Normalfall betrachten wollen, beruht auf einer mehrstufigen Handelskette für die Gesamttransaktion. Diese wird durch die Einschaltung von Exporteuren, Importeuren und Zwischenhändlern auch bezüglich des Warenwegs in Einzelschritte aufgelöst. Das grenzüberschreitende Distanzgeschäft tritt in der Form von Abb. 5 auf, wird aber dann zwischen Export- und Importhändler abgewickelt. Zwar strebt man auch hier kurze Warenwege an, doch kümmert sich jeder Beteiligte doch primär um die rationelle Durchführung auf seinem Segment, so daß durch besondere Standorterfordernisse der Zwischenhändler auch Umwege auftreten können. Solche Umwege der Waren über internationale Handelsplätze treten besonders bei der Erfüllung qualitativer Handelsfunktionen durch renommierte Importhäuser auf. Desgleichen zwischen Staatshandelsländern, wo Warensendungen vielfach zunächst in die Hauptstädte laufen und im Falle eines grenznahen Lieferanten auch Teile des Wegs zweimal zurücklegen müssen (RITTER 1987, S. 12).

Bei direkten Geschäften treten Verkäufer als Exporteur und Käufer als Importeur auf, oder es wird an eigene Niederlassungen im Empfangsland geliefert. Warenwege werden dann im allgemeinen kürzer und schneller sein, müssen sich aber auch hier nach den Gegebenheiten des Transports richten. Bei Kleinsendungen spielen Sammeln einer ausreichenden Transportmenge und deren Wiederaufteilung eine wegverlängernde Rolle. Dies wird im Containertransport und Luftverkehr deutlich, wo gebrochener Transport mit mehrfachem Umladen häufig ist, mögen auch die dahinter stehenden Geschäfte direkt sein.

Interessante Abweichungen bedingt der Transithandel über ein drittes Land. In letzterem erfolgt dabei keine zollamtliche Abfertigung zum freien Verkehr. Wird Ware auch physisch über einen Transithändler geliefert, so benützt dieser gerne Zollfreilager, Freizonen und Freihäfen für seine Zwischenlagerung und die Warenmanipulationen. Das Vorhandensein solcher Einrichtungen bestimmt dann den Weg oder Umweg der Ware, etwa im internationalen Handel der Ostseeländer über den Hamburger Freihafen. Transithandel bedeutet, daß Waren faktisch oder auch nur rechtlich zwischen zwei Ländern unter Vermittlung eines Drittlandes ausgetauscht werden. Gewöhnlich werden dabei spezifische Handelsfunktionen erfüllt, er kann aber auch der Verdeckung der Herkunft der Ware dienen. Die bloße Durchfuhr von Gütern durch ein drittes Land oder Zollgebiet dagegen ist Transitverkehr und kein Handel. Dieser scheint auch in den Handelsstatistiken nicht auf.

In der Praxis erfordert der Warenweg noch allerlei Hilfsstellen, zu denen Kontakte nötig werden, z.B. Konsulate und Handelskammern für Ursprungszeugnisse, Warenprüfung und Zollabfertigung. In den großen Handelsplätzen und Seehäfen sind solche Einrichtungen vor Ort vorhanden. Anders kann dies in kleineren Häfen, Flughäfen, Torpunkten oder an Grenzen sein. Verzögerungen sind dann zu befürchten. Dies ist auch der Hauptgrund, warum Welthandelsgeschäfte eher über große Handelsplätze abgewickelt werden.

5.3 Der internationale Zahlungsverkehr

Dem Warenweg gegenläufig ist der Zahlungsweg, der im internationalen Geschäft meist eine Transaktion in einer Fremdwährung einschließt und mit Kreditgewährung verbunden ist. Somit setzt sich ein Welthandelsgeschäft aus einem Waren-, einem Devisen- und einem Kreditgeschäft zusammen. Letztere besorgen die Banken, deren Tätigkeit im Zeichen der Computervernetzung immer weniger über die Zweigstellen vor Ort und immer mehr über ihre Zentralen laufen, womit zusätzliche Orte in das geographische Netzwerk des Gesamtgeschäfts einbezogen werden.

Größte Bedeutung haben auch im internationalen Zahlungsverkehr heute direkte *Überweisungen,* die zum Hauptteil bereits über das Computerverbundnetz SWIFT ausgeführt werden können (JUETERBOCK 1988, BUCHER 1990). Daneben werden einfache Zahlungen konventionell über Brief, Kabel usw. geleitet.

SWIFT verdient einige Worte. Es ist ein weltweiter Datenverbund der Banken, 1973 in Brüssel begründet, der 1977 den Betrieb aufnahm (JUETERBOCK 1988, S.271; LOH 1983, S.95). Zweck ist die schnelle, zeitunabhängige Bedienung des Zahlungsverkehrs und der damit verbundenen Nachrichten. Das System ist dreistufig aufgebaut mit Konzentratoren in jedem Mitgliedsland und zwei internationalen Schaltzentralen in Amsterdam und in Culpepper/Virginia. Mit SWIFT, welches schneller ist als der Telex- und Telefaxverkehr, nähert sich dieser Bereich der oftmals angesprochenen Einheit von Ort und Zeit an, was auf den Ablauf der Geschäfte nicht ohne Folgen bleiben kann. Im Zahlungsverkehr geht es also um Schnelligkeit. Deshalb sind einfache Überweisungen über die beiden Banken noch vor dem Empfang der Waren häufig geworden. Die Banken besorgen auch die Konvertierung der Währungen. Bei Devisenrestriktionen und Geschäften in nichtkonvertiblen Währungen ist aber oft der Umweg über eine oder beide Nationalbanken nötig. Überweisungen sind eine einfache Zahlungsform, die ein Vertrauensverhältnis zwischen den Partnern voraussetzt und kennzeichnend ist für eingespielte Handelsbeziehungen und Direkthandel, mit dessen Verbreitung sie zunehmen. Im Dollar- und Sterlingbereich sind Überweisungen weniger üblich. Dort wird der internationale Zahlungsverkehr vorwiegend durch Bank-Orderschecks abgewickelt, wobei die Hausbank des Käufers den Scheck direkt an den Verkäufer sendet, der ihn wieder bei seiner Bank einlöst. Im deutschen Außenhandel erfolgten Mitte der achtziger Jahre nach GRILL et al. (1985) 85% aller Zahlungen in dieser einfachen Form. Die restlichen 15% benützten den komplizierteren dokumentären Zahlungsweg. Dies entspricht recht genau dem deutschen Außenhandel mit Entwicklungsländern.

Die einfachste Form ist hier das *Dokumenteninkasso* mit der Vertragsklausel „Dokumente gegen Zahlung". Der Käufer übernimmt gegen Übergabe eines Handelswechsels jene Papiere, die ihm die Verfügungsgewalt über die Ware geben. Den Wechsel wieder kann er eskomptieren, d. h. seiner Bank verkaufen. Der letzte Inhaber des Wechsels legt diesen zum Zahlungstermin dem Käufer vor.

Besteht noch kein ausreichendes Vertrauensverhältnis zwischen Käufer und Verkäufer oder erscheinen die Verhältnisse im Importland zu unsicher, so wird das *Dokumentenakkreditiv* eingesetzt. Dieses ist im Handel mit Entwicklungsländern noch weitgehend üblich. Abb. 5 beruht auf diesem Zahlungsweg. Die klassische Form ist das bestätigte Akkreditiv, bei welchem die Banken eine Haftung für die Zahlung übernehmen. Der Verkäufer hat den Vorteil, daß er seinen Rechnungsbetrag sogleich nach Abgabe und Prüfung der Dokumente erhält und ihn dank der Haftung der Banken eine eventuelle Zahlungsunfähigkeit seines Kunden nicht mehr betrifft. Dies ist also ein sicherer Weg, der freilich seinen Preis hat und für die betroffenen Länder alle Importe verteuert.

Noch mehr abgesichert sind Remboursakkreditive, bei denen zusätzlich eine Bank in einem erstrangigen Finanzplatz wie London, New York oder Zürich eine verbindliche Garantie gibt. Bei Einschaltung von Zwischenhändlern gibt es das übertragbare Akkreditiv und den angloamerikanischen Letter of Credit, der sachlich dem Rembours entspricht.

Alle diese Wege sind gegenüber einfachen Überweisungen umständlicher, langwieriger und teurer, weil Sicherheit bezahlt werden muß und auf Kosten der Schnelligkeit geht. Häufig sind dann dank Flugzeug- oder Containertransport die Waren schneller am Ziel als der für die Dokumentenweitergabe erforderliche Postlauf oder Kurierdienst. Dies führt zu Beschleunigungstechniken, wie wir sie mit SWIFT kennengelernt haben. Eine wichtige Ersatzfunktion auf seiten der Verkäufer hat neuerdings das *Factoring*. Dabei tritt der Verkäufer seine Forderung an eine auf Inkassogeschäfte spezialisierte Bank ab, die ihm dafür 80 bis 90% des Rechnungsbetrages vorschießt und den Rest nach Zahlungseingang gutschreibt.

5.4 Erfüllungsorte und INCO-Terms

Da viele Kunden in Übersee extrem lange Zahlungsfristen benötigen, sichern sich die Verkäufer gegen die daraus resultierenden Risiken durch Exportkredite, wie sie in Deutschland die Kreditanstalt für Wiederaufbau oder die Ausfuhrkredit Ges. m. b. H. vergeben. Kredite ihrerseits werden über HERMES-Bürgschaften versichert.

Sehr wichtig ist seit dem Anfang der siebziger Jahre und der Einführung des Floatens der Währungen gegenüber dem Dollar das Kursrisiko geworden. Die Schwankungen des US-Dollars und seiner Satellitenwährungen (Australdollar, Neuseelanddollar, Saudi-Riyal u. a.) gegenüber anderen Währungen können innerhalb weniger Monate 30 bis 40% erreichen, was meist mehr ist als die Gewinnerwartung bei einem Warengeschäft. Auch die Währungen europäischer EG-Länder haben sich in letzter Zeit als zuwenig robust erwiesen. Das *Währungskursrisiko* trifft besonders die Importeure jener Rohwaren, Nahrungs- und Genußmittel aus Übersee, die in Dollar oder Pfund fakturiert werden. Exporteure versuchen durch Preiserhöhungen ihre Position abzusichern, was aber nicht immer möglich ist.

Gegen das Währungskursrisiko gibt es eine Reihe von Strategien, wie den An- und Verkauf entsprechender Währungsoptionen, Devisentermingeschäfte, die Haltung eines Portefeuilles an Forderungen und Verbindlichkeiten in der entsprechenden Währung, die sich aufsaldieren oder von Mischportefeuilles in verschiedenen Fremdwährungen mit unterschiedlicher Kursentwicklung. Bei großen Exportaufträgen im Anlagenbau wird in mehreren Währungen fakturiert, z. B. für ein Kraftwerksprojekt in Dubai in Dollar, engl. Pfund und D-Mark.

5.4 Erfüllungsorte und die INCO-Terms

Die vertraglichen Pflichten von Käufer und Verkäufer sind exakt nach Zeit und Ort zu regeln, um unterschiedliche Auslegungen auszuschließen und damit lange Rechtsstreitigkeiten zu vermeiden. Solche Festlegungen betreffen den Übergang des Wareneigentums, die Aufteilung der Kosten der Handelsleistungen, die Übernahme von Risiken und den Eintritt der Zahlungsverpflichtung.

Herrschten hier früher die historisch gewachsenen Usancen einzelner Kaufmannschaften und Handelsplätze, so bemühte man sich seit dem Ende des Ersten Weltkriegs um internationale Standardisierung. Diese erfolgte im Rahmen der 1919 gegründeten Internationalen Handelskammer zu Paris (ICC), welche solche Klauseln erstmals 1923 veröffentlichte (BOUFFIER 1929). Gegenwärtig werden sie gemäß der Revision von 1990 angewandt (BREDOW und SEIFFERT 1993). Sie erhalten verbindliche Gültigkeit vor Gericht, wenn ihre Anwendung im Vertrag zwischen Käufer und Verkäufer vereinbart wurde.

Diese Klauseln regeln in knapper Form, präzisieren und vereinfachen viele Details einer Vereinbarung. So etwa würde sich bei Anwendung der Klausel *cif Bremen* folgende Verpflichtung ergeben: Der Verkäufer hat für die Verschiffung der Ware zu sorgen. Cif bedeutet cost-insurance-freight, d. h., der Verkäufer trägt auch diese drei Kostenelemente bis Bremen. Cost umfaßt die Bezahlung aller mit dem Export verbundenen Auslagen für Gebühren, Herkunftszeugnisse, Qualitätsatteste oder andere Beglaubigungen, Hafengebühren, Zwischenlagerung und Verladung auf das Schiff. Insurance betrifft die Risiken des Transports bis zum angegebenen Hafen. Freight umreißt die Kosten des Transports selbst bis zur Ausladung (Löschung) der Ware in Bremen. Das Risiko von Beschädigung oder Verlust geht im Bestimmungshafen auf den Käufer über, wenn die Ware die Reling des Schiffes überschreitet. Meist wird damit auch das Eigentum übertragen.

Der Käufer seinerseits hat sich bei obiger cif-Klausel um alle Genehmigungen und Spesen der Einfuhr und Verzollung zu kümmern. Zugleich übernimmt er alle Risiken und Kosten bis zu seinem eigenen Geschäftsstandort.

Die wichtigsten Lieferklauseln sind:
- ab Werk (ex works) oder eine analoge Ortsangabe bezogen auf das Betriebsgelände des Verkäufers.
- frei (free, franco) mit dem Zusatz einer Verladestelle oder eines Fahrzeugs z. B. frei-Waggon (free on rail: fot), frei LKW (free on truck: fot), usw.
- fas (free alongside ship) mit Hafenangabe. Wird benützt, wenn in diesem Hafen über Leichter verladen werden muß.
- frei an Bord (free on board, fob) mit Hafenangabe. Das Risiko und die Kosten gehen an den Käufer über, wenn die Ware auf dem Schiff abgesetzt ist.
- frei Entladestelle (siehe frei oben). Dieser Ort muß dann genauer spezifiziert werden.
- Kost und Fracht (cost and freight, c&f) mit Bestimmungshafen, wobei der Käufer das Transportrisiko trägt, d. h. die Versicherung zahlt.
- cif (cost insurance freight) per benanntem Bestimmungshafen (wie oben ausgeführt).
- Frachtfrei (freight or carriage paid) per angegebenem Bestimmungsort, wobei ein Frachtführer etwa die Bahn oder ein Spediteur das Risiko trägt.

5.4 Erfüllungsorte und INCO-Terms

- ab Schiff (ex ship) per benanntem Bestimmungshafen. Wird angewandt, wenn dort die Ware mit Schiffsgeschirr auf Leichter abgesetzt werden muß.
- ab Quai (ex quay) – verzollt oder unverzollt. Wird angewandt, wenn die Ware mit Schiffsgeschirr gelöscht werden muß.
- frei Empfänger (delivered); wieder verzollt oder unverzollt.

(Vgl. dazu DEUTSCH 1974, CZINKOTA und RONKAINEN 1988, S. 236 ff; BREDOW und SEIFFERT 1993.)

Welche Klauseln in welcher Form vereinbart werden, hängt wie ersichtlich von der Art des Transportmittels, den Einrichtungen der Häfen und der Schiffe, der Beschaffenheit der Ware, aber auch der Verhandlungsposition der Geschäftspartner ab. Mit jeder Klausel ist eine geographische Festlegung verbunden, und diese ist auch in anderen Zusammenhängen interessant.

Werden cif, fob, ex works, delivered im übertragenen Sinne verwendet, so können sie zur grundsätzlichen Kennzeichnung von Geschäftsbedingungen im geographischen Sinne dienen. Exportstatistiken z. B. enthalten eine Bewertung der Waren *fob-Grenzübergang*, gleich ob es sich um Landgrenzen, Seegrenzen oder Flughäfen des Exportlandes handelt. Importstatistiken bewerten die Waren *cif-Landesgrenze* des Importlandes, jeweils mit belegbaren oder auch nur geschätzten Werten. Daher können beim internationalen Handel die Angaben des Exportlandes und des Importlandes über den Warenwert niemals übereinstimmen, denn im Importwert stecken ja alle bis zur Grenze des Importlandes angefallenen Kosten mit drinnen. In theoretischen Untersuchungen, besonders in der Standortlehre, steht cif für jede Preiserstellung per Standort des Käufers und fob per Standort des Verkäufers (CHISHOLM 1966, S. 163; RITTER 1991 b, S. 110).

Zahlungsklauseln sind mit den in Kap. 5.3. genannten Zahlungsmodalitäten verbunden. Sie sind jedoch für Geschäfte zwischen Banken und ebenso im Verhältnis der Banken zu ihren eigenen Kunden belanglos. Daher spielen sie nur dann eine Rolle, wenn es sich um Geschäftsanbahnung handelt oder um die heute selten werdenden, meist kleineren Geschäftsfälle, bei denen Geldtransfer, Kreditgewährung, Übergabe von Wechseln oder Schecks zwischen den Partnern ohne Vermittlung einer Bank erfolgt. Die beiden wichtigsten Zahlungsklauseln sind:

- Dokumente gegen Zahlung (documents against payment; d/p).
- Dokumente gegen Akzept (documents against acceptance; d/a) eines Handelswechsels.

Bei den hier angesprochenen Dokumenten handelt es sich um Verladepapiere wie den Frachtbrief der Bahn, Übernahmebestätigungen eines Spediteurs, Konossemente (See- und Luftfrachtbriefe), Versicherungspolicen, Lagerscheine und dergleichen. Diese werden wegen der unterschiedlichen Wege von Ware, Nachrichten und Zahlung in mehreren Exemplaren (Doppel) ausgefertigt, wovon stets ein Satz die Ware begleitet.

5.5 Die Preise und Marktformen

Neben einem ursprünglichen Warenwert enthalten die Preise, zu denen Welthandelsgeschäfte abgeschlossen werden, stets die Entlohnung für die Erfüllung aller oder einiger Handelsfunktionen, samt den sonstigen Kosten dieser Transaktion, wie sie bis zum Erfüllungszeitpunkt der Zahlung für den Käufer anfallen.

Die Entlohnung der Handelsleistungen ist in diesem Preis das *harte* Element. Soweit Kosten nämlich tatsächlich angefallen sind, muß jedes Glied der Handelskette sie von dem nachgelagerten Partner einfordern. Er mag allenfalls bei seiner Gewinnspanne etwas nachlassen. Der Gesamtpreis ist das Ergebnis der Verhandlungen zwischen Käufer und Verkäufer und spiegelt deren Sachkenntnis, Verhandlungsgeschick und Markterfahrung. Es ist ein weitverbreiteter Irrtum, daß damit auch die Gestehungskosten oder irgendein auf sozialen Leistungen beruhender innerer Wert der Ware voll abgedeckt sein müßte. Gerade im Welthandel erscheint das Entgelt der Erzeuger als das *weiche* Element im Warenpreis. Es ist oft beklagenswert gering, und dies wird als Ungerechtigkeit empfunden. Man bedenkt aber dabei nicht immer genügend klar, daß dieser Handel ja zwischen unterschiedlichen, noch heute vielfältig voneinander getrennten Gesellschaften vermittelt. Dabei sind die Entstehungsbedingungen von aus Endverbrauchersicht gleichen Waren, etwa Kaffee, T-Shirts oder was immer, so außerordentlich andersartig, daß gerechte Preise auf für Fachleute kaum feststellbar sind, wie dies die immer wieder auftretenden Dumpingvorwürfe gegen Billiganbieter zeigen. Manche Güter, z. B. die Wolle von Fleischschafen, sind Nebenprodukte, die man fast umsonst abgeben kann, während anderswo dieselben Schafe gerade zur Wollerzeugung gehalten werden und dort das Fleisch ein geringwertiges Abfallprodukt ist. Im Extremfall kann der Warenwert gegen Null absinken, und der Preis spiegelt allein die Erfüllung von Handelsleistungen.

Dahinter steckt der Unterschied zwischen Gebrauchs- und Tauschwert, wie diesen KREUTZ und KREUTZ (1993) anhand einer Interpretation des Märchens von *Hans im Glück* veranschaulichen. Zweifellos agierten viele Ostblockländer wie Hans, wenn sie um der Devisenbe-

5.5 Die Preise und Marktformen

schaffung willen ihre Produkte verschleuderten. Auch zahllose Wilde haben beim frühen Kontakt mit fremden Händlern den Gebrauchswert unmittelbar höher gestellt als den ihnen vielleicht ganz vage bekannten Tauschwert. Unter professionellen Kaufleuten wird Hans im Glück kaum zu finden sein, jedoch sind auch die realen Tauschwerte von Gesellschaft zu Gesellschaft und Land zu Land noch so unterschiedlich, daß sich kaum irgendeine Einheitlichkeit finden ließe. Wir können lediglich anmerken, daß natürlich in jeder Gesellschaft über längere Frist auch die Produzenten auf ihre Kosten kommen müssen, weil sie ja sonst die Erzeugung einer Ware aufgäben. International wieder muß dies keineswegs der Fall sein, weil ein ausscheidendes Lieferland meist leicht durch ein anderes ersetzt werden kann.

Welthandelspreise gehen eher aus jenen Ansätzen hervor, die als Preise in einer langen zeitlichen Vorlaufsperiode jeweils vereinbart wurden. Als ungefähre Rahmenwerte sind diese allen Kaufleuten bekannt. Wer immer seine Waren in ein Handelsnetz einbringen will, muß zusehen, daß er sich mit seinen Gestehungskosten plus den Entgelten für Handelsleistungen in diesen Rahmen einfügt und womöglich etwas billiger ist. Derartige Preise haben aber von Handelsplatz zu Handelsplatz unterschiedliches Niveau. Es gibt im Welthandel keinen für alle Orte gleich hohen Weltmarktpreis, sondern nur ein Bündel von Preisen für unterschiedliche Arten von Geschäften an jeweils anderen Orten und in verschiedene Richtungen. Alle verfügbaren Informationen über Angebote und Nachfrageerwartungen kommen in der Höhe dieser Preise zum Ausdruck. Insgesamt bestimmen daher die Verhaltensweisen der Akteure die Weltmarktpreise.

Dafür sind die Marktformen wichtig. Bei *Käufermärkten* steht ein Überhang an Waren einer geringeren Nachfrage gegenüber. Käufer können dann ihre Vorstellungen von Preisen und Konditionen durchsetzen, d.h. eventuell die Preise drücken, zumal die Warenbesitzer die weiterlaufenden Kosten für das Halten ihrer Bestände fürchten müssen. Bei *Verkäufermärkten* ist die umgekehrte Situation gegeben. Verkäufer erhalten dann angesichts der Knappheit an Waren höhere Preise und bessere Konditionen, oftmals etwa sofortige Bezahlung und fob-Bedingungen. Verarbeiter, die ihre Fabrikanlagen nicht stillegen können, zahlen in solchen Situationen auch ein Mehrfaches der üblichen Preise.

Hinsichtlich der zahlenmäßigen Relation von Anbietern und Nachfragern kann man auf das Schema von STACKELBERG (1948) zurückgreifen. Dort ergeben sich neun *Marktkonfigurationen* (Abb. 6). Manchmal werden solche von Geographen angesprochen (BITTER 1921, HOTTES 1991, S. 228 f.). Freilich geht STACKELBERG als Volkswirt von

5. Die Instrumente des Welthandels

		NACHFRAGER		
		viele	wenige	einer
ANBIETER	viele	vollständige Konkurrenz	Nachfrage-Oligopol	Nachfrage-Monopol
	wenige	Angebots-Oligopol	zweiseitiges Oligopol	beschränktes Nachfrage-Monopol
	einer	Angebots-Monopol	beschränktes Angebots-Monopol	zweiseitiges Monopol

Abb. 6: Die Marktformen (nach STACKELBERG 1948).

Idealvorstellungen aus, denen sich die Realität nur nähern kann. Wir können uns jedoch vorstellen, daß in lokalen und nationalen Märkten klare Monopol- oder Oligopolsituationen auftreten. Wie aber ist es mit der Welt? Bildet sie eher einen Weltmarkt oder ein Gefüge von nationalen und anderen Teilmärkten? Realistischer müssen wir von einem solcherart segmentierten Gefüge ausgehen, daß Märkte für die gleiche Ware jeweils jenseits der nächsten Grenze ganz anders verfaßt sind. Die Schaffung eines Weltmarkts für irgendeine Ware ist als organisatorische Großtat ersten Ranges anzusehen. Daher kann es einen Weltmarkt mit vollkommener Konkurrenz ebensowenig geben wie sein Gegenstück, das zweiseitige Monopol. Beide Situationen sind in nationalen Märkten wahrscheinlicher. Die Annäherung an die vollkommene Konkurrenz wird hier durch vorzügliche Informationslage und das Fehlen von Barrieren möglich; zweiseitige Monopole kennt man im öffentlichen Auftragswesen. Sie sind ein wichtiger Punkt bei den Deregulationsbemühungen der Europäischen Gemeinschaft. Im internationalen Handel kann sich allenfalls ein Staatshandelsland, das einem anderen seine Waren über Barterverträge liefert, in die Nähe des zweiseitigen Monopols begeben, etwa Kuba bei seinen Erdöl-gegen-Zucker-Geschäften mit der ehemaligen Sowjetunion.

Ein beschränktes Angebotsmonopol hat die Central Selling Organization (De Beers) auf dem Weltmarkt für Schmuckdiamanten geschaffen. Sie kauft und hortet Rohdiamanten aller Produzenten und gibt diese an eine kleine Zahl von Verarbeitern ab, wobei sie die Verkaufsmengen genau dosiert, um die Preise stabil zu halten. Dieses Sy-

5.5 Die Preise und Marktformen

stem erwies sich für Diamantminen und Verarbeiter bislang als so vorteilhaft, daß sogar die frühere Sowjetunion ihre Schmuckdiamanten über De Beers verkaufte. Es ist aber wohl klar, daß dazu große Kapitalien und eine effiziente Kontrolle der Abnehmer gehört.

Der Versuch der OPEC (Organization of the Petroleum Exporting Countries), ein Angebotsoligopol in Richtung Monopol auszuweiten, scheiterte ebenso wie jener des Weltzinnabkommens und anderer ähnlicher Versuche. Mehr Aussichten bestehen, wenn spezifische Produktions- und Handelsleistungen damit verbunden werden, wie dies bei den Bananen mit der Kühlkette der Fall ist.

Nachfrage- und Angebotsmonopole entstehen im Welthandel regelhaft bei neuartigen Gütern und Anwendungsinnovationen. Sie werden durch Nachahmer oder Substitution schnell gebrochen, sobald nur der Hauch einer Chance besteht, überhohe Preise zu unterbieten. Daneben spielt auch die Zahl der Partner auf der Gegenseite eine Rolle. Ein Monopol wird um so schneller bestritten, um so größer deren Anzahl ist. Chile hatte vor dem Ersten Weltkrieg ein Monopol im Nitratexport. Da die Zahl der Abnehmer groß war, ahmten sie sehr schnell die in Deutschland erfundene Stickstoffsynthese nach. Die Märkte für Stickstoffdünger und Salpetersäure bewegen sich heute in Richtung auf die vollständige Konkurrenz.

Die meisten Märkte für Welthandelsgüter sind *oligopolistisch*. Einer überschaubaren Zahl von Anbietern steht eine ebenso beschränkte Zahl von Nachfragern gegenüber. Man findet wohl auch stets das Bestreben, die eigene Position in Richtung Monopol zu verschieben. Dies geschieht durch Verträge, Firmenübernahmen, Marken, Design und Mode, durch besondere Qualitäten und Leistungen bzw. Produktdifferenzierung.

Bei vollkommener Konkurrenz ist die Zahl der Marktteilnehmer so groß, daß ein einzelner Anbieter oder Nachfrager den Preis durch seine Entscheidungen nicht beeinflussen kann. Dies ist selten gegeben. Man weiß aber aus manchen Rohwarenmärkten, daß bei einer durch steigende Preise signalisierten Warenknappheit viele Verarbeiter und Lagerhalter ihre Bestände wieder auf den Markt werfen und eventuell sogar Horte aufgelöst werden. Analog verschiebt das Recycling bei einigen Rohstoffen die Marktbedingungen in Richtung zu mehr Konkurrenz.

Ein Monopolist dagegen könnte theoretisch seine Preisvorstellungen autonom durchsetzen. Er muß allerdings beachten, ab wann die Käufer auf sein Produkt lieber verzichten (sog. Cournotscher Punkt). Dies zeigt, daß auch die Preise eines Monopolisten eine Höchstgrenze haben.

In allen Oligopolmärkten müssen die Akteure darauf achten, daß sie nicht durch ihr eigenes Verhalten die Preise ungünstig verändern. Dies kann geschehen, wenn sie zu große oder zu kleine Warenmengen auf den Markt bringen oder durch zu hohe Preise zusätzliche, billigere Anbieter auftreten lassen. So hatte Südafrika vor 1970 eine sehr starke Stellung als Anbieter von Gold. Die Freigabe des Goldpreises durch die US-Regierung ließ diesen dann auf das mehr als Zehnfache steigen. Kurzfristig war Südafrika begünstigt. Bald aber kam es weltweit zu einem Boom der Goldgewinnung nach neuen Verfahren. In den USA, Kanada, Australien und einem Dutzend anderer Länder kann Gold heute billiger gewonnen werden als in Südafrika, dessen Minen immer gefährlich am Rande der roten Zahlen arbeiten.

Zu diesem Bereich der Preise und Marktformen im Welthandel gibt es leider kaum geographische Studien. Solche sind nicht leicht zu erstellen, aber eine tragfähige Geographie des Welthandels müßte wohl auf Fallstudien zu solchen Fragen aufbauen.

5.6 Die Preise an den Weltbörsen

Für Waren deren Marktkonstellation sich zwischen zweiseitigem Oligopol und vollkommener Konkurrenz hält, ist Börsenhandel sinnvoll. Käufer und Verkäufer werden sich dann bei ihren Geschäftsabschlüssen an den Preisnotizen solcher Börsen orientieren, Erzeuger ihre Gestehungskosten dahin prüfen, ob die normale Börsennotiz für sie noch kostendeckend ist. Leider haben sich gerade zu Börsenpreisen für Welthandelsgüter aus Entwicklungsländern viele negative Meinungen ausgebildet, besonders wegen großer Preisschwankungen in kurzer Frist. Daher mögen einige Worte zur Rolle der Warenbörsen nützlich sein.

Es gibt Spezialbörsen für einzelne Waren oder universelle *Warenbörsen* für viele (WALTER 1989, S. 438 f.). Weltweit haben die Börsen von New York, London und Tokio eine Richtfunktion für die Preisbildung. An den Börsen wird im täglichen Handel die jeweils angebotene und nachgefragte Menge an Kontrakten so umgesetzt, daß das größte Geschäftsvolumen erreicht wird. Der Preis, zu welchem dies erfolgen kann, wird als Schlußnotiz veröffentlicht. Dieser ist wie alle Preise ortsbezogen und ein fob- oder cif-Preis.

Dieser *Börsenpreis* erleichtert den Kaufleuten das Aushandeln ihrer Geschäfte. Allerdings handeln sie nur selten mit genau diesen Waren. An einer Börse werden nämlich nur wenige Standardqualitäten in Standardmengen gehandelt, und nur diese sind börsenfähig. Abweichende Menge oder Qualität muß in Zu- und Abschlägen vom Börsenpreis berücksichtigt werden. Natürlich ist der Börsenplatz auch nicht der Erfül-

5.6 Die Preise an den Weltbörsen

lungsort ihrer Geschäfte, so daß deren Kosten und Spesen gesondert kalkuliert werden müssen. Der Börsenpreis dient also meist nur als Orientierungshilfe der Praxis.

Börsenpreise sind nicht nur orts-, sondern auch zeitbezogen. Bei der Anbindung von Liefer- und Zahlungsvereinbarungen an einen solchen Preis haben die Partner das Risiko von Preisschwankungen. Dies ist bei der oft mehrmonatigen Dauer eines Welthandelsgeschäfts sehr unerfreulich. Vor der Gefahr einer ungünstigen Preisentwicklung kann man sich durch ein gegenläufiges *Spekulationsgeschäft* an einer Börse absichern.

Hätte z. B. eine Kupferhütte in Deutschland eine Ladung Kupferkonzentrat in Chile gekauft und für deren Wert den Preis des Metallinhalts zur Kupfernotiz der LME (London Metal Exchange) zum voraussichtlichen Zeitpunkt der Ankunft in Deutschland vereinbart, so trüge sie das Risiko eines zwischenzeitlichen Preisanstiegs. Daher kauft sie per Termin eine entsprechende Menge an Kupferkontrakten zum heutigen Preis an der Börse. Ist der Preis später tatsächlich gestiegen, so kann sie ihren Börsenkontrakt mit Gewinn abstoßen. Dieser Spekulationsprofit dient dann für die Begleichung der nunmehr höheren Zahlung an den Lieferanten in Chile. Ist der Kupferpreis dagegen gesunken, so bringt die Spekulation einen Verlust, der durch den niedrigeren Preis der effektiven Ware kompensiert wird.

Diese Art der Spekulation mit Kontrakten über eigentlich gar nicht vorhandene Ware ist für das Börsengeschehen sehr wichtig. Verarbeiter können damit ihre Ungewißheiten über die Preisentwicklung ausschalten. Auch Lieferanten in Übersee könnten dies tun, sofern sie nachrichtentechnischen Zugang zu den Börsenplätzen haben. Als Partner der an Effektivgeschäften beteiligten Firmen treten reine Spekulanten auf. Unter diesen verdient, wer die besseren Informationen oder die feinere Nase hat. Insgesamt erlaubt die Spekulation zwar fallweise hohe Gewinne, bewirkt aber keine langfristigen Tendenzen zu höheren oder niedrigeren Preisen (HELLAUER 1954, MENCK 1992).

Börsennotizen dienen ferner als Richtschnur bei Geschäften mit Waren, die nur einen maßgeblichen Inhalt an einer notierten Materialart haben. So wird die Kupfernotiz auch für Geschäfte mit Drähten, Kabeln, Blechen, Generatoren und anderen Maschinen herangezogen, die selbst nicht börsenfähig sind. Oder sie dient für Geschäfte mit anderen Metallen, die erfahrungsgemäß mit dem Kupfer gemeinsame Preisschwankungen erleben.

Weltmarktpreise sind daher an den Börsen nur symbolisch verdichtet, Börsenpreise also nützliche Fiktionen.

6. DIE WAREN DES WELTHANDELS

Vermittels ihrer Kaufleute verschafft sich eine organisierte Menschengruppe durch Welthandel alle Dinge aus der ihr bekannten irdischen Umwelt, die sie benötigt, aber aus ihrem engeren Lebensraum nicht hervorbringen kann. Voraussetzung ist ihre Fähigkeit, dafür zu bezahlen. Die Gegenleistung besteht in der Regel aus selbstproduzierten Waren, Leistungen, Edelmetall, anderen Zahlungsmitteln und im Extremfall auch aus Menschen als Sklaven. All diese Dinge können wir als *Welthandelsgüter* bezeichnen, die Gegenstände der in den vorigen Kapiteln behandelten Formen der Geschäfte sind. Andere Waren wären lokale Konsumgüter, international nicht gehandelte Binnenmarktgüter und Nahbedarfsgüter, die zwar auch über Staatsgrenzen geliefert und bezogen werden, aber nur über geringe Distanzen und um Versorgungslücken zu schließen. Lizenzen, Patente und andere immaterielle Leistungen werden noch nicht als Handelswaren ausgewiesen. Ebenso geben internationale Statistiken keinen Hinweis auf illegale Handelswaren. Analysiert man Welthandelsgüter genauer, so zeigt sich oft, daß von einer Warengattung nur ein kleiner Teil der gesamten Produktion in den Welthandel eingeht. OTREMBA (1957, S. 201) stellt so fest, daß bei Reis nur 3% der Welterzeugung, bei Steinkohle 5%, Zement 6% und Kraftwagen 9% international gehandelt wurden. Hier hat sich mit Ausnahme der Autos kaum viel geändert. Der Großteil der Produktion wäre wohl gar nicht weltmarktfähig. Sei es, daß er qualitativ den Anforderungen des Welthandels nicht entspricht, sei es, daß er an viel zu entlegenen Orten erzeugt wird.

Zum Welthandelsgut kann also nur jener Teil der Reisproduktion werden, der solche Bedingungen erfüllt. Nur wenige Länder erzeugen Reis für den Export und daher zu Preisen, die sich an den Weltbörsen orientieren. Darunter sind Thailand, die USA, Pakistan und Italien, nicht aber die großen Reisbauländer China, Indien und Indonesien, deren Ernte rein dem Binnenmarkt dient.

Einige wenige Güter aber gehen mit dem Hauptteil ihrer Erzeugung in den Welthandel. OTREMBA stellte dies 1957 für Naturkautschuk mit 97% fest, ferner für Palmkerne 95%, Kakao 91% und Kaffee 88%. Diese Waren werden fast ausschließlich für den Export erzeugt. Jedes Produktionsgebiet muß sich hier nach den Preisen und Signalen der

Weltbörsen richten. Oft sind die Produkte im Erzeugerland zu nichts verwendbar. Hier sollten wir von *Weltwirtschaftsgütern* sprechen, deren Aufkommen und Marktstellung aufs engste mit dem Weltsystem verbunden ist.

Dieser wichtige Unterschied wird trotz OTREMBAS Bemühungen von den Autoren geographischer Handbücher und Atlanten kaum jemals beachtet. Sie sehen die Waren des Welthandels zu sehr von ihren Verwertungszusammenhängen her als Metallerze, Energieträger, Nahrungsmittel, Genußmittel und stellen auf die quantitativ erfaßte und aufaddierte Erzeugung aller Länder der Erde ab. Statistisch ist dies zwar einfach, verschleiert aber die realen Probleme oft bis zur Unkenntlichkeit. OTREMBA hat daher später (1978, S. 91) eine andere Klassifikation versucht und spricht von Seltenheiten, klassischen Welthandelsgütern, Gütern der europäischen Expansion und modernen Welthandelsgütern. Diese evolutionäre Sicht führt er aber nicht näher aus.

Relativ übereinstimmend unterscheiden angloamerikanische Autoren kulturspezifische Handelsgüter, für gesellschaftliche Entwicklungsstufen spezifische Güter und ressourcenbedingten Handelsaustausch (SMITH und PHILLIPS 1951, S. 734; CATEORA und HESS 1966, S. 226). Auch von der Seite des Marketing wird auf die Verschiedenheit von kulturspezifischen und kulturfreien Gütern verwiesen (BEREKOVEN 1985, S. 81; KREUTZER 1989, S. 189). Geographisch ist dies noch nicht ganz befriedigend und ließe sich viel unmittelbarer formulieren.

6.1 Geographisch bedingte Welthandelsgüter

Die Seltenheit der Fundstellen hochbegehrter Stoffe aus dem Mineral- und Tierreich war wohl der eigentliche Auslöser der frühesten, professionell organisierten Handelsbeziehungen. Seltsamerweise wird dies von der Außenhandelstheorie nicht zur Kenntnis genommen und auch in geographischen Werken wenig beachtet.

Seltene Materialien werden in eng umgrenzten Gebieten und nur hier gewonnen. Ihr Absatzbereich ist aber die gesamte Welt, soweit erreichbar und soweit dort Menschen wohnen, die damit etwas anzufangen wissen. Die Erzeuger haben theoretisch ein Monopol, das aber meist durch große Lagerbestände oder Horte gelockert wird.

Der Prähistoriker CHILDE (1975, S. 116) argumentiert für ein Welthandelsnetz der Bronzezeit, weil dazumal Kupfer- und Zinnfundstellen selten in unserem Sinne waren, beide Metalle aber zu ihrer Verwertung zusammengeführt werden mußten. Dies konnte nur durch gut organisierten Fernhandel erfolgen, der überdies auch kaum Distanzrestriktionen unterlag. Zinn war sogar ein Weltwirtschaftsgut, da für dieses Metall allein wenig Verwendung bestand. In ähnlicher Weise *geographisch seltene* Güter waren zu ihrer Zeit Bernstein, Elfenbein, Lapislazuli, Zobel- und Nerzpelze, Quetzalfedern, auch Gewürze, Tee, Kaffee, Kakao, Weihrauch, Edelmetalle, Edelsteine und sogar Salz. Noch heute ist russischer Kaviar ein geographisch seltenes Gut, weil der Hausen, aus dessen Eiern er besteht, nur in den Zuflüssen des Kaspischen Meeres in größerer Menge vorkommt. Geographische Seltenheit wird indirekt erzeugt bei illegalen Welthandelsgütern wie den Rauschgiften, die nur dort produzierbar sind, wo Verbote nicht wirksam durchgesetzt werden können.

Quantitativ treten absolute Seltenheiten im Laufe der Menschheitsgeschichte an Bedeutung zurück. Bei vielen wurden andere Fundstellen gesucht und gefunden. Man erfand Substitutionsgüter für ihre Verwendungen oder letztere wurde unwichtig. Solches war bei Weihrauch aus Südarabien der Fall, dessen Massenverbrauch in Tempeln zugleich mit der antiken Götterwelt endete.

Geographisch bedingte Austauschsysteme verbinden die Klimazonen der Erde. Manche Güter können zwar in einem Klimabereich überall und in beliebiger Menge produziert werden, in anderen aber absolut nicht. RICARDO bewegte sich mit seinem Beispiel des Tausches von Wein gegen Tuch haarscharf an einer solchen Grenze. Immerhin ist erfolgreicher Weinbau in England gerade noch möglich. Sein Argument wäre für das Länderpaar Norwegen und Portugal hinfällig gewesen, obgleich sich diese beiden sonst als Handelspartner gut ergänzt hätten.

Klimabedingter Handelsaustausch verbindet seit der Antike die Mittelmeerländer mit dem nördlichen Europa bei Wein, Olivenöl, Trockenfrüchten und Spezereien. Südeuropa seinerseits war mit den Randtropen in Arabien und Indien bei Zucker, Baumwolle, Gewürzen, Weihrauch, Balsam und Myrrhe verbunden. Die gegenläufigen Handelswaren sind in solchen Beziehungen meist nicht klimaspezifisch, sondern besitzen nur komparative Vorteile. So bezahlte das nördliche Europa die Mittelmeerländer mit Teer, Trockenfisch, Wolle, Holz, Waffen und Metallen. Der Mittelmeerraum besaß gegenüber Indien keine solchen Tauschwaren und mußte daher dort mit Edelmetall zahlen.

Typische Güter des klimazonalen Handelsaustausches sind heute Kaffee, Tee, Kakao, Gewürze, Südfrüchte, Olivenöl, Wein, Fisch, Nadelschnittholz und Zeitungspapier. Dieser Nord-Süd-Handel behält seinen Platz, solange diese Waren nachgefragt werden, weil die Erzeugung in anderen Klimaten zwar technisch möglich ist, aber prohibitiv teuer käme.

Viele dieser Güter können substituiert werden. Dies gibt den Erzeugerländern einen doppelten Nachteil. Die Preise sind trotz des absoluten Klimavorteils schlecht, weil zu viele Länder sie erzeugen können und zwischen ihnen ein Wettbewerb auf Basis komparativer Vorteile ausgebildet wird. Dies kann zur Marktführerschaft weitergebildet werden, wie sie gegenwärtig noch Indien und Sri Lanka bei Tee besitzen, ohne damit reich zu werden.

Ein ähnlicher Anreiz für geographisch bedingten Handelsaustausch besteht bei einer Reihe saisonal anfallender Produkte, meist Agrargütern. Zu ihrer Ernteperiode kann sich ein Verbrauchsgebiet reichlich und billig selbst versorgen. Außerhalb der Saison holt man teurere Ware aus Gebieten mit früherer oder späterer Erntezeit. Gewöhnlich geht dies mit einer Süd-Nord-Staffelung der Lieferländer einher, etwa bei Tomaten, wo sich zwischen den Randtropen und der kühlgemäßigten Zone ganze Ketten geographisch *gestaffelter Anbauzonen* ausgebildet haben. Gut zu erkennen ist dies auch bei frischen Erdbeeren, weil hier die Ernteperioden jeweils sehr kurz sind.

Zu den interessanten Beispielen gehört auch die vom Handel induzierte Ausnützung des *komplementären Jahreszeitenverlaufs* der Südhalbkugel der Erde. Trotz der gewaltigen Transaktionsdistanzen tritt dieser Handel mit Obst und Gemüse immer deutlicher hervor, seit Kühlschiffe den Transport verderblicher Ware durch die Tropenzone ermöglichen. Die Nutzung des hohen Preisniveaus der Nordhalbkugel erlaubt sogar den Einsatz von Lufttransporten.

Getreide wird schon seit mehr als einem Jahrhundert aus der Südhemisphäre bezogen. Weizen aus Australien und Argentinien konnte nämlich aus neuer Ernte in London im Frühjahr angeboten werden, wenn dort die Vorräte bereits knapp wurden, aber das Eis auf den Großen Seen Nordamerikas noch keine Verschiffung zuließ (SCHONBERG 1956, S. 248 f.). Dieser Ausgleichshandel war wegen der Weizenüberschüsse in Europa zurückgegangen, wurde aber in ihren letzten Jahren von der Sowjetunion betrieben. Auch hier läßt sich sehen, daß Distanzen keine ausschließende Rolle spielen.

6.2 Kulturspezifische Handelsgüter

In jeder Gesellschaft verwandelt man einfache Rohstoffe in kulturspezifische Güter bis hin zur höchsten technischen, geschmacklichen und künstlerischen Verfeinerung. Als Handelswaren werden diese in fremden Kulturgebieten mitunter so geschätzt, daß man dafür fast jeden Preis bezahlt, denn die *Echtheit* ihrer Herkunft hebt sie weit über alle Nachahmungen hinaus. Tyrischer Purpur und griechische Statuen in der Antike, Porzellan, Seide und Lackwaren aus China, feine Shawls aus Indien oder Teppiche aus Zentralasien waren oder sind noch heute solche Güter. Sie entstehen in einem spezifischen kulturellen Kontext und tragen dessen Merkmale so sehr, daß sie vielfach nicht standardisierbar sind (KREUTZER 1989, S. 189) oder sie in ihrer Qualitätsstufe nicht nachgeahmt werden, da dieses auf den Märkten nicht durchsetzbar erscheint. Frankreich hat daher seit dem 16. Jh. seine Position bei Spitzenweinen, Parfums und modischer Bekleidung halten können. Die direkten und indirekten Handelsvorteile daraus sind sehr groß, weil sich der Ruf dieser französischen Produkte auf eine große Anzahl von verwandten und komplementären Gütern überträgt, z. B. von Parfums auf Artikel der Kosmetik und der Schönheitspflege.

Kulturspezifische Handelsgüter stützen sich jedoch nicht allein auf die Kunstfertigkeit der Erzeuger, sondern nicht minder auf das *Qualitätsbewußtsein* der Benützer und Verbraucher. Erst diese Kombination verschafft ihnen eine monopolartige Stellung im Angebot. Auch dieses Moment scheint im Welthandel schon sehr früh eine Rolle gespielt zu haben. Heute gilt dies wohl besonders für technische Güter, deren höchste Qualitätsstufen von Standardware nicht ausgestochen werden können. Vielfach ist dies ein Kennzeichen gewerblicher Wirtschaftsformationen, deren Marktstellung von der theoretischen Forschung bisher nicht restlos geklärt werden konnte. Strikte Qualitätsnormen, Marken und Herkunftsangaben sind Instrumente, mit denen sich Erzeuger gegen Nachahmung zu verteidigen suchen. Wie weit dazu ein sachkundiger Handel beiträgt, ist leider noch nicht untersucht. All dies bewirkt eine spezifische geographische Seltenheit, die freilich oft angefochten wird. Ist ein heißbegehrtes Gut wirklich knapp, sein Ruf aber unbezwingbar, so taucht bald *graue Ware* auf. Diese mag qualitativ gleichwertig sein, hat aber zunächst nicht den Bonus der Echtheit (CZINKOTA und RONKAINEN 1988, S. 85, S. 288). Das macht aber nichts mehr aus, wenn sie sich eigene Märkte geschaffen hat. Wer etwa kauft heute noch echt chinesisches Porzellan?

6.3 Heckscher/Ohlin- und Thünen-Güter

Gemäß der Faktorproportionenlehre der Außenhandelstheorie kann ein Land jene Waren sehr vorteilhaft exportieren, in welche ein großer Anteil seiner reichlich vorhandenen Produktionsfaktoren eingeht. Solche Faktoren sind Naturumstände, menschliche Arbeit und Kapital. Diese HECKSCHER/OHLIN-*Güter* lassen sich zu denselben Gestehungskosten entweder mit Hilfe eines hochautomatisierten Maschinenparks (Kapital) oder durch Masseneinsatz angelernter Arbeitskräfte hervorbringen. Bei Agrarprodukten erzielt man gleiche Kosten pro Mengeneinheit entweder durch den massiven Einsatz von Dünger, Maschinen und Arbeit auf kleinen Flächen, oder man läßt auf größeren ohne viel Aufwand der Natur ihren Lauf. Generell sind in weniger entwickelten Gesellschaften eher Naturumstände und ungelernte Arbeit die reichlichen Faktoren, in den Industrieländern dagegen Kapital und qualifizierte, aber teure Arbeitskraft.

THÜNEN-*Güter* wären solche, bei denen hohe Transportkosten, oder genereller der Aufwand für die Erfüllung der Handelsfunktionen, die durch geschickte Kombination der Produktionsfaktoren erzielbaren Vorteile wieder zunichte machen. Dies betrifft nach wie vor große Teile der Welt. Man sollte daher aus geographischer Sicht beide Momente stets verbunden sehen. Da diese Güter im internationalen Verkehr stets preissensibel sind, ergibt sich ein buntes Interferenzmuster von Einflüssen mit vielen Ansatzmöglichkeiten praktischer Handelspolitik. Da außerdem diese Waren in sehr vielen Ländern erzeugt werden können, wandert die Produktion tendenziell an die Orte der besten Kombination von komparativen Vorteilen der Produktion und bester Erreichbarkeit für den Handel. Analog verlagern sich die Welthandelsströme. Viele Dinge werden heute in Industrieländern immer weniger erzeugt und aus Entwicklungsländern bezogen. Manche wurden sogar in wiederholtem Pendelschlag bald in Billiglohnländer ausgelagert, bald nach technischen Innovationen wegen der gestiegenen Ergiebigkeit des Faktors Kapital wieder in die Industrieländer zurückgeholt.

Natürlich sind Technik (= Kapital) und Know-how weit weniger ubiquitär, als man wünschen wollte, und deshalb reicht die so oft bemühte Dichotomie Industrieländer – Entwicklungsländer nicht aus, um verständlich zu machen, was nun ein Land oder eine Gesellschaft wirklich an Handelswaren hervorbringen kann. Dies läßt sich an Hand der Stufenlehre von BOBEK (1959) besser ansprechen. BOBEK unterscheidet bekanntlich die folgenden Stufen:

6. Die Waren des Welthandels

1) Wildbeuter
2) Höhere Sammler, Jäger, Fischer
3) Sippenbauern
3a) Hirtennomaden
4) Herrschaftlich organisierte Agrargesellschaften
5) Gesellschaften des älteren Städtewesens
6) Gesellschaften des jüngeren Städtewesens einschließlich der Industriegesellschaft.

Alle Gesellschaften mit Ausnahme der letzten noch lebenden Wildbeuter lassen sich in Welthandelsverflechtungen einbeziehen. Ihre Exportgüter sind jene, bei denen sie stufenspezifisch komparative Vorteile besitzen. Die Erzeugung aber muß mit der jeweiligen Gesellschaftsstruktur kompatibel sein und der Handel sich organisieren lassen. Wo dies nicht erreicht wird, liegen die Potentiale brach.

Importwaren sind in erheblichem Umfang Güter, wie sie nur die höchstentwickelten Gesellschaften einer Epoche hervorbringen können. Dies ist der Hauptgrund, warum alle Entwicklungsländer heute ihre stärksten Handelsbeziehungen zu Industrieländern haben und generell an komparativen Vorteilen ihrer Nachbarn kein Interesse zeigen.

Fragt man nun, welche Waren eine Gesellschaft der Stufe 2) nach BOBEK exportieren könnte, so muß man antworten: nichts oder fast nichts. Die Produkte ihrer Jagd- und Fischereiwirtschaft fallen in meist viel zu geringen und uneinheitlichen Mengen an. Die Handelsfunktionen werden daher teuer und müssen von Fremden erfüllt werden. Oft ergibt sich ein kurzer Boom bei einem Produkt, aber die Strukturen sind sehr empfindlich. Kampagnen der Umweltschützer in Europa und den USA haben der Vermarktung von Fellen aus der kanadischen Arktis ein Ende bereitet. 1991 zog sich deshalb die Hudson's Bay Company aus dem Pelzhandel zurück. Was man nicht lokal benötigt, wird wohl wieder wie früher weggeworfen.

Weitgehend analog ist die Situation in Nomadenländern. Auch ihre Viehwirtschaft bringt heute nichts in größerem Umfang Verwertbares hervor. Weil ihre Bevölkerung so spärlich ist, müssen für die Nutzung von Mineralvorkommen Arbeitskräfte von auswärts geholt werden. Ein Land mag dann recht hohe Exporte aufweisen, die Vorteile daraus fallen meist in fremde Hände. Zu den sippenbäuerlichen 3) und herrschaftlich organisierten *Agrargesellschaften* 4) rechnen die klassischen Entwicklungsländer in Afrika, Lateinamerika, Asien und Ozeanien, einschließlich einiger Nachfolgestaaten der Sowjetunion. Ihre Einbeziehung in den Welthandel erfolgt vorzugsweise über Agrarprodukte. Diese sind transportkostensensibel und werden daher vielfach noch von den Bauern neben ihrer Eigenversorgung als *cash-crops* angebaut. Die Entgelte für die Erzeuger sind sehr gering, und die Konkurrenz zwischen ihren Ländern ist oft ruinös. Soweit die Bauern dafür sonst nicht benötigtes Land und freie Arbeitszeit einsetzen, können die Entgelte auch niedrig bleiben. Nachteile treten freilich sofort auf, wo dies nicht mehr der Fall ist. SCHMIDT-WULFFEN (1985) hat dies für Mali untersucht. Der Staat zahlt hier den Bauern 16% des Weltmarktpreises für Erdnüsse, behält aber 28% selbst. Demnach muß die Subsistenzproduktion der Bauern die Exportproduktion subventionieren, was ja ein Kennzeichen solcher Systeme ist. Für Staaten dieser Stufe sind abschöpfbare Profite wie in diesem Beispiel die eigentliche Einnahmequelle, wenn nicht Bergbau- oder Forstprodukte als Ersatz dienen können.

Gesellschaften des *älteren Städtewesens* sind besonders interessant, weil sie bis ins 19. Jh. ihre kulturspezifischen Gewerbeprodukte in alle Welt exportierten und diese damals neben den geographisch bedingten Waren das Welthandelssystem dominierten. Seither sind ihre Waren von den billigeren Industrieprodukten aus Amerika, Europa und Japan so völlig verdrängt worden, daß sie sich nur mehr auf schrumpfenden Binnenmärkten oder als touristische Souvenirs halten. Länder dieser Stufe sind heute China, Indien, die islamischen Nationen des Orients, nach mancher Auffassung auch Lateinamerika und Rußland.

Wenn heute in deren Handelsaustausch mit Industrieländern Rohwaren und Agrargüter vorherrschen, so ist dies das Ergebnis langer Fehlentwicklungen, worauf BOBEK für den islamischen Orient aufmerksam machte. Wollen diese Länder heute Industriegüter exportieren, so müssen sie sozusagen auf unterster Qualifikationsebene neu einsteigen, mit einfachen Konsumgütern in Lohnveredlung oder mit simplen mineralischen und chemischen Aufbereitungsprodukten. Daß aber ein Aufholen zu den Industrieländern möglich ist, belegen die erfolgreichen Nachholstrategien der Skandinavier und neuerdings der asiatischen Schwellenländer.

Zwischen den *Industrieländern* 6) besteht so etwas wie eine natürliche Austauschgemeinschaft. Sofern nicht die Staaten Barrieren errichten, sind alle ihre Produkte exportfähig und können je nach Art überallhin geliefert werden. Dies betont GROTEWOLD (1979), wenn er vom Austausch gleicher Waren spricht. Im Prinzip gälte dies auch für Nahrungsgüter, wenn sie qualitativ überlegen sind und aus diesem Grunde von den wohlhabenden Schichten bevorzugt werden.

Obgleich solche Aspekte noch wenig studiert worden sind, ergäben sich aus der historischen Zusammensetzung des Außenhandels eines

Landes interessante Einsichten in seinen allgemeinen Entwicklungsprozeß. Der jeweils höchste erzielbare Stand bedeutet die Fähigkeit, die Hochtechnologieprodukte der jeweiligen Epoche entwickeln, erzeugen und weltweit exportieren zu können. Derzeit wären dies computergesteuerte Maschinen, EDV-Geräte, Luftfahrzeuge und dergleichen. Dorthin führt ein langer Weg, den so manches Land mit der Textilindustrie eingeleitet hatte.

6.4 Vereinfachung und Standardisierung von Handelswaren

Die Kulturgebundenheit von Waren, von der KREUTZER (1989) spricht, war zu allen Zeiten eine sehr große Herausforderung für Kaufleute, weil sie Beschaffbarkeit wie auch Absatzmöglichkeiten einschränkt. Dies gilt nicht nur für verfeinerte Luxuswaren, sondern auch für alltägliche Bedarfsgüter, solange diese zu fest mit den Lebensgewohnheiten und Kulturmustern des Herkunftslandes verbunden bleiben.

Kann man einen Gewürznelkenstrauch vor dem eigenen Hause pflanzen, so genügt einer Familie eine Handvoll der Knospen für das ganze Jahr. Die Kaufleute mußten also zuallererst die Bauern auf den Gewürzinseln davon überzeugen, daß Nelken ein begehrtes Handelsgut sein können und es sich für sie eventuell lohnte, alle Knospen von ihrem Baum zu pflücken und zu trocknen. Erst wenn dies erreicht ist und die Nelken von der Vorstellung eines Küchengewürzes freigemacht sind, läßt sich ein größeres Volumen in Umlauf bringen und der Markt ausweiten. Ein solches *Freimachen* scheint anfangs immer notwendig zu sein, um ein Gut zu einer Ware werden zu lassen.

Bei der langen Transportdauer und den großen Reichweiten der Fernhandelstransaktionen früherer Zeiten war es zunächst unumgänglich, *größere* Warenmengen in *haltbarer* Form und *transportfähig* verpackt zustande zu bringen. Alle drei Momente führen zu Standardlösungen. Diese sind dann rein handelsbedingt und wären im Herkunftsland der Waren unnötig oder unüblich. Im Handel dagegen bleiben sie lange Zeit bestimmend. So konsumieren wir unseren Tee noch immer in einer seit der Mongolenzeit handelsüblichen Form als Aufguß fermentierter und getrockneter Blätter, obgleich heute grüner Tee oder sogar frische Teeblätter weltweit lieferbar wären. In gleicher Weise finden wir auf unseren Märkten nach den Techniken des frühen Mittelalters getrocknete, geräucherte, eingesalzene oder anders präparierte Fischprodukte. Soweit sich bei der Präparation Geschmack und Qualität verändern, wird

6.4 Vereinfachung und Standardisierung

daraus auch ein handelsüblicher Anspruch, da ja die Abnehmer das Produkt in gerade dieser Form schätzengelernt haben, mögen die Erzeuger diese Geschmacksnuance auch verabscheuen.

Ein analoger Schritt ist die Loslösung von kulturspezifischen Arten der Verarbeitung und der Formgebung. Dies bedeutet ein Zurücknehmen der *Verarbeitungstiefe*. Statt indischen Stoffen werden dann Garne oder Rohbaumwolle exportiert. Die Verarbeitung erfolgt in den Importländern zu den dort kulturspezifischen Textilien.

Für Kaufleute sind solcherart *neutrale Waren* meist angenehmer, weil sie überallhin geliefert werden können und leichter absetzbar sind. Zwar mag ihr Wert und auch der Profit pro Mengeneinheit niedriger sein, größeres Umsatzvolumen und Wegfallen von Spesen werden diesen Nachteil aufwiegen.

Sind Waren aus anderen Kulturbereichen und Klimazonen erst in Rohform und haltbarer Qualität verfügbar und werden sie in dieser Form universell als Handelsware akzeptiert, so liegt ein weiterer Schritt nahe. Ein einzelner Posten dieser Ware ist dann genausogut wie jeder andere. Dem Käufer wird es gleichgültig werden, von welchem Erzeuger er ursprünglich stammt. Der Verkäufer wird ihn auf vielen Absatzmärkten anbieten können und ein Zwischenhändler nicht auf seinen Beständen sitzenbleiben, wenn einmal ein Geschäft nicht zustande kommen sollte. Solche Waren nennt man *vertretbar* oder *fungibel*.

Die Fungibilität der Ware ist Voraussetzung ihres börsenmäßigen Handels, der, nach allem was wir wissen, im Hochmittelalter in Brügge, dem damaligen Hauptstapelplatz Westeuropas, erfunden wurde. Ist dieser Stand bei einer Ware einmal erreicht, so liegt es im Interesse aller Erzeuger und Händler auf die Einhaltung der Fungibilität zu achten. Diese erreicht nämlich damit die breiteste Marktfähigkeit, und im Handel müssen die verschiedenen Herkunftsorte nicht mehr gesondert bewertet werden. Die Rohwarennotizen in unseren Tageszeitungen beziehen sich auf solche Waren.

Der Weg zur fungiblen Ware ist lang. Ein typisches, noch nicht vertretbares Handelsgut unserer Tage ist Rohöl. Dessen chemische Beschaffenheit ist in jedem Erdölfeld anders, die Raffinerien aber sind nur auf enge Qualitätsspielräume eingerichtet. Exporteure bemühen sich daher, durch Mischen von Öl aus vielen Feldern einen homogenen und auf längere Zeit einhaltbaren Qualitätsstandard zu schaffen, z. B. die Kategorie *Arabian Light* aus Saudi-Arabien. HOTTES (1991, S. 179, S. 187) schildert den Weg zum *Standard Malaysian Rubber*. Einheitliche Handelsqualitäten werden bei anderen Waren durch Sortieren (grading) erreicht, besonders bei Getreide.

Bei vielen Rohwaren geht die *Veredelung* im Erzeugerland nicht über die Stufe handelsüblicher oder börsenfähiger Standardware hinaus. Sie könnte auch schwerlich weitergeführt werden, weil jeder weitere Schritt die Ware weniger handelsfähig macht. Dies ginge nur, wenn das Veredelungsprodukt seinerseits bereits voll standardisiert ist. Wo dies nicht gegeben ist, bleibt man schon deshalb auf der *Rohwarenstufe* stehen, weil sonst die Handelsgeschäfte viel komplizierter würden.

Zur Veranschaulichung ein einfaches Beispiel: Roher Kaffee ist nach Qualitäten sortiert ein börsenfähiges Welthandelsgut und einfach zu vermarkten. Kaffeepulver, gerösteter oder gemahlener Kaffee sind veredelt und teurer. Sie spiegeln aber die Geschmackspräferenzen der Verbraucher. Dies macht Kaffeeprodukte zu Binnenmarktgütern mit geringer Universalität, beschränkter Reichweite und Abnehmerschicht. Ein Kaffeeproduzent müßte diese Hemmnisse erst wieder durch eine eigene Absatz- und Marketingorganisation in jedem Verbraucherland überwinden. Trinkfertiger Kaffee ist stets ein lokales Verbrauchsgut, das in kleinen Vertriebsstellen angeboten wird.

In solchen Umständen liegt begründet, warum so viele Entwicklungsländer weiterhin einfachste Rohwaren exportieren und auf eine wertsteigernde Veredelung oder Verarbeitung im eigenen Land verzichten. Sie könnten dann zwar viel mehr verdienen, müßten aber hohe Kosten für Zwischenhändler, Importeure und die Organisation der Märkte im Ausland in Anrechnung bringen. Diese wären für sie weitaus schwerer und aufwendiger zu bearbeiten, so daß der Vorteil zu gering bliebe. Solche Umstände lassen sich durch Wirtschaftspolitik und internationale Abkommen nicht verändern.

Die im Welthandel gängigen Qualitäten sind ziemlich genau festgelegt. Für Abweichungen davon besteht nur ein kleiner Spielraum, weil sonst die Weiterverarbeiter gezwungen wären, ihrerseits die Qualität aufzubessern oder gar ihre Verarbeitungstechnik zu ändern. Nicht weltmarktfähige Ware, die vom Standard abweicht, ist im Export nur mit großen Preisabschlägen verkäuflich. Manche Entwicklungs- und Staatshandelsländer haben sich durch Nachlässigkeit hinsichtlich der Qualitäten selbst aus den lukrativen Märkten ausgeschlossen und müssen in Tauschhandelsgeschäften einen unvorteilhaften Ersatz suchen. Wenn heute so oft unter moralischen Aspekten *gerechte Preise* im Welthandel gefordert werden, so müßte man auch sagen, für welche Qualität? Neuen Erzeugern fällt es oft schwer, die Qualitätsstandards des Welthandels ohne ausländische Hilfe zu erreichen.

Wiederum ist dies ein Grund, warum Statistiken der Weltproduktion und die Erzeugungsmengen eines Landes nur wenig über dessen Position im Welthandel aussagen. Die einstige Sowjetunion führte mengenmäßig bei vielen Produkten. Diese sind, wie sich erwiesen hat, aus der Sicht des Handels oft nur Schrott. Knappheiten auf den Weltmärkten haben nur wenig mit den Produktionsmengen zu tun.

6.5 Industrieprodukte im Welthandel

Industrielle und gewerbliche Fertigwaren sind von ihren Entstehungsbedingungen her das genaue Gegenteil der Rohwaren. Dennoch sind sie in großer Anzahl und Menge zu Welthandelsgütern geworden, man denke an Autos, Schiffe, Computer, Bekleidung, Haushaltsgeräte, Spielzeug und leider auch Waffen. Sie erhalten diese Gelegenheit zunächst durch die Angleichung der Lebensverhältnisse auch in Ländern anderer Kulturtradition und Klimas. Sie werden sodann akzeptiert als die typischen technischen Lösungen für Probleme, welche die Benützer und Verbraucher in vergleichbaren Lebenssituationen und bei ähnlichen Einkommen in allen Ländern haben. Wo dies gegeben ist, wird die Verwendungsfähigkeit sehr breit, man darf aber keineswegs von einer Universalität solcher Waren sprechen. Auch bei Industrieprodukten sind vielerlei Umstände zu beachten, etwa Unterschiede der Körpergröße der Menschen oder ihrer ästhetischen Vorstellungen. OHMAE (1985) illustriert dies am Beispiel der Gestaltung von Barbie-Puppen aus Amerika für den japanischen Markt.

Eine den Rohwaren analoge Standardisierung ist bei Industrieprodukten nicht sinnvoll und überdies im Hinblick auf ständige Innovation auch schwer denkbar. Daher sind *Erzeugermarken* der geeignete Ausweg. Beim Kauf eines Autos erwirbt der Käufer mit dem Markenprodukt auch die Gewißheit, eine moderne technische Problemlösung und dazu Garantieansprüche, Service- und Reparaturmöglichkeiten zu bekommen. Die eingeführte Marke hilft dem Erzeuger, weiträumige Marktgebiete mit einem einheitlichen Produkt beliefern zu können, das nur für bestimmte Marktsegmente oder Länder leicht abgewandelt werden muß.

In allen Industrieprodukten steckt ein Anteil an solchen eingebauten Dienstleistungen. Sie sind der Hauptgrund, warum hier andere Raummuster und Methoden des Handels auftreten. Ist die Bereitstellung der räumlichen Serviceorganisation sehr wichtig, so wird es für den Erzeuger besser, die Dinge selber in die Hand zu nehmen, und zwar auf Binnen- wie auch auf Auslandsmärkten. Damit entsteht ein anderes System des Welthandels mit drastisch verkürzten Handelsketten. Noch deutlicher wird dies bei Anlagen, die erst am Einsatzort montiert werden, und bei Maschinen, die ohne Einarbeitung des Bedienungspersonals nicht laufen können. Solche Geschäfte gehen weit über die Erfüllung der klassischen Handelsfunktionen hinaus, weil diese Beziehung eine Informationsvermittlung in beiden Richtungen voraussetzt. Gegenüber den Rohwaren und standardisierten Halbfabrikaten, die man in diesem Sinne als *unintelligente* Waren bezeichnen könnte, steht hier eine Gruppe von *intelligenten* Gütern, deren Kennzeichen eine ständige rückkoppelnde Beziehung zwischen Erzeuger und Verwender ist. Letzteres gab es zwar auch schon früher im lokalen Handwerk. Das Industriesystem brach einst aus dessen geographischen Beschränkungen aus, kehrt aber heute auf höherer Ebene wieder zu solchen Mustern zurück. Es wäre gewiß reizvoll, solche Agergard-Spiralen im Welthandel zu analysieren (dazu AGERGARD et al. 1985).

Ein weiterer Schritt ist die zunehmende Einbeziehung von Zulieferern in anderen Ländern, die nach Spezifikationen des Exporteurs dort Komponenten und Montageteile fertigen. Diese Zulieferer können Zweigwerke, Tochterfirmen oder selbständige Produzenten sein. Gründe sind die billigere Erzeugung solcher Teile im Bestimmungsland, so daß es zu teuer käme, sie mit um die halbe Welt zu schicken, oder eine von dessen Regierung verlangter *Local Content* an der Wertschöpfung. Diese Organisationsform, zuerst zwischen Triadenländern ausgebildet, weitet sich nun deutlich auf die Schwellenländer aus, die sich davon technische Entwicklungsimpulse durch die Einführung präziser und schnellerer Fertigungsverfahren erwarten dürfen.

Es ist dann nicht mehr einfach zu bestimmen, was nun eigentlich das Exportgut ist. Ein Motorblock mit 60% Local Content oder die zu 100% aus dem Exportland stammende Problemlösung, bestehend aus Konstruktionszeichnungen, Spezifikationen und Betreuung? Von hier führt der Weg weiter zu gänzlich immateriellen Handelsgütern wie Lizenzen und Franchisesystemen. Viele Entwicklungsländer exportieren bereits einfachere, technisch ausgereifte Industriegüter wie Schuhe, Bekleidung, Haushaltsgeräte, Nähmaschinen, Kameras, Fahrräder usw., deren Erzeugung aus Kostengründen ausgelagert wurde. Ohne einen ständigen Gegenstrom von Mustern, Entwürfen, Marktinformationen und Innovationen wäre dies auf Dauer nicht möglich. Was ist hier das eigentliche Exportgut, und welche Komponente hat mehr Anteil an der Wertschöpfung?

Prozesse dieser Art laufen ständig und in vielfältigem Wechselspiel ab. Um so mehr Dienstleistungen und Know-how in den Produkten enthalten sind, um so bedeutsamer wird der von den Partnern geschaffene sachliche und räumliche Bezugsrahmen. Die Handelswaren selbst haben *keinerlei Fungibilität* mehr und können in einem anderen Beziehungsgeflecht gar nicht verwendet werden. Neue Partner sind so schwer zu finden, daß ein Konkurs oft schneller kommt. Diese bittere Erfahrung mußten viele Ost-Firmen nach der Wende machen.

Wo Welthandelsbeziehungen entmaterialisiert werden, treten Ergänzungen primärer Handelsströme durch sekundäre Warenbewegungen auf, da ja nun Rohwaren, Zwischenprodukte und Information geographisch andere Wege nehmen und an anderen Orten bereitzustellen sind. Wichtig erscheint dabei, daß der *Informationsfluß* räumlich konstanter ist als der Warenstrom. Waren aus Industrieländern werden von Informationen begleitet. Intensiviert sich der Informationsaustausch, so kann die Ware unter Umständen im bisherigen Empfängerland erzeugt werden. Intensiviert er sich weiter, so ist auch die Umkehr des Warenflusses möglich. Sie wird nun aus einem früheren Importland bezogen. Der Informationsstrom bleibt zunächst wohl in seiner Hauptrichtung erhalten, doch noch ist dies nicht erforscht.

6.6 Die internationale Warenklassifikation

Im Welthandel bzw. im statistisch erfaßten internationalen Handel tritt eine Unzahl von Waren auf. Alle haben jeweils ihre eigenen Handelsnetze, werden zu anderen Bedingungen bewertet und sind somit strenggenommen nicht vergleichbar. Die für statistische Zwecke und Berechnungen notwendige Zusammenfassung muß gerade dies tun, indem sie nach Warengruppen klassifiziert. Dabei orientiert sie sich an so einfachen Kriterien wie der stofflichen Beschaffenheit und dem Grad der Be- und Verarbeitung.

Üblicherweise benützt man heute den SITC-Code *(Standard International Trade Classification Code)*, der von den Vereinten Nationen nach dem Zweiten Weltkrieg ausgearbeitet wurde. Dieser ist eine mehrstellige Dezimalklassifikation für rund 1500 Warenarten. Dennoch bedeutet er eine brutale Vereinfachung gegenüber den Handelsgepflogenheiten, wo gut und gerne eine Million unterschiedlicher Positionen auftreten müßten. Allein bei Schafwolle sollen es über 1400 sein.

Die meisten Länder haben inzwischen ihre Statistiken nach dem SITC-Code aufgebaut. In den Veröffentlichungen der UNO und der UNCTAD wird er einheitlich benutzt, wobei die Warenpositionen mit US-Dollar des jeweiligen Jahres bewertet werden. Mengenangaben sind in spezielleren Statistiken, etwa der FAO und in nationalen Veröffent-

lichungen, zu finden. Die erste Dezimalstelle im SITC-Code bedeutet (MEYNEN 1985, S. 1946):
- 0) Nahrungsmittel und lebende Tiere
- 1) Getränke und Tabakwaren
- 2) Nicht eßbare Rohwaren, ausgenommen Brennstoffe (wohl aber Holzkohle).
- 3) Mineralische Brennstoffe, Schmieröle und verwandte Stoffe
- 4) Pflanzliche und tierische Fette und Öle
- 5) Chemikalien (d. h. Produkte aus chemischen Industrien)
- 6) Verarbeitete Waren klassifiziert nach dem Material (d. h. Industriewaren als Zwischenprodukte)
- 7) Maschinen und Verkehrsmittel
- 8) Verschiedene Fertigwaren (Produkte anderer Industrien)
- 9) Nicht besonders spezifizierbare Waren und Transaktionen (darunter Edelmetall, elektr. Strom, Zootiere, Antiquitäten und Kunstgegenstände).

Diese Klassifikation wurde nicht für die geographische Erfassung des Welthandels und auch nicht von und für Kaufleute erstellt. Sie hat daher manche Nachteile, besonders das Auseinanderziehen von verwandten und aus dem gleichen Ausgangsmaterial hervorgehenden Waren. So finden wir Kupfererze in der Klasse 2), Kupferbarren und -kathoden aber unter 6) eingereiht. Brennholz, Holzkohle und Rundholz fallen in die Klasse 2), Zellulose aber unter 5), Schnittholz und Papier unter 6) und Möbel unter 8). Daher kann es recht mühsam werden, die reale Position eines Exportlandes bei bestimmten Warengruppen zu erfassen, besonders bei rohstoffabhängigen Entwicklungsländern (dazu GROTEWOLD 1963). In vielen Statistiken macht die Aggregation der Daten dies gänzlich unmöglich.

Speziellere Statistiken wie das Trade Yearbook der UNO oder das UNCTAD Handbook benützen den dreistelligen Warencode, der immerhin schon einige interessante Aussagen erlaubt. Dies verdeutlichen die Tab. 3 und 4.

Die Bewertung in US-Dollar läßt in Tab. 3 das Anwachsen des Welthandels natürlich viel zu groß erscheinen, da diese Währung zwischen 1970 und 1985 einen guten Teil ihres einstigen Werts verlor. Aus den Prozentangaben zeigt sich jedoch, daß mit Ausnahme der Maschinen alle führenden Produktgruppen weiter vorgerückt sind und dies obgleich die Anteilssteigerung des Rohöls ihre Prozentwerte drücken muß. Unter den 10 führenden Gruppen sind die Klassen 3), 5), 6) und 7) des SITC-Code vertreten, nicht aber 0), 1) und 2), worin die eigentlichen Rohwaren stecken. Erdgas als Komplementär- und Ersatzgut für Rohöl

6.6 Die internationale Warenklassifikation

Tab. 3: Die zehn führenden Gütergruppen im Welthandel 1984/85 und 1970

Klasse des SITC-Code	Weltexporte fob 1984/85 (in Mrd. Dollar)	Prozent- anteil	Weltexporte fob 1970 (in Mrd. Dollar)	Prozent- anteil
Rohöl	202,3	10,77	15,7	5,06
Straßenfahrzeuge	148,9	7,81	21,9	7.07
Erdölprodukte	91,2	4,79	8,3	2,69
Maschinen	71,1	3,73	14,2	4,59
Elektr. Maschinen	52,6	2,76	5,7	1,89
Büromaschinen	46,9	2,46	4,4	1,41
Bekleidung	39,9	2,09	5,6	1,81
Erdgas	38,5	2,09	0,7	0,23
Organ. Chemikalien	36,2	1,90	4,4	1,41
Telekommunikationseinrichtungen	35,3	1,85	5,0	1,61

Nach UNCTAD Handbook 1988, New York 1989, S. 180 u. ält. Ausg.

erhielt seine Chancen erst mit den beiden Krisen 1973 und 1979/80, deren Preissteigerung den Anteil hinaufjagten. Büromaschinen einschließlich Computern, Telekommunikationsausrüstungen und organische Chemikalien sind seit 1970 markant vorgerückt. Bekleidung wurde im Welthandel durch die Auslagerung der Fertigung aus den Industrieländern in Billiglohnländer viel wichtiger.

Eine analoge Darstellung für einige klassische Rohwaren zeigt ein ganz anderes Bild (Tab. 4). Hieraus wird die relativ unbedeutende Rolle des Handels mit solchen Waren deutlich. Selbstverständlich hat auch hier der Anstieg des Rohölpreises alle Prozentwerte etwas gedrückt. Aus den Werten in US-Dollar ergibt sich aber gegenüber 1970 nur ein mäßiger Anstieg, der auf sehr geringe Expansion des Handelsvolumens schließen läßt. Der Anteilsrückgang ist bei Kaffee, Zucker, Baumwolle und Kautschuk besonders deutlich, aber nur bei Kupfer auf verstärkte Veredelung in Exportländern zurückzuführen.

Insgesamt verdeutlicht Tab. 4, daß Rohwaren längst nicht mehr die hauptsächlichen Gegenstände des Welthandels sind, wie das geographische Nachschlagewerke gelegentlich noch suggerieren. Besonders auffällig erscheint die Residualrolle der Gewürze, mit denen als Haupthandelsgut die neuzeitliche Phase des Welthandels einst ihren Anfang genommen hatte.

Tab. 4: Die Stellung bekannter Rohwaren im Welthandel 1984/85 und 1970

Klasse des SITC-Code	Weltexporte fob 1984/85 (in Mrd. Dollar)	Prozentanteil	Weltexporte fob 1970 (in Mrd. Dollar)	Prozentanteil
Kohle und Koks	17,0	0,89	3,3	1,05
Weizen	14,8	0,78	3,1	0,99
Aluminium	13,5	0,71	2,4	0,79
Kaffee	11,9	0,62	3,2	1,02
Zucker	9,8	0,52	2,7	0,88
Kupfer	9,7	0,51	5,9	1,89
Baumwolle	6,4	0,34	2,5	0,80
Kautschuk	6,2	0,33	2,4	0,78
Kakao	4,4	0,23	1,1	0,36
Reis	3,2	0,17	0,9	0,30
Tee	2,3	0,12	0,6	0,20
Gewürze	1,1	0,06	0,3	0,08

Nach UNCTAD Handbook 1988, New York 1989, S. 180 u. ält. Ausg.

6.7 Güterbezogene geographische Analysen

Ältere Werke zum Welthandel waren häufig regional oder nach Güterklassen aufgebaut, zuletzt etwa OBST (1960) und verkürzt auch bei BÖSCH (1966). Daneben gab es Weltübersichten der Produktion und des Handels, darunter besonders HUMLUM (1978) und der OXFORD Economic Atlas (1972). Diese Tradition ist abgerissen. Güterbezogene geographische Analysen sind in neuerer Zeit so selten geworden, daß die Studie von BITTER (1921) über den Bananentrust immer noch als Vorbild dient. Einige jüngere Beispiele sind REICHART 1982; ROSSAVIK 1991; JÄCKEL 1991 und SCHMIDT-WULFFEN 1985. Der Grund liegt vielleicht darin, daß Geographen viel zu den klimaspezifischen, botanischen und agrartechnischen Aspekten der Erzeugung und zu den mineralogischen Feinheiten der Erze und zu chemischen und anderen Umständen der Erzeugung sagen können, aber nicht viel zum Handel mit diesen Waren und zu seiner Organisation. Dies ist auch nicht ihr ureigenstes Feld und mit Beiträgen zu Handelspraktiken könnten sie Insidern auch schwerlich Neues vermitteln. Schade ist es dennoch, weil in den Vorstellungen eines breiteren Publikums, in der Schule und in den Atlanten auch allerlei schiefe Meinungen vertreten und scheinbar wissenschaftlich abgestützt werden.

6.7 Güterbezogene geographische Analyse

Punkte, die gewöhnlich zuwenig beachtet werden, sind viele, z. B.
- Den Produktionsziffern wird nicht gegenübergestellt, was wirklich als Handelsware verwertbar ist. Abzuziehen sind etwa Mengen zum Eigenverbrauch der Erzeuger, Produktionsabfall und die Verwendung als Rohstoff für andere Erzeugungen.
- Produktionsziffern enthalten auch die Erzeugung für lokale Märkte, wobei große Mengen nicht nach Welthandelsstandards klassifizierbar sind und auch nicht für Exporte in Betracht kommen.
- In den Handelsstatistiken ist Nachbarschaftshandel über die Landesgrenzen nicht ersichtlich, und natürlich auch nicht der Handel, welcher informelle Wege nimmt.
- Unsicher bleibt immer jener Anteil der Warenbewegungen, der als Schenkung, Hilfsgütersendung oder Überschußverwertung in ein Land fließt.
- Qualitätsaspekte der Exportwaren werden weniger beachtet. Man kann aber davon ausgehen, daß Spitzenqualitäten stets ihre Märkte haben, mindere Qualitäten solche tendenziell verlieren und Warenwerte wie auch Exportpreise entsprechende Unterschiede aufweisen.
- Markt- und Handelsformen werden kaum beachtet, also die Unterschiede zwischen direktem und indirektem Handel, Handel auf Basis langfristiger Verträge, ebensowenig die Rolle von Firmen, Handelsplätzen und preisbildenden Märkten.

So kommt es häufig zu Verwunderung, ja Entrüstung über die geringen Erlöse der Erzeuger verbunden mit einer geringschätzigen Sicht auf handelsspezifische Leistungen, die ja auch bezahlt werden müssen. Ein interessantes, leider nicht mehr ganz aktuelles Beispiel geben die somalischen Bananen in der Darstellung von SAMATAR (1993). Der Autor bringt hier die *Analysen der Preisbildung* im Zuge einer Handelskette zwischen Erzeugern und Endkunden nach ILO (1977) und WOODWARD und STOCKTON (1989), die im folgenden zusammengestellt sind (Tabellen 5 und 6). Diese Zahlen bedürfen eigentlich keines Kommentars, weil in den Daten nach ILO eigentlich nur die Importabgaben disponibel erscheinen. Zu ganz ähnlichen Werten kommen WOODWARD und STOCKTON für den fob-Preis der somalischen Exporte (Tab. 6). SAMATAR beklagt den Hungerlohn der Arbeiter auf den Pflanzungen und die ungerechte Aufteilung der Erlöse, die nur zu einem Viertel Somalia zufließen und überdies noch zu einem erheblichen Anteil der italienischen Exportfirma zufallen. Er vergißt allerdings zu sagen, daß Somalia sich als AKP-Staat auf EG-Präferenzen stützen konnte, so daß 25% des Endpreises an Firmen im Erzeugerland gehen, wogegen der fob-Preis

Tab. 5: Preisbildung bei Bananen aus Afrika in % des Endverkaufspreises

	in %
Erzeugerkosten vor der Ernte	8,6
Ernte und Ablieferung	0,9
Profit der Pflanzer	1,9
Erlös der Erzeuger	11,4
Abpacken	10,0
Transport zum Hafen	0,6
Verladen	1,1
Exportsteuer des Staates	0,3
Andere Gebühren	1,0
Profit des Exporteurs	0,8
Fob-Preis ex Exportland	25,2
Fracht und Versicherung	14,3
Löschen	2,0
Importabgaben	18,5
Spanne des Importhändlers	6,0
Cif-Verkaufspreis im Importhandel	66,0
Ausreifen und Lagerung	15,1
Verkaufspreis des Großhändlers	81,1
Spanne des Einzelhandels	18,9
Einzelhandelspreis im Importland	100,0

Nach ILO 1977, S. 104.

bei lateinamerikanischen Bananen nur 5% des Detailhandelspreises ausmachen soll. Bei freiem Wettbewerb hätten somalische Bananen niemals eine Chance in Europa gehabt.

Die Preisbildung in längeren Handelsketten ist wohl für die meisten Welthandelsgüter ähnlich und der Spielraum zu einer Erhöhung der Anteile der Erzeuger bleibt gering. Dies verdient eine etwas eingehendere Überlegung. Es zeigt sich nämlich, daß Welthandelsbeziehungen *spezialisierte Produktionsgebiete* entstehen lassen, die wohletabliert sind, dann aber verschwinden, ohne daß das Produkt obsolet geworden wäre. Man kann das dazu folgende Modell (Abb. 7) auch als das *Perlentauchersyndrom* bezeichnen (dazu RITTER 1985, S. 133 f.; 1991 b, S. 157; Grundanregung von LEISTER 1963, S. 259 ff.). Es bezieht sich auf die Perlentaucherei im Arabischen Golf vor und nach der Weltwirtschaftskrise 1929.

Bis dahin hatte die Taucherei der Golfregion mäßigen Wohlstand ge-

Tab. 6: Zusammensetzung des fob-Exportpreises für somalische Bananen

	in %
Produzentenanteil	45,40
Verpackungsstation	4,74
Plastikhüllen	0,32
Abpacken in Plastik und Kartons	23,46
Transport in den Hafen	3,91
Qualitätskontrolle	1,97
Verladen	0,67
Exportsteuer	4,25
Fixkosten der Exportfirma	5,29
Abschreibungen	3,91
Investitionsrücklagen	6,06
Summe: Fob-Wert (= 34,57 US-Dollar pro Doppelzentner)	

Nach WOODWARD/STOCKTON 1989.

bracht. Die gesamte männliche Bevölkerung war darin tätig. Vier Schichten von Akteuren bilden jeweils Einkommenspyramiden, wobei vor 1929 die Basis der Pyramide auch der einkommensschwächsten Gruppe über dem notwendigen Existenzminimum lag. Die Spitze dieses Tannenbaums bildeten Juweliere in den Weltmetropolen. Sie bezahlten hohe Preise für ausgewählte Einzelstücke und Kollektionen und trugen die Kosten für Bestände, Verarbeitung und Absatz. Perlenhändler in Indien besorgten die Zusammenstellung von Sets gleichartiger Perlen, wobei sie oft viele Jahre warten mußten und ihr Kapital gebunden war, bis entsprechende Stücke gefunden wurden. Aufkäufer im Golfgebiet erwarben die Perlen von den Tauchmannschaften, finanzierten die Ausrüstung der Schiffe und gaben den Kredit für den Lebensunterhalt der Familien der Taucher. Tauchmannschaften bildeten die breite unterste Pyramide. Sie erhielten nur wenig mehr als ihr physiologisches Existenzminimum, sofern sie nicht in einer Saison ungewöhnliches Glück hatten.

Als mit der Weltwirtschaftskrise die Nachfrage in Europa und Amerika ausblieb, versuchten die Händler ihre Position zu halten und gaben dies als Preisdruck nach unten weiter. Die Erlöse der Perlenhändler in Indien sanken wohl zum Teil unter das notwendige Minimum. Noch stärker traf es die Aufkäufer am Golf, denen nun die Mittel für die Finanzierung des Geschäfts fehlten. Die Taucher und ihre Familien

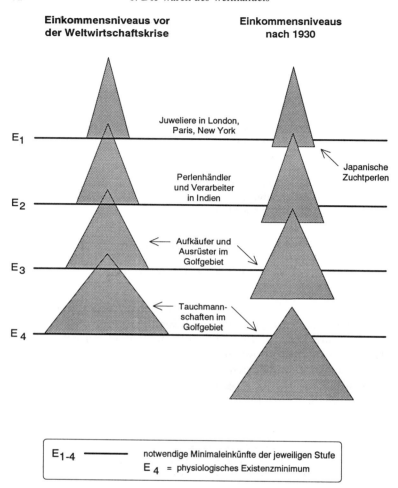

Abb. 7: Modell des Perlentaucher-Syndroms (Tannenbaummodell).

sanken im breiten Umfang unter das Existenzminimum. Um ihr Leben zu erhalten, mußten sie auswandern. Manche Familien ließen sich als Sklaven nach Saudi-Arabien verkaufen. Ihre Siedlungen verfielen, und die Ruinen waren bis zum Erdölboom allenthalben zu sehen. Damit brach ein hochentwickeltes Handelssystem von der Basis her zusammen, obgleich Perlen weiter nachgefragt wurden und auch ausreichend zu finden gewesen wären. Da die Einkommensreduktionen von

6.7 Güterbezogene geographische Analyse

der Spitze des Tannenbaums nach unten hin sich immer drastischer auswirkten, blieb nur die Spitze funktionsfähig erhalten. Die Juweliere konnten die gleichzeitig auftretenden japanischen Zuchtperlen in den Markt schleusen, die anders wohl weniger Chancen gehabt hätten.

Anhand der vorhin angeführten Zahlen nach SAMATAR (1993) läßt sich ungefähr kalkulieren, daß eine Verminderung der Detailpreise für somalische Bananen um nur 2%, die in gleicher Größenordnung durch die ganze Kette bis zu den Erzeugern durchgedrückt würde, diesen ihre Existenzgrundlage nehmen müßte. Realistisch wäre eher anzunehmen, daß solche Reduktionen sich von Stufe zu Stufe akkumulieren, wollten die einzelnen Akteure ihre Position halten. Die Zusammenbrüche spezialisierter Produktionsgebiete, auch in Europa bei Textilien, Schuhen, Stahl usw., gehen wohl auf ähnliche Mechanismen im Handelsbereich zurück. Fast immer stehen an der Basis solcher Tannenbäume spezialisierte Erzeuger, die nicht oder nicht schnell genug reagieren, diversifizieren oder umstellen können.

Wie viele Argumentationsketten läßt sich auch diese gedanklich umkehren. Eine Verdoppelung der Erzeugerpreise bei Bananen müßte die Detailverkaufspreise gemäß den Zahlen nach ILO nur um 11,4% steigern, was durchaus verträglich wäre. In diese Richtung gingen auch die Argumente der Entwicklungsländer bei der Debatte um eine neue Weltwirtschaftsordnung. Die Steigerungen der Rohölpreise um über 1000% zwischen 1973 und 1980 zugunsten der Erzeugerländer hatten die Benzinpreise in den Industrieländern nur verdreifacht, wovon wieder die Verbraucherstaaten über höhere Steuern den Löwenanteil an sich rissen.

Steigende Erzeugerpreise ermuntern sehr schnell neue Produzenten zum Markteintritt. In geographischer Sicht bedeutet dies die Ausweitung bestehender und das Aufblühen neuer spezialisierter Produktionsgebiete, eine Boomsituation also, die aber nur selten dauerhaft ist. Dieser Wechsel von Boom und Bust bei welthandelsorientierten Produktionen ist ebenfalls noch kaum erforscht. Dies könnte für Geographen ein verlockendes Arbeitsgebiet werden.

7. HANDELSGEOGRAPHISCHE RAUMSYSTEME

Die bisherigen, überwiegend sachbezogenen Ausführungen haben erkennen lassen, daß der Welthandel viele geographisch erfaßbare Erscheinungen hervorbringt. Neben den Handelsplätzen als den Aktionszentren für die Geschäfte sind dies die vielfältig mit der Erfüllung von Handelsfunktionen verbundenen Handelswege, Umschlagplätze, Häfen, Lagereistandorte, Konzentrationspunkte für Informationen, Messe- und Auktionsplätze, Bankenzentren und nicht zuletzt auch die Handelsketten als spezifische Verflechtungsmuster. Diese Frage ist nun auszuweiten, inwieweit der Welthandel eigene, von ihm bestimmte räumliche Systeme hervorbringen kann, oder ob er ein Attribut der Staaten bleiben muß, wie dies ja die Gleichsetzung von internationalem Handel mit Welthandel suggeriert? Wir wollen daher verfolgen, wie Kaufleute an ihren Handelsplätzen im Rahmen von Städten, Städtenetzen, Staaten und auch zwischen Staaten bis hin zum Gefüge der Weltwirtschaft agieren. All dies könnte zu den Bausteinen einer Geographie des Welthandels gehören. Dabei erhält der Aspekt des freien Handels im Gegensatz zu dessen Bindung im Rahmen politischer Strukturen großes Gewicht.

7.1 Kaufmannschaften und Handelsstädte

Die Beziehungen zweier Kaufleute bei einem Geschäft lassen sich im Sinne der sozialwissenschaftlichen Systemtheorie nach LUHMANN (1975, S. 10, S. 21 ff.) und WILLKE (1982, S. 43 ff.) als Quasi-Systeme verstehen. Aus solchen gehen durch Verdichtung und steigende Komplexität soziale Systeme hervor. Im Bereich des Handels wird dies durch die Ausrichtung der Geschäftsbeziehungen auf Wiederholbarkeit und Dauerhaftigkeit begünstigt (VANCE 1970, S. 78). Beides fördert eine festere standörtliche Bindung und die räumliche Agglomeration der Akteure. Die Welthandelskaufleute sind also gesellig und finden sich in größerer Anzahl an Handelsplätzen zusammen. Mit ihren spezifischen Interessen werden sie damit auch zu einer sozialen Gruppe, die sich von allen anderen Bewohnern dieser Orte deutlich abhebt.

Die Kaufleute sind schärfste Konkurrenten um Einzelgeschäfte und

7.1 Kaufmannschaften und Handelsstädte

Märkte. Jeder wird bestrebt sein, Geschäftsfälle an sich zu ziehen, die sonst einem anderen am gleichen Platz zufallen könnten. Gleichzeitig sind sie aber alle, je nach ihren Fachkenntnissen und Spezialisierungen potentielle Partner bei der Erfüllung von Handelsfunktionen. Kollektiv müssen sie daneben bestrebt sein, die Menge der geschäftlichen Möglichkeiten an ihrem Platz gegenüber der auswärtigen Konkurrenz festzuhalten und zu mehren, die aber wieder in anderen Zusammenhängen ein unentbehrlicher Partner sein kann. Dieses Verhalten *„unter Brüdern"* wird von Unbeteiligten oft schlecht verstanden.

Dies macht die Welthandelskaufleute einer Stadt zu einem besonderen *sozialen System* mit eigenen Regeln. Es ist gewöhnlich mit den übrigen sozialen Systemstrukturen einer größeren Stadt verflochten, ohne eigentlich eines von deren Subsystemen zu sein. Vielmehr handelt es sich um eine Art symbiotischer Vergesellschaftung.

In ihrer eigenen Stadt können Kaufleute viele Geschäfte in der *Einheit von Ort und Zeit* abwickeln, was von großem Vorteil ist und die Agglomeration begreiflich macht. Sie sind andererseits auch die Spezialisten für Transaktionen über weite Distanzen und lange Zeitfristen, bei denen von dieser Einheit keine Rede sein kann. Da aber diese Netzwerke an ihren Knotenpunkten zusammenfallen, sind die Kaufleute hier bei ihren Geschäften durch keinerlei Barrieren behindert. Es herrscht sozusagen *idealtypischer Freihandel*. Ferner stellt ein Großteil des Sachwissens und der verfügbaren Informationen eine allen gleichermaßen verfügbare Ressource dar, mag man auch neuartiges Wissen über Bezugs- und Absatzmärkte, Gewinnchancen und Partner eine Zeitlang als Geschäftsgeheimnisse hüten.

Die Art, wie nun konkret in einer Handelsstadt die Spezialisierungen der Kaufleute, ihre Komplementär- und Ergänzungsverhältnisse und die Vermittlerfunktionen aufgefächert und kombinierbar sind, dürfte von ihrer Anzahl und dem Gesamtvolumen der Geschäfte bestimmt sein. In einer kleineren Welthandelsstadt werden die wenigen Kaufleute zwangsläufig zu *Generalisten,* wie man dies gegenwärtig bei den Handelsfirmen in Dubai, Bahrain und in anderen Städten am Golf beobachten kann (RITTER 1985, S. 50). Hier war die Zeit seit dem Beginn des Erdölbooms noch zu kurz für eine funktionsbezogene Spezialisierung bei internationalen Geschäften. VANCE (1970, S. 53) sieht solche Kaufleute als Gebietsspezialisten im Gegensatz zu der warenbezogenen Spezialisierung in großen Handelszentren der Industrieländer. In früheren Zeiten sprach gewiß auch das Moment der Risikovermeidung gegen die allzu enge Ausrichtung eines Kaufmanns und für seine Beteiligung an möglichst vielen Arten von Geschäften. Arbeitsteiligkeit ist eher ein

Vorteil im Kleinhandel und Gewerbe und weniger passend für Welthandelskaufleute. Wo im Zunft- und Gildenwesen die Arbeitsteiligkeit von den sozialen Institutionen einer Stadt durchgesetzt wurde, suchten sich die Kaufleute solchen Ansprüchen zu entziehen, weil ihre Geschäfte größere Warenmengen betrafen, viel Kapital erforderten und andersartigen Risiken unterlagen.

Man könnte die Kaufmannschaften auch als *städtische Wirtschaftsformationen* im Sinne von QUASTEN (1970) und RITTER (1987; 1991 b, S. 79 f.) interpretieren. Konkret erscheinen in der Formation einer Handelsstadt die Kaufmannshäuser als das dominierende, zentrale Systemelement, dem die übrigen Bereiche wie Transport, Schiffahrt, viele Gewerbe und Dienstleistungen als periphere Elemente zugeordnet sind. Diese Systeme bilden jedoch nicht wie bei QUASTEN ein stabiles Prozeßgleichgewicht aus, sondern sind eher als evolutiver Vorgang zu verstehen, bei dem Genese, Aufblühen, Stagnation und Zerfall studiert werden können, wie dies CARTER (1972) exemplarisch für Dubrovnik/ Ragusa vorgeführt hat.

Die kooperativen Erfordernisse des Handels zwingen zur Stabilisierung solcher Systeme durch besondere Organisationsformen, wie Kaufmannsgilden, Verbände, Ländervereine, Kammern und Schiedsgerichte. Ebenso wirken die Institutionen des örtlichen Austauschs, besonders regelmäßige Marktveranstaltungen, Auktionen, Messen, Börsen und die verselbständigten Banken als solche Stabilisatoren.

Eine Welthandelsstadt ist immer auch Ort *internationaler* Begegnungen auf allen Ebenen. Begegnungsstätten reichen von den Hafenkaschemmen bis zu den feierlichen Empfangsräumen für fremde Handelsmissionen. Besucher sind unentbehrlich als Geschäftspartner. Sie und ihr Eigentum bedürfen des rechtlichen Schutzes, wie auch umgekehrt die eigenen Bürger solchen Schutz in der Fremde brauchen. Dafür wurden im Laufe der Zeit die vielfältigsten Formen gefunden, die zugleich ein wesentliches Attribut der Handelsstädte gegenüber anderen Siedlungen sind. Dem internationalen Aspekt dieser Aufgabe entspricht heute das *Konsularwesen*. Die Funktion eines Konsuls für fremde Herkunftsländer wird auch heute noch oft einem ortsansässigen Kaufmann übertragen. Aus älteren Formen kaufmännischer Gastfreundschaft ist das Sponsorwesen in einigen arabischen Ländern hervorgegangen, wobei der einheimische Sponsor charakteristischerweise die Haftung für die Schulden der Ausländer im Gastland übernimmt.

Kaufleute haben Informationen aus aller Welt zu sammeln und für ihre Geschäfte zu verwerten. Die Aufbereitung und Dokumentation dieses Wissens gehört zu den kooperativen Einrichtungen einer Handelsstadt. Nicht zufällig sind diese daher meist auch Verlags- und Pressezentren und Standorte von Kaufmannsschulen und Ausbildungsstätten für den Nachwuchs. Lange bevor es Universitäten gab, wurde hier angewandte Forschung systematisch betrieben. Die Anfänge der Geographie sind eines der vielen Produkte dieser Tätigkeit.

Systematische Informationsverarbeitung begründet einen Wissensvorsprung der Kaufleute vor ihren Mitbürgern, der sie in Verbindung mit ihrem Kapital und ihrer Verfügungsgewalt über Waren- und Nahrungsvorräte häufig auch zur politisch bestimmenden sozialen Gruppe in ihrer Stadt machte. Über ihre kooperativen Institutionen führt dies zu *oligarchischen politischen Strukturen*. In vielen Fällen warfen Handelsstädte ihre Stadtherren oder Könige hinaus und etablierten sich als Republiken. Freie Handelsstädte als Kaufmannsrepubliken prägen lange Phasen der Antike und des Mittelalters. Heute sind sie selten geworden, der Demokratie erlegen und in größeren Staaten aufgegangen, ein Konflikt, den Thomas MANN für Lübeck in den „Buddenbrooks" anspricht. Demokratie wie auch Monarchie sind aber für den Erfolg einer Handelsstadt fragwürdig, weil sie andersartige politische Interessen betonen oder handelsfremde Gruppen an die Macht bringen.

Dieser Zwiespalt erklärt, warum Handelsstädte meist erst dann welthistorisch ins Licht rücken, wenn sie bereits zu entarten begonnen haben und die von ihren Kaufleuten mit friedlichen Mitteln aufgebaute Stellung politisch oder militärisch mißbrauchen. Sei es, daß sie ihr Umland unterwerfen oder Überseekolonien anlegen. Bekannte Beispiele sind Venedig, Genua, Nowgorod, Athen, Palmyra, Karthago. Ähnlich hatten zwar Bern, Basel und Zürich gehandelt und Untertanenlande erworben. Sie haben aber diesen Besitz rechtzeitig in den Bund der Eidgenossenschaft eingebracht.

Eine Welthandelsstadt mit einem von ihr politisch abhängigen, weiträumigen Umland ist ein Widerspruch in sich. Ihr natürliches Hinterland wäre ja die gesamte Welt bis an deren fernste Grenzen, nicht aber ein staatliches Territorium. Letzteres führt unweigerlich zur Verwicklung in politische Streitfragen und Kriege, in denen eine Handelsstadt den Flächenstaaten mit eigener Rekrutierungsbasis unterliegen muß. Dies belegt das Schicksal von Karthago, das mit seinen Söldnerheeren jeden verlorenen Krieg zweimal führen mußte, weil es dann seine unzufriedenen Soldaten nicht bezahlen konnte. Auch Athen, Venedig und Lübeck mußten dies erleben.

Dagegen belegt CARTER (1972) die weitgespannten Handelsnetze der kleinen Republik Ragusa (Dubrovnik), die im 16. Jh. nicht nur über den gesamten Mittelmeerraum, sondern auch bis nach Amerika und Goa in

Indien reichten. Gerade wegen ihres winzigen Territoriums konnte diese Stadt so lange überleben (bis 1808). Keiner ihrer mächtigeren Nachbarn, weder Ungarn noch Venedig oder das Osmanische Reich, empfanden diese Stadt als militärische Bedrohung und allen war sie nützlich, ähnlich wie dies heute Macao und Hongkong für China sind. Viele bedeutende Handelsstädte haben noch bedächtiger agiert. Sie vermieden einen Bruch mit ihrem Staat, der sie zur Selbständigkeit gezwungen hätte, suchten sich aber in dessen Rahmen so viel an Autonomie zu verschaffen, als sie für ihre besondere Rolle brauchten. Hamburg, Bremen, Triest, Fiume/Rijeka sind bzw. waren solche Beispiele. Nicht zu vergessen die City of London mit ihrem Lord Mayor.

Zusammenfassend läßt sich aus geographischer Sicht sagen, daß *Welthandelsstädte ein besonderer Städtetyp* sind. Man sollte sie nicht mit den Weltstädten nach FRIEDMAN (1986) in einen Topf werfen und auch nicht mit zentralen Orten gleichsetzen, mögen sie auch Versorgungsfunktionen für ein größeres Umland erfüllen. Ihr Hinterland sind primär andere Handelsstädte ähnlicher Art, oft weltweit. Sie sind mit diesen Orten durch Netzwerke verknüpft, die nicht hierarchisch im Sinne des Christaller-Modells sind. Diese Netzwerke kennzeichnet Beständigkeit verbunden mit großer Flexibilität, so daß sie über lange Zeiträume profitable Geschäftskontakte ermöglichen. Sind irgendwo im Netzwerk neue Chancen zu erwarten, so plazieren ihre Kaufleute dort sogleich ihre Agenten und Niederlassungen. Heute gibt es kaum ein größeres Handelshaus, welches sich nur auf einen einzigen Standort beschränkt.

7.2 Kaufmannshansen und Städtebünde

Handel mit anderen Plätzen erfordert dort Umschlag und Lagerung von Waren und die Wahrnehmung eigener Interessen gegenüber einer dort ansässigen Kaufmannschaft und den Behörden. Es liegt für Kaufleute gleicher Herkunft nahe, sich zu diesem Zweck zusammenzuschließen, wie dies die deutschen Ostseehändler im 13.Jh. in Visby auf Gotland machten. Zugleich bringen solche Verbände die Einsicht in die Vorteile einer Angleichung der Handelsgebräuche, der Währungen und des Rechts. Wenn aber schon in fremden Städten Kooperation über die Konkurrenz gestellt wird, dann liegt die gegenseitige Aufhebung aller Diskriminierungen der Personen und der Waren auch in den jeweiligen Heimatstädten nahe.

7.2 Kaufmannshansen und Städtebünde

Auf diese Weise entstand die *Deutsche Hanse* des Mittelalters, zunächst als Bund der Kaufleute in der Fremde, später als ein Bund ihrer Heimatstädte auf weitgehender Gegenseitigkeit der eingeräumten Vorrechte. Die Unterscheidung von Kaufmannshanse und Städtehanse wird in der historischen Literatur gemacht. Sie ist für unser Problem weniger relevant, da ja in den Hansestädten ohnehin die Kaufleute den Ton angaben. Solche Bünde sind Parallelen zu den Freihandelsbestrebungen späterer Zeiten, und man kann dafür generell die Bezeichnung Hansen verwenden (vgl. WANSBOROUGH 1991, S. 22).

Die Deutsche Hanse war ein Bund von rund 100 Städten im Norden des Heiligen Römischen Reichs, in Polen und im Baltikum. Die Angleichung ihrer Rechtsgebräuche wie auch gegenseitige Privilegien und Niederlassungsrechte hoben natürlich die Rivalitäten der Städte untereinander nicht auf. Wir können aber diese Hanse von den mächtigen selbständigen Handelsstädten insofern abheben, weil zeit ihres Bestehens hier die kooperativen Institutionen vorrangig blieben. Zwar konnte Lübeck als Vorort der Hanse mit Hilfe seiner Partner durchaus Kriege gegen die skandinavischen Königreiche führen, es zwang seine Verbündeten aber nie unter seine generelle Botmäßigkeit. Abgesehen von den Reichsstädten blieben die Hansestädte auch im politischen Verbund ihrer Fürstentümer.

Im Ausland wurden jeweils in den Endknoten des hanseatischen Handelsnetzes gemeinsame *Kontore* eingerichtet, so in London, Bergen, Visby, Nowgorod und Brügge, dem Zentrum des damaligen Welthandels in Europa. Damit bediente die Hanse ein geographisches Marktsegment, wobei ihre Kaufleute cif-Geschäfte bis zu den Auslandskontoren durchführten, ab dort aber die weiteren Schritte meist ausländischen Partnern überließen. Im Westen reichte der hanseatische Seehandel zwar bis Südspanien, doch hatten solche Extensionen geringeres Gewicht. Kontore, Kaufmannshöfe und Faktoreien als gesicherte und rechtlich autonome Plätze für fremde Kaufleute, bis hin zu exterritorialen Stadtbezirken waren damals unabdingbare Notwendigkeit, sollten mitgebrachte Waren und die eigene Person ausreichend geschützt sein.

Es gab im mittelalterlichen Europa viele solcher Handelsbündnisse. So können wir die Schweizer Eidgenossenschaft als eine Hanse der Kaufleute und Frächter im transalpinen Handelsverkehr ansehen, die in einem ebenso engen Bündnis zu den Heimatkantonen ihrer bäuerlichen Maultiertreiber standen, wie im Norden die Hanseaten zu den Heimatländern ihrer Seeleute. In Italien gab es die wesentlich komplizierteren Netzwerke der guelfischen und ghibellinischen Städte, jeweils im ökonomischen Einflußfeld von Kaiser oder Papst und daher schon früh neben dem Handel auch auf Hochfinanz ausgerichtet.

Im Idealfall müßte es zwischen Städten einer Hanse zu *Freihandel* kommen, womit die Bedingungen, die sonst nur innerhalb einer Stadt und nur für deren eigene Bürger gelten, auf das gesamte Städtenetzwerk ausgeweitet wären. Wieweit dies bei früheren Hansen tatsächlich erreichbar war, soll hier nicht diskutiert werden. Nichtdiskriminierende Stadt- und Hafenzölle wurden wohl immer eingehoben. Soweit Ansätze zum Freihandel verwirklicht waren, müßte sich ein weiterer Effekt einstellen. Immer mehr Kaufleute fänden es dann nämlich vorteilhaft, im bedeutendsten Handelsplatz des jeweiligen Netzwerks ihren Sitz zu haben oder dort zumindest voll vertreten zu sein. Dies ergäbe einen selbstverstärkenden Wachstumseffekt für diesen *Vorort* und analog Hemmfaktoren für die anderen, kleineren Handelsstädte.

Wiederum lassen sich leicht Beispiele finden, wo solche Bündnisse historisch auffällig werden, sobald sie zu Imperien ihrer führenden Handelsstadt entarten. Der Attisch-Delische Seebund zwischen Athen und vielen ihm befreundeten Griechenstädten hatte als Handelsnetzwerk begonnen, wobei die Insel Delos als Umschlagplatz für die Waren aus Asien und Ägypten und wohl auch als formeller Erfüllungsort der Geschäfte diente. Später wurde daraus ein von Athen geführtes Seereich, dessen Mittelpunkt sich in die führende Stadt verlagert hatte. Ähnlich stieg Karthago bis an die Schwelle zur Weltmacht auf, war aber ursprünglich nur der Vorort der phönizischen Handelsstädte im westlichen Mittelmeer gewesen. Niemals gelang es den Karthagern, alle diese Städte auf eine gemeinsame Politik gegen Rom festzulegen, weil deren Interessen viel zu unterschiedlich waren. Auch Venedig begann seine Karriere als Vorort der Kaufmannschaften im Adriaraum und bezog seinen Initialvorteil wohl aus der unangreifbaren Lage inmitten seiner Lagune.

Einem hanseähnlichen Bund kommen heute die kleinen arabischen Golfemirate am nächsten. Sie haben sich mit Saudi-Arabien im Golf-Kooperationsrat zusammengeschlossen und verwirklichen langsam eine interne Handelsfreiheit. Ansonsten ist die heutige Welt den Handelsstädten und ihren Bündnissen nicht mehr so günstig wie einst, als diese allein in einer politisch zersplitterten und durch lokale Gewaltherrscher unberechenbaren Umwelt dem Handel Sicherheit verschaffen konnten.

Dennoch darf man die heutigen Formen der Kooperation der Kaufleute nicht übersehen. In jedem größeren Handelsplatz finden sie sich mit Unternehmern gleicher Herkunft und Interessenlage zu *Auslandshandelskammern* oder auch weniger formellen Clubs zusammen. So gibt es in Dubai eine "German Business Community" für deutsche oder mit Deutschland eng verbundene Firmen in den Vereinigten Arabischen Emiraten.

7.3 Staaten als Handelsregionen

Auch ein starker, gut organisierter Staat kann seinen eigenen Kaufleuten Freiheit des Handels und Sicherheit der Transporte vor lokaler Willkür über sein gesamtes Territorium hin garantieren. Diesen Vorteilen stehen aus deren Sicht freilich Steuern, Abgaben und Kontrollen gegenüber. Viele einst freie Handelsstädte haben sich dennoch nicht ungern in größere Reiche integrieren lassen, wenn ein Abwägen der Vor- und Nachteile dafür sprach. Jüngere Beispiele sind der Zollanschluß der Hansestädte Hamburg und Bremen an das Deutsche Reich 1888. Hongkongs bevorstehender Anschluß an China wird sicherlich nicht nur Nachteile bringen, wogegen Singapur keine entscheidenden Vorteile von einem Anschluß an Malaysia oder Indonesien erwarten dürfte, die beide ökonomisch noch zu leichtgewichtig sind.

Bei der Integration von Welthandelsstädten in Großreiche muß man freilich immer auch die Frage stellen, wieweit dieser Staat oder seine Herrscher dann nicht einfach nur zum *bewaffneten Arm merkantiler Interessen* werden. Die Moskowiter hatten zwar 1478 das stolze Nowgorod militärisch überwältigt. Die nächsten 200 Jahre der russischen Politik entsprechen jedoch ganz und gar den Interessen von nach Moskau übersiedelten Handelsfirmen, mit der Öffnung und Sicherung des Handelswegs wolgaabwärts ins Kaspische Meer und über Persien nach Indien, mit dem Vordringen über den Ural und durch Sibirien bis China und mit der zunächst fehlgeschlagenen Bestrebung nach einem eigenen Zugang zur Ostsee.

Im besonderen gilt dies für die von europäischen Fürsten seit der Renaissance in ihren Territorien geschaffenen Staaten. Lokale Sonderrechte und die wechselseitigen Privilegien der Kaufleute wurden damit überholt und aufgehoben. Dies geschah nur allmählich. Erst der voll verwirklichte, zentralistische Staat seit der Französischen Revolution konnte internen Freihandel mit all seinen Vorteilen durchsetzen. Die Nachteile darf man nicht übersehen. Zahllos sind die in ganz Europa durch den Verlust früherer Privilegien und schützender Zölle eingegangenen Gewerberegionen oder agraren Spezialisierungen, die sich gegenüber leistungsfähigeren und mit komparativen Vorteilen ausgestatteten Konkurrenten im gleichen Staat nicht mehr behaupten konnten.

Zwangsläufig geht mit *interner* Handelsfreiheit in einem Staatsgebiet dessen schärfere *Abgrenzung nach außen* einher. Zolleinhebung wird von den Stadttoren und Mautstellen an die Staatsgrenzen vorverlegt. Für Importgeschäfte ist diese einmalige und einheitliche Verzollung und Kontrolle jedoch ein Vorteil gegenüber der früheren, mehrfachen Einhebung, so daß Staaten als vereinheitlichte Handelsregionen ohne interne Schranken und mit einem für alle gültigen gleichartigen Zutrittsregime gegenwärtig weltweit zur Regelerscheinung geworden sind. Damit einher gehen verständliche Umgliederung in den bislang bestehenden Handelsnetzen. Die Hauptstadt oder ein führendes Handelszentrum wird zum *Vorort aller nationalen Handelsplätze.* Außenhandelsfirmen, Banken, Märkte, Börsen konzentrieren sich dort, weil sie hier im gesamten Land die besten Kontaktmöglichkeiten finden. Ausländische Firmen verstärken diesen Effekt schnell, weil sie gerade diesen Vorteil besonders suchen. Kleinere Handelsplätze in ungünstigerer Lage sterben ab, sofern sie sich nicht auf exportorientierte Gewerbe, Industrien und Agrarformationen in ihrem näheren Umland oder auf die Torpunkt und Hafenfunktion stützen können. Was in den Städtebünden als Tendenz in Erscheinung tritt, wird hier voll verwirklicht und bis zur Stellung der Hauptstadt als dem einzigen internationalen Handelsplatz fortgeführt, besonders in kleineren, kompakten Nationalstaaten.

Grenzübergangsstellen werden vom Staat bestimmt und legalisiert. Im Prinzip bräuchte man nur eine gegenüber jedem Nachbarstaat und einen Seehafen. Die Lage der Grenzübergänge zu Land wie auch an den Seegrenzen wird durch die geographische Lage der Hauptstadt vorbestimmt. Der günstigste Verbindungsweg von der Hauptstadt zum Grenzübergang bestimmt auch das Volumen der Handelstransporte, und die staatliche Verkehrspolitik kann dies weiter verstärken. Sehr häufig etabliert sich daher ein Städtepaar, bestehend aus der Hauptstadt und einem führenden Seehafen, wie wir dies mit Brüssel–Antwerpen in Belgien, Göteborg–Stockholm in Schweden und Alexandria–Kairo in Ägypten sehen. Diese Funktionsteilung im Handel tritt namentlich dann auf, wenn die Hauptstadt im Binnenland liegt.

Für Welthandelsgeschäfte sind moderne Staaten weniger günstig. Erst durch regulären Import, Verzollung und Versteuerung werden Waren im Binnenland des Importstaats zum legalen Handelsgut und räumlich mobil. Die Grenzübergänge sind daher die letzten Punkte, bis zu denen man Waren bringen kann, ohne daß die Kosten des Imports anfallen. Diese sind oft sehr hoch, übersteigen sogar den materiellen Warenwert und binden die Güter in das Marktgebiet endgültig ein. Verzollte Ware

7.3 Staaten als Handelsregionen

ist damit eines Großteils ihrer Verwertungsuniversalität beraubt. Es ist meist teuer und umständlich sie wieder herauszukriegen. Welthandel braucht aber die *Zwischenlagerung* auf dem festen Land. Unter dem Druck der Kaufleute haben daher die Staaten viele kluge Konstruktionen erfunden oder ältere Freiheiten beibehalten, welche den eigentlichen Import aufschieben (THOMAN 1965).

Zollfreie Lager sind die einfachste Form. Oft einfache Hallen in See- und Flughäfen oder Bahnhöfen und sogar in Gewerbegebieten, wo Waren vorerst unverzollt und unversteuert eingelagert werden können. Sie dürfen von hier ohne solche Belastungen zum Re-Export in Drittländer wieder entnommen werden. Zoll ist aber fällig, wenn aus diesem Lager an einen inländischen Händler verkauft wird. Solche Lager stehen unter Kontrolle der Zollbehörden.

Freizonen, auch *Zollfreizonen* oder *Freihandelszone* genannt, sind größere Areale, meist in einem Seehafen, in denen neben der Einlagerung der Ware auch die als Handelsmanipulationen geltenden Maßnahmen vorgenommen werden dürfen. Solche sind das Abpacken in kleinere Mengeneinheiten, Sortieren, Mischen, Rösten und andere Verwertungsschritte, welche den chemischen und physikalischen Charakter der Waren nicht grundsätzlich verändern, also keine Produktionstätigkeiten sind, obgleich sie sich durchaus maschineller Einrichtungen bedienen. Auch die Übertragung des Wareneigentums ist von Steuern befreit, was den Zwischenhandel begünstigt.

Freihäfen wie in Hamburg haben eine darüber weit hinausgehende Funktion. In Freihafengeländen können auch die Reparatur und Ausrüstung von Schiffen, die Bunkerung von Treibstoffen, die Versorgung der Schiffe mit Lebensmitteln und dergl. den Befreiungsbestimmungen unterliegen. Vereinzelt wird der Freihafenstatus auch auf ganze Hafenstädte ausgedehnt. In solchen Fällen sind sozusagen alle lokalen Geschäfte Nutznießer. Es werden sonst übliche Verbote ausgesetzt. In Jordanien war z. B. lange Zeit in der Hafenstadt Aqaba der sonst verpönte Alkoholverkauf erlaubt.

Der Staat selbst ist in der Regel kein Akteur bei Welthandelsgeschäften, und daher bleibt die Symbiose von Staat und Wirtschaft, die ja ein Kennzeichen der modernen Volkswirtschaften ist, für private Handelsfirmen unbefriedigend. Sie erleben die staatlichen Maßnahmen als einengend. Welthandelskaufleute müssen ja in ihrem eigenen, wohlverstandenen Interesse bemüht sein, jeglichen Güterbedarf zu befriedigen, der als Nachfrage wirksam wird, egal woher die Waren bezogen werden. Das Auffinden billigerer Bezugsquellen ist ihr Vorteil im Konkurrenzkampf. Der Staat seinerseits neigt dazu einheimischen Waren den Vorzug zu geben, deren Erzeugung sich als inländische Wertschöpfung besteuern läßt. Dabei wird auch in Kauf genommen, daß die Nachfrage zu teuer, zu schlecht oder überhaupt nicht befriedigt wird. Unter den möglichen Herkunftsländern werden von staatlicher Seite stets befreundete Nationen bevorzugt, ohne zuvor nach der billigsten Beschaffungsmöglichkeit zu fragen.

Das Denken der Kaufleute ist also den Beamten des Staates fremd und umgekehrt. Dieser Gegensatz ist unüberbrückbar und wäre nur durch *globalen Freihandel* aufzuheben. Diese Forderung wird auch erhoben, seit sich die Auswirkungen der merkantilistischen Handelspolitik der Staaten klarer abzeichneten und Autoren wie Adam SMITH und David RICARDO für ein solches Konzept theoretische Grundlagen geliefert hatten. Als Wortführer der Freihandelsbestrebungen traten weniger die Kaufleute in den Hauptstädten auf, sondern jene aus entlegeneren Handels- und Industriezentren, in England also nicht London, sondern Manchester.

7.4 Freihandelszonen

Interner Freihandel in Staatsterritorien und hohe Zollmauern gegenüber dem Ausland schneiden kleinere Länder virtuell vom Welthandel und damit auch von weltwirtschaftlichen Innovationsprozessen ab. Weltweit eingeführt wäre dies also eine sehr schlechte Lösung, die wegen des Widerstands der Staatsapparate und auch der güterproduzierenden inländischen Wirtschaft nur schwer rückgängig gemacht werden könnte. Sie wird graduell noch ungünstiger, wenn Regierungen aus nichtökonomischen Überlegungen eine willkürlich einschränkende oder begünstigende Handelspolitik betreiben und diese wie manche Staatshandelsländer zu absurden Überspitzungen weiterführen. Kriege waren stets ein Anlaß für solche Bestrebungen. Die von Napoleon 1806 gegen England verhängte Kontinentalsperre stellt sozusagen das Vorbild aller neuzeitlichen Handelsboykotte und Embargos dar.

Instrumente zur Milderung solcher Nachteile sind zunächst zweiseitige (bilaterale) Handelsverträge zwischen den Regierungen, die einen wert- oder gütermäßig umrissenen Spielraum für kaufmännische Transaktionen bringen, der mehr oder minder frei ausgestaltet werden kann. Aus solchen Verträgen erwuchs das *Prinzip der Meistbegünstigung* (MEYNEN 1985, S. 772 f.). Dabei gesteht ein Staat seinem Vertragspartner alle jene Handelsvergünstigungen automatisch zu, die er in früheren Verträgen mit anderen Staaten bereits gewährt hat oder in Zukunft noch gewähren sollte.

7.4 Freihandelszonen

Staaten, die für eine solche Politik zu klein sind, verbinden sich häufig mit größeren Nachbarn in Zollvereinen, wobei zwischen den Vertragspartnern zollfreier Austausch, also praktisch Freihandel herrscht, und ein gemeinsamer Außenzoll eingehoben wird, dessen Erträge aufgeteilt werden.

Das bekannteste und wichtigste Beispiel war der 1834 von 16 deutschen Staaten vereinbarte Zollverein mit den meisten Ländern des Deutschen Bundes, allerdings ohne Österreich und Liechtenstein. Hannover, Oldenburg, Mecklenburg und die Hansestädte traten erst später bei, da ihre Handelsbeziehungen geographisch anders ausgerichtet waren. Der *Deutsche Zollverein* hatte Vorläufer im preußischen Zollsystem von 1818, dem Mitteldeutschen Handelsverein 1828 und dem Bayerisch-Württembergischen Zollverein 1828. Die damaligen Debatten und Zwischenlösungen gleichen den aktuellen Fragen rund um die Europäische Gemeinschaft, die EFTA und die EWR-Verträge. Wir sollten nicht übersehen, daß der Zollverein auch zur Vorstufe der *kleindeutschen* Reichsbildung wurde.

Neben dem Zusammenschluß der EG-Länder stehen heute als Zollunionen die BENELUX-Staaten, die Südafrikanische Zollunion und eine Reihe anderer Verbindungen zwischen Kleinstaaten und ihren Nachbarn.

Währungsunionen betreffen einen anderen Rahmenaspekt des Welthandels, wobei zu betonen ist, daß Währungsunterschiede und Kursschwankungen diesen weniger hemmen als den nachbarlichen Güteraustausch zwischen Staatsgebieten. Dennoch vereinfacht die Gleichheit der Währungen die Geschäfte beträchtlich. Der interessanteste Versuch in dieser Richtung war die *Lateinische Münzkonvention* von 1865, der sich Frankreich, Italien, die Schweiz, Spanien und einige Balkanländer angeschlossen hatten. Wiederum übernehmen viele Kleinstaaten den Währungsstandard größerer Nachbarn, um sich nicht von deren Märkten auszuschließen.

Regionale Freihandelsvereinbarungen streben die volle Verwirklichung dieses Prinzips im internen Bereich an. Man bezeichnet auch sie als *Freihandelszonen* (vgl. S. 103). Dies schließt im Falle der EG auch Kapitalverkehr und alle Leistungen neben den reinen Warentransaktionen ein. Bei anderen Unionen gehen die Verträge nicht soweit, weil kleinere Partner Teile ihrer Wirtschaft schützen wollen (GREINER 1992, S. 18 ff.).

Gegenwärtig finden wir neben der Europäischen Gemeinschaft (EG) bzw. Union (EU) und der EFTA (European Free Trade Association), wobei letztere den Handel mit Agrarprodukten ausklammert, eine Reihe anderer Staatengruppen, die aktiv die Errichtung von Freihandelszonen anstreben. Wichtig sind darunter die NAFTA (North-American Free Trade Association) zwischen den USA, Kanada und Mexico, die GUS als Nachfolgeorganisation der Sowjetunion, ALADI und MERCOSUR in Südamerika, SICA in Zentralamerika, CARICOM in der Karibik, AFTA in Südostasien und GCC (Golf-Kooperationsrat). Nach NIEROP and VOS (1988, S.361) haben mit Ausnahme der EG solche Integrationen bisher wenig Einfluß auf die Ausrichtung des Handels gehabt und sich meist als ergebnislos erwiesen.

Freihandel hat nur die EG mit dem gemeinsamen Binnenmarkt verwirklicht, und einen Weg zu globalem Freihandel können sie nicht bringen. Zu schwierig wird schon im internen Bereich die Abstimmung divergierender Interessen. Immer besteht auch die Tendenz, den eigenen Handelsraum nun erst recht abzuschotten, was der Europäischen Gemeinschaft den Vorwurf eingetragen hat, sie strebe eine *Festung Europa* an.

Die Wirkungen von Zollunionen und Freihandelszonen hinsichtlich der Lage und der Vorteilspotentiale von Handelsplätzen werden von den Akteuren ähnlich eingeschätzt wie bei den Nationalstaaten. Dies führt im Binnenmarkt der EG dazu, daß Handelshäuser und große Industriefirmen wie auch Banken ihre Standortmuster überdenken. Sie werden bei entsprechenden Erfahrungen auch nicht zögern, sich durch Neuerrichtung, Verlagerung oder Aufgabe bisheriger Standorte der neuen Situation besser anzupassen. Prophezeiungen über die zukünftige Wertigkeit europäischer Städte haben derzeit ebenso Konjunktur wie die Erwartungen hinsichtlich der *blauen Banane* und eines europäischen *Sonnengürtels* am nördlichen Mittelmeer.

7.5 GATT und UNCTAD

Aus Bestrebungen nach dem Zweiten Weltkrieg, den Einschränkungen durch Kriegs- und Planwirtschaft wieder ein freihändlerisches Konzept entgegenzustellen, erwuchs das GATT *(General Agreement on Tariffs and Trade)*. Es war als Vorstufe zu einer internationalen Freihandelsorganisation gedacht, die aber wegen des Widerstands der Ostblockstaaten niemals zustande kam. Selbst das Basisabkommen wurde erst 1984 in Kraft gesetzt. Gegenwärtig gehören dem GATT 110 Vertragsstaaten und 30 weitere Anwender an (FISCHER 1994, S.876).

Im Laufe der Zeit hat die GATT-Organisation acht Verhandlungsrunden zur Zollsenkung durchgeführt, wobei namentlich die Importzölle der Industrieländer ermäßigt wurden. Das GATT tritt für ein

7.5 GATT und UNCTAD

offenes Welthandelssystem ein. Als Instrumente dienen die breite Anwendung der Meistbegünstigung bei Exporten und Importen, Senkung der Zollsätze, freier Wettbewerb, der auch neuen Exportländern eine offensive Strategie erlaubt, und der Abbau der nichttarifären Handelshemmnisse wie Normen, Subventionen und Kontingente.

Zu den schwierigen Problemen zählt dabei, daß gerade in demokratisch regierten Industrieländern jene Konzessionen, die man von anderen gerne einfordert, von ihren Regierungen aus innenpolitischen Überlegungen nicht konsequent verwirklicht werden. Die Entwicklungsländer besitzen ja gerade in solchen Bereichen oft große komparative Vorteile, die wie Agrarproduktion, Holz, Textilien, Stahl in den Industriestaaten Problembranchen mit gefährdeten Arbeitsplätzen sind (DUNKEL 1991, S. 23). Insgesamt betreibt das GATT aus der Einsicht, daß ein weltweites Freihandelsregime für Länder unterschiedlichen Entwicklungsstands keine automatische Vorteile brächte, ein schrittweises Vorgehen mit allmählicher, langfristiger Annäherung an Freihandelsbedingungen.

Das GATT ist die eigentliche *Verfassung des Welthandels* und dringt mit seinen Bestimmungen zum Wettbewerbsrecht und zu Subventionspraktiken weit in die inneren Angelegenheiten der Staaten ein. Eine Reaktion darauf sind die entstehenden Freihandelszonen, welche für sich und ihren Bereich Ausnahmen von den Meistbegünstigungsregeln beanspruchen. Die bevorstehende Eingliederung des GATT in die neue WTO (World Trade Organization) und deren Abrundung durch analoge Abkommen über Dienstleistungen und geistiges Eigentum verstärkt diesen verfassungsartigen Aspekt.

Etwas anders ist die Stoßrichtung des UNCTAD-Abkommens, das 1964 beschlossen wurde (= UNITED NATIONS CONFERENCE ON TRADE AND DEVELOPMENT) und heute 183 Mitglieder zählt. UNCTAD wurde schnell zu einem Forum der Entwicklungsländer, die ihre Interessen in den Vordergrund schoben. Ihnen geht es als Exporteuren von Rohwaren in erster Linie um höhere fob-Preise ihrer Produkte, gegenüber dem Ansteigen der Preise importierter Industriegüter. Zu diesem Zweck fordern sie eine neue Ordnung der Weltwirtschaft, worin Rohwaren nur im Rahmen internationaler Kartellvereinbarungen exportiert werden dürfen. Jedem Erzeugerland werden Exportquoten zugestanden. In deren Rahmen sollte sich der internationale Handel mit diesen Waren mengenmäßig bewegen, um so die Preise hochzuhalten. Zusätzlich wären *Rohstoffonds* einzurichten, von denen bereits solche für Jute, Kopra, Fleisch, tropische Hölzer, Bananen und Tee vereinbart sind. Im Rahmen dieser Fonds werden Preisbänder für Höchst- und Niedrigstnotierungen und wenn möglich Ausgleichslager eingerichtet.

Die Verbrauchsländer sollten sich auch verpflichten, Substitutionsversuche durch andere Produkte zu unterlassen. Viele Details sind hier problematisch. Rohwaren sind ja konsumferne unintelligente Güter und gerade deshalb leicht zu ersetzen, wie man auch auf sie verzichten könnte. Technische Innovationen bringen laufend bessere Materialien hervor. Jedes Recycling von Altmaterial, wie es aus ökologischen Gründen notwendig wird, muß die Nachfrage nach Rohwaren aus Übersee vermindern, besonders bei Metallen und Papiermasse. Künstlich hochgehaltene fob-Preise kämen keineswegs den Produzenten zugute und veranlassen andererseits neue Erzeuger, in die Märkte zu drängen. Diese können oft deshalb billiger liefern, weil bei ihnen die staatliche Bürokratie noch nicht soviel abschöpft. Sie fühlen sich benachteiligt, weil man ihnen nur geringe Exportquoten zugesteht und neigen dann zu Billiglieferungen an Nichtmitglieder der Fonds, was die Kartelldisziplin schnell untergräbt.

Daß für Erzeuger höhere Preise möglich sind, ohne daß dies zu spürbaren Verteuerungen bei den Verbrauchern in den Industrieländern führen müßte, wurde schon erwähnt. Doch sind nicht alle Importländer reich genug. Selbst die freiwillig von Importländern, Firmen und Verbrauchern bezahlten höheren Preise etwa für Kaffee können nicht zielführend sein, da sie nur einzelne Erzeugerländer auf Kosten aller anderen begünstigen. Dazu kommen die unvermeidlichen Qualitätsunterschiede. Während die Erzeuger von Standardqualitäten und hygienisch einwandfreier Ware keine Probleme haben, ihre Exportquoten und mehr zu den vorgesehenen Preisen auszunützen, fallen Lieferanten von ungleichmäßiger und minderer Qualität durch. Oft lassen sich frühere Fehler gar nicht korrigieren. Indonesien mit 6% der Welt-Kaffeeproduktion exportiert fast ausschließlich die schlechter absetzbaren Robusta-Sorten und nicht den gesuchten, milden Arabica-Kaffee (JÄCKEL 1991). Eine Umstellung käme jedoch für das Land sehr teuer.

Die Rohstofffonds des UNCTAD werden daher von rohstoffarmen Industrieländern und den heute noch nicht exportierenden Entwicklungsländern als unzumutbare Behinderung ihrer Handlungsfreiheit empfunden.

Weder GATT noch UNCTAD bedeuten bereits die Ausbildung geographisch faßbarer Handelsregionen. Das GATT zielt auf einen in sich homogenen, *weltweiten Handelsraum*, dessen Untereinheiten zwar die Staaten sind, die aber auf viele ihrer Lenkungsrechte verzichten.. Das UNCTAD-Abkommen strebt von *Staaten getragene weltweite Handelsnetze* für einzelne Güter an. Diese würden in ihrer Gesamtheit den

Rahmen des Welthandels in institutioneller Sicht ergeben. Beide sind noch weit von ihren Zielen entfernt.

7.6 Die Weltwirtschaften

Viele Geographen neigen dazu, die gesamte *Ökumene als Region des Welthandels* anzusehen, die bis an ihre fernsten Grenzen nach gleichen Grundsätzen in das Austauschsystem einbezogen werden kann, wobei nur Klima, Ressourcenpotential und Entwicklungsstand Unterschiede bewirken. Daß dies nicht so sein muß, vermag die weltweite Ausdehnung des Thünen-Modells zu verdeutlichen. Dies ist zulässig, seit es moderne Transporttechniken gibt. Jedoch machte THÜNEN deutlich, daß marktferne Erzeuger nur solche Produkte anbieten können, die den Aufschlag hoher Transportkosten vertragen. Im Thünen-Modell gibt es *ökonomische Peripherien,* deren Erzeugungsvielfalt gering bleiben muß und deren Lage räumlich determiniert ist.

Geographen finden dies auch in dem von OTREMBA (1957, S. 288 ff.; 1978, S. 245–297) vorgelegten Konzept vom kontinental-altweltlichen und vom maritimen Weltwirtschaftsraum. Auch hier sind solche Peripherien geographisch determiniert, jedoch in gänzlich anderer Weise.

In seinem *kontinentalen Weltwirtschaftsraum* liegen die starken Kernregionen mit den großen Handelsplätzen im Binnenbereich der Landmassen und im Schnittpunkt der Verkehrsachsen. Handel und Gütertransporte bedienen sich der Landverkehrswege und eventuell der Binnenschiffahrt. Seetransporte werden nur zur Überbrückung von Meerengen oder zur Querung von Rand- und Nebenmeeren eingesetzt. Entlegene Regionen, die Küstenzonen einer Landmasse und erst recht die Halbinseln und Inseln werden damit zu fernen und benachteiligten Peripherien. Solche Bedingungen sind noch heute im Bereich der ehemaligen Sowjetunion und Chinas gegeben.

Im *maritimen Weltwirtschaftsraum* sind diese Relationen topologisch umgestülpt. Gütertransporte und Handel benützen vornehmlich die Seewege. Die Handelszentren sind Hafenplätze an den Küsten, gelegentlich sogar an den Enden von Halbinseln oder auf vorgelagerten Inseln gelegen. Hier werden die Binnenräume der Landmassen zu den entferntesten Peripherien, die untereinander wenig Verbindung haben und brauchen, da ihre Wirtschaft über die Hafenstädte ins Binnenland vordringend organisiert wird. Dieser Vorstellung entsprechen noch heute die Überseekontinente, das südliche Afrika und Südostasien. Leider hat OTREMBA diesen fruchtbaren geographischen Ansatz nicht konsequent weiter ausgebaut. Daher wird es sinnvoll, auf die Gedanken des Historikers Fernand BRAUDEL (1986) zurückzugreifen.

BRAUDEL systematisiert den Begriff der *Weltwirtschaften*, die er als stärker verbundene regionale Systeme innerhalb der Ökumene ausgebildet findet. Jede dieser Weltwirtschaften sieht er auf Grund ihres Güteraustauschs als eine handelsbedingte Verflechtungsregion (BRAUDEL 1986, S. 18). Innerhalb einer solchen Weltwirtschaft wird jeder wichtige Güterbedarf aller Orte durch Handelsaustausch gedeckt. Die Außengrenzen einer Weltwirtschaft liegen dort, wo ein weiteres Hinausschieben von Handelsnetzen keinen Vorteil mehr bringt, sei es, daß dies organisatorisch nicht möglich, durch unüberwindbare geographische Hemmnisse undenkbar oder wegen des Fehlens einer zusätzlichen Nachfrage sinnlos wäre (BRAUDEL 1986, S. 23). Lange Zeit waren die Ozeane geographische Barrieren, und die Polargebiete sind es noch heute. Solche Weltwirtschaften können kontinental oder maritim im Sinne von OTREMBA aufgebaut sein.

Als Regionalsysteme werden Weltwirtschaften über ihre Handelszentren zusammengebunden. In ihrem Zentrum findet BRAUDEL jeweils einen führenden städtischen Pol, in welchem Waren, Transaktionen, Kapital und Informationen zusammenfließen. In den anderen Handelsplätzen werden die Geschäfte gebündelt und insbesondere die Finanztransaktionen an dieses Hauptzentrum weitergeleitet. Dieses erhält die Funktion eines *Clearinghauses* für die Finanzierungen und unterhält Beziehungen zu allen Teilgebieten des gesamten Systems. Solche Zentren waren innerhalb der europäischen Weltwirtschaft zuerst Venedig, später Antwerpen, dann kurzfristig Genua gefolgt von Amsterdam und London.

Der weite Bereich einer Weltwirtschaft besteht aus einer beliebigen Anzahl staatlicher Einheiten, die keineswegs vertraglich verbunden oder auch nur befreundet sein müssen. Wichtig ist allein, daß sich die Kaufleute diesem Großraum zugehörig fühlen, die dort ausgebildeten Handelsstrukturen benützen und deren Usancen anwenden. Allerdings haben wiederholt Reiche eine gesamte Weltwirtschaft in einer imperialen Staatsorganisation zusammengefaßt, eine Erscheinung, die TOYNBEE (1963) als Universalreiche angesprochen hatte, aber gerade von der Handelsseite her nicht verständlich machen konnte.

BRAUDEL postuliert für jede Weltwirtschaft die Ausbildung von Zonen, in denen Gesellschaft, Kultur, Wissenschaft, Technik und politische Organisation andersartig durchgebildet sind, wobei die Regelhaftigkeiten dieses zentral-peripher verstandenen Wandels die natürliche Vielgestaltigkeit des Erdraums überlagern. Im *Kernbereich* finden sich

7.6 Die Weltwirtschaften

die fortschrittlichsten und vielfältigsten Elemente vereinigt. Im angrenzenden Übergangsbereich, oder nach WALLERSTEIN (1979) *Semiperipherie*, sind diese Vorzüge nur teilweise anzutreffen. Die weiträumigen *Peripherien* bezeichnet BRAUDEL als altmodisch, rückständig und fremder Ausbeutung ausgesetzt. Rückständige Kantone können auch in Kernbereichen abseits der Haupthandelswege und an schwer zugänglichen Stellen auftreten. BOBEK (1957) hatte dafür die Bezeichnung Kabyleien verwendet und meinte damit die trotz geographischer Nachbarschaft nicht in den Bereich der städtischen Handels- und Wirtschaftsinteressen einbezogenen Stammesgebiete.

Für die frühe Neuzeit nennt BRAUDEL neben Europa auch Rußland, den osmanisch beherrschten Orient, Ostasien und als jüngere Bildung Nordamerika als Weltwirtschaften. Dies nur zur Verdeutlichung, denn man darf als Geograph seinen Aussagen nicht naiv folgen. Wenn er Schwarzafrika als Weltwirtschaft ansieht, so galt dies allenfalls für den muslimisch bestimmten Sahelraum. Um mit seinen Kozepten für unseren Zweck etwas anfangen zu können, müssen sie modellhaft weiter verdichtet und interpretiert werden. Dies soll nun auch auf die Gefahr von Kritik hin versucht werden.

So läßt sich mit Rückgriff auf die Aussagen in früheren Kapiteln annehmen, daß im *Kerngebiet einer Weltwirtschaft* sehr reger Handel auftreten wird, der alle Waren umfaßt, die an verschiedenen Orten in jeweils anderer Qualität und Formgebung hergestellt werden. Die Handelsbeziehungen verknüpfen ungeachtet der Stellung der führenden Metropole alle Plätze mit allen anderen und bilden ein dichtes durchgängiges Netzwerk. Konkurrenz, Kooperation und auch Rivalitäten der Handelsstädte haben ein weites Betätigungsfeld. Für Geschäfte sind die zu überbrückenden Distanzen und auch die zeitlichen Fristen gering. Dies erlaubt eine wechselseitige, saisonunabhängige kommerzielle Verflechtung. Geschäfte können kostengünstig durchgeführt werden. Da überdies an allen Orten die gleiche Technologie verfügbar sein wird, bleiben Spezialisierungen der Handelsplätze gering, Unterschiede der Waren folgen innovativen, modischen und kulturbezogenen Momenten, wogegen naturbedingte komparative Vorteile weniger eine Rolle spielen.

Bei den Preisen der Waren entfällt ein höherer Anteil auf die Gestehungskosten als auf die handelsbedingten Transaktionskosten. Werden erstere nicht gedeckt, so kann man sich leicht anderen Erzeugungsrichtungen zuwenden und unrentable Produktion einstellen. Auf allgemein verfügbare Information gestützte Innovationen schaffen dafür die Möglichkeit.

In den *Semiperipherien* können alle diese Gegebenheiten nur in schwächerem Maße gelten. Bei Gütern, welche in den Kernraum exportiert werden sollen, muß ein höherer Anteil an Kosten auf die Erfüllung der Handelsfunktionen entfallen, so daß nicht mehr alle Erzeugnisse mit Vorteil dorthin geliefert werden können. Dies gilt zwar umgekehrt auch für die Bezüge aus dem Kernraum, doch ist man oft nicht in der Lage, diese Güter selbst zu erzeugen. Durch die Abdeckung der vollen Erzeugerkosten plus dem Aufschlag der höheren Transaktionskosten sind diese überteuert. Als Gegengewicht dienen Ländern der Semiperipherie ressourcenbedingte komparative Vorteile, die hier die gebietliche Spezialisierung der Wirtschaft beeinflussen. Handelsplätze und Kaufleute in der Semiperipherie sind anteilsmäßig stärker auf Fernhandel ausgerichtet. Dieser erhält durch die Lage zum Kernraum eine deutliche Richtungskomponente. Auch die Finanzierung wird teilweise diese Ausrichtung bestimmen. Handelsaustausch innerhalb der Semiperipherie tritt demgegenüber anteilsmäßig zurück.

Aus der *Peripherie* beziehen die Kernräume einer Weltwirtschaft solche Waren, die sie gar nicht oder nur in zu geringer Menge hervorbringen können. Alle Peripheriewaren haben sehr hohe Kosten der Erfüllung der Handelsfunktionen zu tragen, die 90% und mehr der Endpreise betragen können. Erzeugerkosten müssen daher niedrig sein, und die Erzeuger sind oft auswechselbare Grenzproduzenten. Hemmen soziale Umstände eine Verbilligung der Peripherieprodukte, so ruft dies die Agenten der Händler aus dem Kernraum auf den Plan, die sich dann aktiv der Organisation von Produktion und Handel widmen, wozu sie dank ihres Vorsprungs an Wissen und Technologie in der Lage sind. Um höhere Erlöse zu erzielen, wird dann auch die Erzeugung von Exportwaren für den Kernraum auf Kosten der Eigenversorgung und ohne ökologische und soziale Rücksichten ausgeweitet, speziell wenn Allmendressourcen genutzt werden.

Dennoch kann nur eine jeweils sehr kleine Güterpalette für ein Peripherieland in Betracht kommen, bei denen komparative Vorteile sehr ausgeprägt sind oder die Seltenheiten darstellen. Ihrerseits müssen Peripherieländer wieder Güter aus den Kernräumen nachfragen, die sie nicht selbst erzeugen können, mögen auch deren Preise noch so hoch sein. Sie haben bei der Wahl ihrer Lieferanten wenig Spielraum. Daher wirkt sich die unterschiedliche Höhe des Anteils der Gestehungskosten und Handelskosten bei Bezug und Lieferung von Waren zu ihren Ungunsten aus.

Soweit wäre dies auch die Meinung, welche viele Autoren in ihren Werken zum heutigen Welthandelssystem von den verschiedensten

7.6 Die Weltwirtschaften

Standpunkten her ausdrücken, besonders WALLERSTEIN (1979), GROTEWOLD (1979), OHMAE (1985) und TERLOUW (1992). WALLERSTEIN sieht allerdings die Stärke der Kernräume mit der Schwäche der Peripherien ursächlich verknüpft. Aus rein kaufmännischer Sicht wäre dies falsch, denn im Handel ist immer der Vorteil des Partners langfristig auch der eigene.

Die Auslegung des Konzepts der Weltwirtschaften nach BRAUDEL läßt sich geographisch noch weiter führen. Am Außenrand zweier Weltwirtschaften kann es *Überschneidungs- und Kontaktperipherien* geben. Durch diese bewegt sich ein an Umfang geringer Transithandel mit Produkten der Kernräume und Seltenheiten der jeweiligen Peripherien und Semiperipherien, vermittelt durch die großen Handelszentren. Dies läßt bevorzugte Fernhandelswege entstehen, die von Transithändlern bedient werden. Soweit solche Kontaktperipherien nicht fest in staatliche Organisationen eingebunden sind, begünstigt dies freie Handelsstädte. Eine solche Peripherie waren lange Zeit das Mittelmeer und das Schwarze Meer zwischen der entstehenden europäischen und der älteren orientalischen Weltwirtschaft BRAUDELS. Ähnlich galt dies für die eurasische Steppenzone. Heute tritt diese Erscheinung am Arabischen Golf und besonders in Dubai hervor, durch welches reger Transithandel zwischen Japan und Europa läuft.

Eine Weltwirtschaft wird jedoch auch Peripherien ohne solche Kontaktmöglichkeiten haben. Dort sind die Nachteile dieser Situation am akutesten fühlbar, müssen aber als unabänderliche Gegebenheiten akzeptiert werden. Eines dieser fernsten Enden der Welt wurde in der Antike als *Ultima Thule* bezeichnet. Während des Mittelalters waren in Europa der Norden Skandinaviens, Island, Grönland und der Westen der Britischen Inseln solche Gebiete. In einem Ultima Thule hätte das Auftreten neuer Handelspartner aus bisher unerwarteter Richtung den Charakter eines *ökonomischen Wunders*. Derartige Situationen müssen aber in der Geschichte des Welthandels häufig vorgekommen sein, und sie ergaben sich in besonders eingreifender Weise durch die Entdeckungsfahrten der Portugiesen.

Überall in Afrika und Asien wurden die Portugiesen in den Peripherien anderer Weltwirtschaften sozusagen mit offenen Armen aufgenommen, obgleich sie nach Rasse, Religion und Kultur so fremd waren wie irgend möglich. Zumindest im islamischen Orient wußte man auch über ihre Aggressivität sehr wohl Bescheid. Seemännische und militärische Überlegenheit, die man gerne als Gründe für ihre Erfolge anführt, können nicht die alleinige Erklärung sein, zumal sie diese am Anfang ihrer kommerziellen Kontakte gar nicht konsequent hätten ausspielen können.

Ihre Erfolge werden viel plausibler, wenn man z.B. die afrikanische Guineaküste als die *extreme Peripherie* einer islamisch-orientalischen Weltwirtschaft versteht, die in deren Kernräume nur Elfenbein, Gold und Sklaven zu sehr ungünstigen Bedingungen liefern konnte. Ebenso lassen sich die Küsten Ostafrikas, die Malabar- und Koromandelküste Indiens und Südostasien als Peripherien von Weltwirtschaften ansehen, vielleicht auch Südchina und Japan im 16. Jh.

Portugiesen und andere Europäer konnten sich dort überall in kürzester Frist und mit bescheidenen Mitteln in festen Handelsniederlassungen etablieren, mit Duldung und sogar aktiver Mithilfe einheimischer Partner. Dagegen brachten sie es nur zu ephemeren Faktoreien in den Kernregionen anderer Weltwirtschaften. So gelang es den Portugiesen nicht, sich im nördlichen Roten Meer, an der Euphrat-Tigris-Mündung, im Zentralraum Indiens, in der Nähe der chinesischen Hauptstädte Nanking und Peking oder in der Nähe von Kioto und Tokio in Japan dauerhaft festzusetzen.

Freilich mußte den einheimischen Geschäftsfreunden der Europäer bald klarwerden, daß ihre Länder innerhalb einer entstehenden europäischen Weltwirtschaftsregion wiederum nur extreme Peripherien waren und die Nachteile die Vorteile mehr als aufwogen. Waren einheimische Staaten stark genug, so warfen sie die Europäer wieder hinaus oder schlossen ihre Staaten und Märkte ab. Das bekannteste Beispiel einer solchen *Abschließungspolitik* war Japan, mit einer allein noch zugelassenen Kontaktstelle der Niederländer auf dem Eiland Deshima im Hafen von Nagasaki. China beschränkte den erlaubten Handel auf Macao und Kjachta in Sibirien. Später wurden solche Länder von den erstarkten Kolonialmächten mit Gewalt geöffnet, Japan und China im 19. Jh., Marokko und Äthiopien noch später.

Das Auftreten neuer Handelspartner bleibt aber weiterhin für Peripherien eine wunderbare Sache, um so mehr, als sie sich durch die Art ihrer Einbeziehung in eine Weltwirtschaft ausgebeutet fühlen. Als die Sowjetunion nach einem erfolgreich abgeschlossenen Wiederaufbau nach dem Zweiten Weltkrieg weltweit im Handel aktiv wurde, traf sie ebenfalls in der Dritten Welt auf offene Arme. Zum Entsetzen der westlichen Politiker liefen die Länder scharenweise zum östlichen System über und schlossen sich diesem nicht zuletzt in der Hoffnung auf günstigere Austauschbedingungen an. Freilich mußten sie bald erfahren, daß sie auch in diesem Rahmen peripher blieben.

Interessant ist auch der Gedanke bei BRAUDEL, daß an den Außensäumen einer Weltwirtschaft nur episodenhaft die weitere *Expansion der Handelsnetze* betrieben wird. Dies ist leicht einzusehen. Statt Güter

7.6 Die Weltwirtschaften

aus fernen Peripherien und anderen Weltwirtschaften zu beziehen, kann man versuchen sie durch eigene Erzeugung zu substituieren, und die Mittel dazu sind in den Kernräumen ja vorhanden. Statt Seide quer durch Asien auf Karawanenwegen zu transportieren, lohnt sich jeder Versuch, ein so begehrtes Produkt selbst herzustellen. Stellt sich dies als möglich heraus, kann der Handel damit wieder entbehrlich werden. Man wird sich dann wieder aus Peripherien zurückziehen und dort entstandene, spezialisierte Produktionsgebiete brechen zusammen.

8. REGIONALE SYSTEME DES WELTHANDELS IN ANTIKE UND MITTELALTER

In der historischen Entfaltung des Welthandels läßt sich die Umstülpung der weltweiten Lagerelationen im Gefolge der europäischen Entdeckungen des 15. und 16. Jhs. als ein entscheidender *Systemumbruch* ansehen. Bis dahin lagen die Länder der Erde aus der Sicht der Kaufleute vor- und hintereinander, wie dies in einigen geographischen Bezeichnungen noch zum Ausdruck kommt. Seit man mutig genug wurde, dank Kompaß, angewandter Astronomie und Seekarten frei über die Ozeane zu segeln, sind alle Zielorte der Seeschiffahrt wiederauffindbar und alle Küsten unbehindert von dazwischentretenden Hemmnissen und ohne Gebühren kassierende Vermittler zugänglich. Die Länder liegen seither sozusagen nebeneinander. Auf dieser Basis konnte sich ein auf Europa ausgerichtetes Welthandelssystem ausbilden, mit geographischen Strukturen, die trotz aller Veränderungen auch heute weiterwirken.

Solche Umbrüche gab es auch in früheren Epochen. Sie sind das Faszinierendste an der Geographie des Welthandels, zumal sie häufig direkt von Veränderungen der räumlichen Handelsfunktionen ausgehen und über diese zu erfassen sind. Nicht minder wichtig ist jedoch das zeitliche Moment, dessen Bedeutung sogar immer größer zu werden scheint. Frühere Umbrüche des Welthandels sind direkt nur über archäologische und historische Forschung belegbar. Die Geographie ist stärker auf Interpretation von Strukturbildungen angewiesen. In unserem Falle kann sich jedoch die Hypothesenbildung bereits auf die Ausführungen in den vorigen Kapiteln stützen, zumal die Handelsfunktionen und andere Bestimmungsfaktoren stets zusammenwirken und zu aller Zeit gegeben waren.

8.1 Anfänge des Welthandels und die ältesten Welthandelsregionen

Wenn wir den Prähistorikern folgen wollen, gab es Fernhandel schon sehr früh und lange vor dem Auftreten der ersten Hochkulturen. Es wurden Handelswege begangen, die bis in ferne Winkel der Kontinente

8.1 Die Anfänge des Welthandels

ausgriffen, freilich zunächst nicht von professionellen Kaufleuten und auch nicht in ihrer gesamten durch Bodenfunde zu vermutenden Erstreckung. So führte eine *Bernsteinstraße* von der Weichselmündung an der Ostsee über die Mährische Pforte und entlang des Alpenostrands an die Adria. Obgleich diese Route wohlbekannt ist und der Geograph Claudius PTOLEMÄUS einige Ortsnamen zwischen Donau und Ostsee nennt, scheint es an ihr keine festen Handelsplätze gegeben zu haben. Dies läßt wiederum vermuten, daß an ihr auch keine Kaufleute in unserem Sinne tätig waren, vielmehr Bernstein in der Antike in komplizierten Tauschvorgängen von Stamm zu Stamm weitergegeben und an periodischen Märkten von *Wanderhändlern* übernommen wurde. EVERS (1991) schildert solche Handelsnetze in Südostasien und spricht von einem "peddling trade", bei dem Bauern und Fischer seltene Güter an den von ihnen besuchten lokalen Märkten feilbieten. Auf verschlungenen Wegen und in sehr kleinen Mengen gelangen diese letztlich doch in die Räume anderer Kulturen.

Geographische Seltenheiten wie Bernstein, Elfenbein, Gold, Edelsteine, rare Pelze, Salz und Spezereien waren wohl die Handelsgüter bei den frühesten dieser Tauschbeziehungen. Metalle kamen erst später hinzu. Gewiß wurden auch Dinge wie Feuerstein und Nahrungsmittel zwischen Nachbarn getauscht, aber über geringere Entfernungen. Mit dem Aufkommen städtischer Kulturen erhielten solche Vorgänge eine *Richtungskomponente,* welche die Archäologen als *Straßen* verstehen. Wir wissen aber nicht, ob schon eine reguläre Nachfrage bestand. Dieser informelle Fernhandel ist nicht verschwunden. In Entwicklungsländern mit ländlicher Struktur bleibt er eine Komponente der Handelsnetze, wie dies neuere Studien zu *periodischen Märkten* belegen (SMITH and GORMSEN 1982; LATOCHA 1992). In Krisenzeiten lebt dieser Handel sofort in ähnlichen Formen wieder auf. Eine besondere Variante sind die Einkäufer von Elektrogeräten und Elektronik, die man seit der Wende im Osten plötzlich bei uns und auch in großer Zahl in Dubai und anderen Golfemiraten antreffen kann.

Gänzlich anders stellt sich das *Handelssystem am Arabischen Golf* seit der Mitte des 3. Jahrtausends v. Chr. dar. Aus zahlreichen beschrifteten Tontäfelchen und den Rollsiegeln der Kaufleute wissen wir, daß es sich hier um einen regelhaften internationalen Handelsverkehr von bedeutendem Umfang handelte, der von professionellen Kaufleuten betrieben wurde. Schriftliche Order, Dokumentation, Buchhaltung, Warenstandards, Gewichtseinheiten, internationale Maße und auch Kredite waren wohlbekannt. Die Kaufleute operierten von ihren Handelsplätzen aus in weiten Netzwerken.

8. Historischer Welthandel

Dieser Handel zeigt sich als ausgereifte Geschäftsroutine, der jeder Aspekt des Abenteuers und des Zufälligen fehlt. Die Kaufleute waren wohl anfänglich Beauftragte der Tempel und Fürstenhöfe seßhafter Agrargesellschaften, die den bis zu einem gewissen Grad noch rituellen Austausch von Geschenken und Tributen zu regulären Geschäften weiterentwickelt hatten. Später handeln sie in eigenem Namen, doch hilft diese Herkunft ihre Standortgebundenheit zu erklären.

Die Sumerer und spätere mesopotamische Kulturen erlangten ihre besondere Handelsgeltung, weil es in ihrem Bereich so gut wie keine Rohstoffe gab (UHLIG 1976). Daher mußten sie, wie viele Industrieländer heute, Rohwaren importieren und Fertigprodukte dafür liefern. Unter den sumerischen Ausfuhrwaren finden wir daher neben Getreide und Datteln auch Sesamöl, Wolltextilien, Werkzeuge, geschnittene Steine und andere Gewerbeprodukte. Importiert wurden rohe Edel- und Halbedelsteine, Bauholz, Kupfer, Wolle, Perlen, Gold und dergleichen. Mit Maultierkarawanen wurde Überlandhandel nach der Levanteküste, Kleinasien und Ägypten betrieben. Die weiteste dieser Beziehungen lief nach dem Nordosten Afghanistans, woher man den begehrten Lapislazuli bezog. Daß auch Überseehandel früh einsetzte, belegt die Rolle von Dilmun (Bahrain) als Zwischenhandelsplatz. BIBBY (1970, S. 210) bringt eine Liste der Länder, deren Waren via Dilmun nach Sumer geliefert wurden und umgekehrt. So kam der Lapislazuli aus Tukrish und Harali, Elfenbein aus dem „Seeland", Wolle aus Zalamgar und Elam, Holz aus Meluhha, Edelsteine aus Maharshi, Steine und Kupfer aus Magan. Diese Länder sind wohl alle im weiteren und engeren Umkreis des Golfs und der Küsten Indiens zu suchen und vielleicht ihrerseits als Zwischenhandelsplätze anzusehen. Magan wird heute mit Oman identifiziert, das in der betrachteten Epoche eine bedeutende Kupferverhüttung dank damals noch vorhandener Gehölzfluren hatte. Meluhha muß wegen seiner Lieferungen von Schiffsbauholz in Indien gesucht werden.

Wir können ohne weiteres als geographischen Rahmen dieses Handelssystems eine *Weltwirtschaft* im Sinne von BRAUDEL unterstellen. Diese griff im Laufe der Zeiten bis ins östliche Mittelmeergebiet aus. Sicher expandierte sie auch gegen Norden, Osten und Süden.

Der Überlandhandel war auf Saumtierkarawanen angewiesen und wurde häufig genug von kriegerischen und politischen Ereignissen gestört. Parallele Seerouten waren dann eine Alternative. Beide Transportmöglichkeiten blieben aber teuer und risikoreich, weshalb *Staaten und Fürsten* eine Rolle als Unterstützer zukam, die sie sich durch direkte Gewinnbeteiligungen honorieren ließen.

8.1 Die Anfänge des Welthandels

Ein interessantes Lesestück zum frühen Welthandel enthält die Bibel im Buch Könige (9 und 10). SALOMO von Jerusalem hatte durch seine ambitiösen Bau- und Entwicklungsprogramme sein Land überfordert und verschuldet. Seine Verpflichtungen gegenüber König HIRAM von Tyrus wollte er durch eine Gebietsabtretung loswerden, worauf aber der schlaue Phönizier nicht einging. Statt dessen überredete er SALOMO zur Ausrüstung einer Flotte auf dem Roten Meer, die mit einer wohl israelitischen Streitmacht in einer schnellen Expedition nach Ophir Gold holte. Allein SALOMOS Anteil waren 420 Talente, d.h. rund 950 kg. NITSCHE (1953, S. 4) argumentiert, daß sich eine solche Menge, wozu ja noch die Anteile Hirams und der anderen Teilnehmer kämen, in kurzer Zeit weder durch Handel oder Bergbau, sondern nur durch Plünderung beschaffen ließe. Die Bibel verschweigt dies, doch ist in diesem ersten Bericht von Handelswaren keine Rede.

Mit ihrer neuen Kapitalbasis wandten sich beide Partner sodann Handelsfahrten nach Tarschisch (Südspanien?) und Ophir zu. Postwendend reagierte die Konkurrenz in Südarabien und schickte eine von der schönen BILQIS geführte Handelsdelegation nach Jerusalem. Diese hatte wohl die Aufgabe, SALOMO davon zu überzeugen, daß es für ihn lohnender wäre, südarabischen Weihrauch mittels der damals neuartigen Kamelkarawanen zu beziehen und nach Phönizien weiterzuverkaufen. Die Sabäer konnten sich dabei ausrechnen, daß SALOMO keinen solchen Karawanenverkehr zu organisieren vermochte, also zu cif-Konditionen kaufen müßte. Wohl aber konnten HIRAM & SALOMO neue Märkte für Weihrauch im Mittelmeergebiet erschließen. Dieser Vorschlag war mit einem beträchtlichen Kredit von über 300 kg Gold und Edelsteinen verbunden.

Diese Geschichte wird hier absichtlich in moderner Sprache erzählt, weil sie in allen Teilen modern ist. Selbst der Versuch, einen maroden Staat durch einen Überfall auf den reichen Nachbarn zu sanieren, wurde erst 1991 wiederholt. SALOMO hatte mehr Erfolg als SADDAM HUSSEIN. Sein Handel brachte reichen Gewinn. Gold wurde in seinem Land zum Währungsstandard, also zur Hartwährung. Die neue Weihrauchstraße durch Arabien blieb für 1500 Jahre ein wichtiger Welthandelsweg, bis der Sturz der alten Götter auch den Weihrauchmarkt zusammenbrechen ließ.

Insgesamt entstanden im Vorderen Orient Dutzende von Handelswegen über Land und über See, die vermutlich alle gut organisiert waren, wie dies ja auch Carsten NIEBUHR (1774) feststellen konnte. Sie verknüpften Indien mit den vorderasiatischen Kulturen, dem Mittelmeerraum und bezogen auch Zentralasien, Nord- und Ostafrika in ihre

Netzwerke ein. So mancher seltsame Bericht aus der Antike findet unter handelsbezogenen Gesichtspunkten plausible Begründungen. Etwa die Expedition der Pharaonin HATSCHEPSUT nach Punt, die Umseglung Arabiens zur Zeit des Achämenidenkaisers DAREIOS, die möglicherweise erfolgreiche Afrikaumseglung über Auftrag des Pharao NECHO, wie auch karthagische, persische und griechische Expeditionen im afrikanischen und atlantischen Raum. ALEXANDER DER GROSSE marschierte auf den landseitigen Handelswegen von Indien nach Babylon zurück, während gleichzeitig sein Admiral NEARCHOS die Schiffsroute erkundete. Die Ptolemäer in Ägypten, für die der Transport auf der Weihrauchstraße und die Vermittlerprovisionen der Südaraber wohl zu teuer geworden waren, ließen in Alexandrien von ihren Gelehrten das Problem der monsunalen Schiffahrt direkt nach Indien studieren, wofür HIPPALOS um 120 v. Chr. die Lösung fand. Gerade rechtzeitig, da in Nordindien ein hellenistisches Kolonialreich als Handelspartner entstanden war.

Im gesamten Orient spielte zu Land und zur See der Transithandel eine große Rolle. Daher ließ der frühe Welthandel an diesen Routen *neutrale Emporien* und städtische Handelsplätze aufblühen. Dilmun haben wir schon kennengelernt, unweit davon lag Gerrha. Am Eingang des Roten Meers finden wir Aden. Als Gegenstücke am Mittelmeer sehen wir Sidon und Tyrus. An den weniger von den Staaten kontrollierbaren Schleichwegen durch die Wüste konnten Petra, Palmyra, Hatra und später Mekka blühen. Vielfach wurden solche Plätze wieder aufgegeben, wenn sich politisch bedingt die Handelsrouten verlagerten.

Bemerkenswert ist bereits für die antike Weltwirtschaft die Ausbildung *spezialisierter Produktionsgebiete* für weltmarktgängige Waren, also von Peripherien, deren Existenz vom Export abhängig wurde. Dies galt sicherlich für das Weihrauchland Dhofar, das Kupferland Magan und das Silberland Tarschisch. Im besonderen treten die Zentren der Eisengewinnung hervor, da hierfür sehr viel Holz als Betriebsstoff erforderlich war und man eine Eisenverhüttung in waldlosen Gebieten nicht aufrechterhalten konnte. Das nordöstliche Kleinasien, Meroe im Niltal, Elba und die Etruskerstädte in Italien wie auch das norische Eisenrevier in Kärnten sind hier anzuführen. Fernhandel mit Massenwaren, Wein und Olivenöl gegen Getreide aus der heutigen Ukraine kennzeichnet das Handelssystem der Athener. Zur Römerzeit erhielt der Getreideexport aus Ägypten und Nordafrika als Staatshandel neue Dimensionen.

Die Städte im Zentrum solcher Handelsnetze zahlten mit ihren Gewerbeprodukten, worunter purpurgefärbte Gewänder aus Phönizien, Papyrus aus Ägypten oder Götterbildnisse aus den Werkstätten von Korinth ihren Weg auch in ferne Peripherien fanden. Die Großreiche der Antike zeigen eine aus handelspolitischer Sicht verständliche Expansionstendenz. Ging es doch darum, komplette Handelsnetze samt den damit verbundenen Einnahmen in die Hand zu bekommen. Besonders aufschlußreich ist in dieser Hinsicht das Weltreich der Achämeniden, das vom geographisch deckungsgleichen, aber in handelspolitischer Hinsicht ergänzten Alexanderreich abgelöst wurde.

8.2 Das Zeitalter der Kamelkarawanen

Am Ende der Antike zerbrach so manche Tradition der Handelswelt. Folgenschwer wurde die nun durchgehende Ablösung des Wagenverkehrs der Römerzeit durch die Karawanen, getragen von der Ausbreitung des Kamels und des Dromedars als Trag- und Reittiere, vorangetrieben durch die Expansion der Araber and anderer zum Islam bekehrter Nomadenvölker. BULLIET (1990) betont, daß sowohl die Fahrstraßen der Römer wie auch viele Routen der See- und Flußschiffahrt dadurch obsolet und verlassen wurden.

Die Karawanen brachten im verkehrswissenschaftlichen Sinne (VOIGT 1973) sowohl Schnelligkeit wie auch Massenleistungsfähigkeit. Sie waren billiger durch niedrige Betriebskosten und sicherer dank der Anwendung eines weiträumig einheitlichen, handelsfreundlichen Rechtssystems auf der Basis der Scharia und der Handelsusancen von Mekka (ABU CHACRA 1991). Islamische Gelehrte und Geographen reisten problemlos von einem zum anderen Ende der islamischen Welt, Kaufleute fanden in allen Städten die gleichen Hilfseinrichtungen und Handelsmöglichkeiten.

Das Handelsnetz des Karawanenzeitalters weitete sich über die gesamte Trockenzone der Alten Welt aus. Seine Routen wurden dank der Genügsamkeit der Tiere von den dichter besiedelten Gebieten unabhängig und konnten abseits von diesen durch Wüsten und Steppen führen, womit man auch den Zöllnern und der Willkür der Stadtherrscher entging. Nomaden waren als Begleiter und Züchter der Transporttiere, oft auch direkt als Frächter und Händler in die Geschäfte einbezogen und hatten von diesen keinen Nutzen, wenn sie deren Ablauf als Räuber störten. Die straffe Disziplin und ein freihändlerisches Abgabenregime während der Mongolenzeit brachten die höchste Vollendung dieser *kontinentalen Weltwirtschaftsregion*, so daß die südlichen Peripherien Asiens ihren Seehandel zum Teil verloren.

Güterferntransport mit Kamelen kann über weite Distanzen auch von Bauern und Nomaden betrieben werden. Dies machte zentrale Orte als Dienstleistungsplätze vielfach entbehrlich. Im gesamten Bereich des Karawanenhandels dünnte das Städtenetz gegenüber der Antike aus und beschränkte sich auf wenige, dafür aber meist *große Handelsplätze*. Diese Städte hatten viele Handelspartner und zeigten eine ebenso internationale Zusammensetzung ihrer Bevölkerungen. Die Struktur dieser orientalischen Städte und das Zusammenwirken von Basaren und den Handelshöfen des Karawanenverkehrs (khan oder funduq) waren in den letzten Jahrzehnten Objekte intensiver geographischer Forschung (WIRTH 1974, DOSTAL 1979, ESCHER und WIRTH 1992). Die Endpunkte der Karawanenwege lagen am Rande der dichter bewohnten, feuchteren Klimagebiete. Solche Plätze waren im Osten Europas Nischni Nowgorod, Kiew und Konstantinopel, in Afrika Chartum/Omdurman und Timbuktu, in Indien Delhi und in China vor allem Peking, das in der Mongolenzeit Cambaluc genannt wurde, was vielleicht auf tatarisch Khan Balik oder *große Karawanserei* heißt.

Seehandel blieb in der Mongolenzeit nur dort vorherrschend, wo ein Landtransport durch Regenzeiten unterbrochen oder geographisch zu allzu großen Umwegen gezwungen gewesen wäre. Daß ein Marco POLO auf seiner Rückkehr den Seeweg zwischen China und dem Golf wählte, war vielleicht weniger aus handelsbezogener Überlegung, sondern weil er eine mongolische Prinzessin in den Iran begleitete. Zwischen Indien, Südostasien, Ostafrika und Arabien gab es allerdings keine Alternative zur Schiffahrt. Diesen Handel betrieben Araber, oft Nomadenabkömmlinge, die sozusagen Karawanenhandel mit anderen Mitteln betrieben. Diese Seefahrer wandten sogar die Navigationstechniken der Wüste auf See an, lange Lerngedichte, welche die Merkzeichen der Küsten und Inseln und die Stellung der Gestirne enthielten.

8.3 Handelsketten und Stützpunkte

Eine der Handelsketten des voreuropäischen Welthandels wurde in Kapitel 4.3 skizziert. Derart lange Ketten und ihre Routen konnten natürlich nicht von einzelnen Kaufleuten über ihre gesamte Erstreckung durchgehend bedient werden, sondern zerfielen in Segmente, an deren Endknoten jeweils die Waren an andere Kaufmannschaften übergingen.

8.3 Handelsketten und Stützpunkte

Kaufleute waren also *weniger mobil* als ihre Waren. Dies wird aus ihrer Rechtsstellung erklärlich, da sie ja an einem fremden Handelsplatz Sicherheit nur durch Verwandtschaft, Glaubensbruderschaft, Gastfreundschaft oder königlichen Schutz erlangen konnten. Niemand aber hätte an Gastfreunden Interesse, mit denen man keine Geschäfte machen kann. Reiner Transit durch ein fremdes Gebiet war immer in weitaus größerem Maße dem Räuberunwesen ausgesetzt als das reguläre Geschäft mit bekannten Partnern zwischen benachbarten Handelsplätzen. Reiste der Kaufmann persönlich mit seinen Waren, um selbst die Geschäfte vor Ort mit seinen Partnern abzuschließen, so durfte die mitgeführte Menge wegen des großen Risikos nicht allzu umfangreich sein. Dies wieder machte die Waren teuer und setzte hohe Handelsspannen voraus.

Auch Fernhandelskarawanen konnten nicht groß sein und gingen anders als die dem Personenverkehr dienenden Pilgerkarawanen selten über einige hundert Tiere hinaus. Die Schiffsgrößen blieben den Kapazitäten der Karawanen angemessen. Mehr als 100 t Ladefähigkeit waren selten. Entsprechend limitierte sich auch der Kapitaleinsatz eines Kaufmanns, dessen Risiko er darüber hinaus durch kleine Beteiligungen an einem Karawanen- oder Schiffstransport weiter zu streuen trachtete. Diese technischen Beschränkungen und organisatorischen Vorkehrungen verhinderte eine Verbilligung der Leistung über *Economies of Scale*.

Aus den Handelskonditionen resultiert ein weiterer wichtiger Umstand, der für den frühen Welthandel wichtig war. Wer begehrte Waren bei seinem ausländischen Partner *fob einkaufen* muß und seine eigenen Retourwaren mitbringt, wird warten müssen. In unserem Beispiel in Abb. 4 hätte dies für die Venezianer in den Levantehäfen gegolten. Wartezeiten konnten sehr lange sein, wenn der Transport saisonal unterbrochen ist. Es wurde dann Zwischenlagerung der Waren nötig, und Lager müssen gesichert werden. Aus diesem Grunde mußten die Kaufleute in der Fremde einen *besonderen Rechtsstatus* für sich und ihre Waren anstreben. Die Kontore der Hanse waren solche Plätze, ebenso der Fondaco dei Tedeschi in Venedig als die Herberge der deutschen Fernhändler. Ihnen entsprachen im gesamten Verbreitungsgebiet des Karawanen- und Seehandels Funduqs mit Sonderrechten für ausländische Kaufleute, welche die Stadtherrscher zugestanden, um mehr Händler und Gütervolumen in ihre Städte zu ziehen.

War die Rechtssicherheit am fremden Platz dennoch ungewiß, so erwiesen sich feste Mauern, gesicherte Tore und eine bewaffnete Mannschaft als hilfreich. Solche Niederlassungen kennen wir bereits aus dem

3. Jahrtausend v. Chr. unter dem Namen „karum" als Stützpunkte assyrischer Kaufleute in Kleinasien. Phönizier suchten für ihre Plätze exterritorialen Status, wie ihn die Gründungssage von Karthago schildert. Solche Einrichtungen prägten die vorrömische Handelswelt im Mittelmeerraum. Sie entstanden, wo immer Kaufleute unter vorherrschenden fob-Bedingungen Handel betreiben mußten.

Das gesamte Mittelalter hindurch unterhielten Venezianer, Genuesen, Pisaner und Ragusaner kaum gestört durch Glaubensunterschiede und die Kreuzzüge ihre Niederlassungen in den Küstenstädten der islamischen Welt am Mittelmeer und Schwarzen Meer. Oft waren dies autonome Stadtbezirke unter ihren eigenen Consules. Dem stand von islamischer Seite wenig Vergleichbares an den europäischen Gestaden gegenüber, wenn es auch in Venedig einen Fondaco dei Turchi gab. In größerem Umfang wären islamische Handelskolonien in europäischen Häfen auch nicht erforderlich gewesen, da die Europäer cif lieferten.

Andererseits unterhielten die Araber zahlreiche Handelskolonien und Faktoreien in Ostafrika und Südostasien, wo sie ihrerseits zu fob-Konditionen einkaufen mußten, um die eigentlich begehrten Waren zu erhalten. Aus den gleichen Gründen richteten später die Europäer in Ländern alter Kultur und in den Rohwaren liefernden Überseeländern Handelsstützpunkte ein, von denen sich viele später zu den Mittelpunkten von Kolonialreichen ausweiteten.

8.4 Das Ende des alten Welthandels

Die oben angesprochenen Handelsketten waren lange und mögen auch noch mehr Zwischenglieder als in unserer Abb. 4 enthalten haben. Dies verteuerte die Waren und verlockte zur Ausschaltung der Zwischenglieder durch direkte Handelsbeziehungen. Nach NITSCHE (1953, S. 239) entsprach im ausgehenden Mittelalter ein Pfund Safran einem Pferd, ein Pfund Zucker drei Schweinen, was heute etwa 1000 Mark wären, ein Lot (15,6 Gramm) Muskat mehreren Ellen Tuch. Als 1506 die erste große Pfefferladung auf dem Weg um das Kap nach Lissabon gelangt war, betrug der Preis in London nur mehr die Hälfte von dem, was vorher die Venezianer in den Levantehäfen zu zahlen gehabt hatten. Gemäß unserer versuchsweisen Berechnung wären dies 300% des Molukkenpreises gewesen. Dies galt dazumal auch als eine Art ökonomisches Wunder.

Die Preisrelationen entlang der Handelskette waren selbsverständ-

8.4 Das Ende des alten Welthandels

lich Venezianern und Portugiesen schon vor der Entdeckung des Seewegs nach Indien bekannt gewesen. Dies hatte sich jedoch nicht ändern lassen, solange den Christen die Macht fehlte, sich den antiken Indienweg wieder zu öffnen.

Dank der großen Reduktion der Transport- und Handlungskosten lohnte es sich für die Portugiesen in den 20 Jahren nach der Landung Vasco da Gamas in Kalikut, in einer einzigartigen Gewaltaktion das gesamte Handelssystem des Indischen Ozeans bis zu den Molukken und weiter nach China und Japan auf ihre Seeroute umzulenken. Sie konnten zwar den auf Vorderasien gerichteten Handel der Araber nicht sogleich ablösen, doch sicherten sie sich dessen Kontrolle und Besteuerung durch die Okkupation der strategisch wichtigen Handelsplätze, die sie durch mächtige Festungen sicherten. Aus einem Städte und Länder verbindenden Fernhandel wurde der Handel der Orientalen zu Land und zur See zu einem *Zubringerverkehr* zu den jeweiligen Stützpunkten der Portugiesen. Später griffen ihre niederländischen, britischen und französischen Konkurrenten zu den gleichen Mitteln.

Im Norden Eurasiens vollzog sich wenig später eine ähnliche Umstellung. Chinesische Ware kam früher über die Seidenstraße nach Zentralasien und weiter in den Iran. Von dort führten alte Handelswege nach Astrachan und Sarai an der Wolga und dann stromaufwärts nach Rußland, von wo sie über Nowgorod und Riga zur Ostsee oder nach Archangelsk am Weißen Meer gebracht wurden. Nach dem Vorstoß der Russen durch Sibirien und der Einigung mit dem Mandschu-Reich über einen Grenzhandelsplatz in Kjachta südlich Irkutsk wurde der *Sibirische Trakt* zum neuen Handelsweg. Er lag außerhalb der Reichweite der islamischen Kaufleute Zentralasiens. Noch heute sprechen wir von russischem Tee, seit Kaufleute in Moskau diesen Handel den Tataren abgenommen hatten.

Die Folgen dieser *doppelten Umlenkung* für die Region des altweltlichen Karawanhandels waren verheerend. Seine Profite sanken ebenso wie das Handelsvolumen. Wie in solchen Verfallsperioden verständlich, setzte bald organisierte Räuberei durch die nunmehr beschäftigungslosen Nomadenstämme ein. Die Staaten aber wurden mangels Einnahmen zu schwach, um für die Sicherheit der Handelswege zu sorgen oder sich selbst gegen die Ansprüche der Kolonialmächte zu behaupten. In den Städten fehlte das Geld für den Bezug wertvollerer Rohwaren und schrumpften die Märkte ihrer Gewerbeerzeugnisse. Statt in ihrem Umland Baumwolle, Zucker, Safran, Rosen, Wein und Maulbeerkulturen zu pflegen, fielen die Bauern auf eine unergiebige Getreidewirtschaft zurück, bei der sie zwar ihre Produkte nach alten Regeln aus besseren Tagen mit den Grundbesitzern teilten, aber nun kaum mehr die eigene Ernährung sicherstellen konnten.

Der Kernraum der alten Welthandelsregionen sank durch die Umlenkung der Fernhandelsströme zu einer zerfallenden Peripherie ab, der später Eisenbahn und Dampfschiff auch die letzten noch lukrativen Handelsverflechtungen nahmen.

9. DER WELTHANDEL IM EUROPÄISCHEN ZEITALTER

Die Eroberung der Ozeane machte den Welthandel wirklich weltumspannend, indem nun alle Weltwirtschaften in regulärem Austausch verknüpft wurden. Seine Herren waren die Europäer, so wie früher die Muslime Herren des Karawanenverkehrs gewesen waren. Ihre Institutionen und Techniken wurden nun bestimmend. Offenbar konnten diese Innovationen in Handel und Seefahrt von den anderen Kulturen wegen der Unterschiede der gesellschaftlichen Strukturen nicht aufgegriffen werden, so daß sie alle nur die passiven Opfer oder Nutznießer der neuen Situation blieben. Die ozeanische Schiffahrt hatte die Lagerelationen von Kontinental- und Meeresräumen topologisch umgestülpt. Extreme Peripherien auf Halbinseln, Inseln und Küsten erhielten plötzlich die Funktion von Handelszielen und Kreuzungspunkten der Welthandelsrouten. Die Standorte der Kaufleute und der Umschlagsplätze verlagerten sich fast durchwegs in Seehafenstädte. Alte Binnenmetropolen wurden ausgeschaltet, und frühere Transkontinentalrouten durch kürzeste Wege zum nächsten Seehafen abgelöst. Jede dieser Hafenstädte aber konnte nun ihrerseits zu allen anderen Häfen in diesem Netz potentiell direkte Kontakte aufbauen. Dazu kam es jedoch nicht, weil nunmehr den Staaten eine starke Stellung zufiel, die sie während dieser gesamten Epoche von den Entdeckerfahrten bis nach den beiden Weltkriegen nicht mehr aufgaben.

9.1 Flagge und Handel

Die entscheidende erste Frage muß von der alleinigen Rolle der europäischen Schiffahrtsnationen auf den Weltmeeren ausgehen. Warum wurden weder Inder noch Muslime und Chinesen jemals auf See zu Konkurrenten, obgleich Wissen und Technik durchaus auch ihnen zugänglich gewesen wären? Als Seefahrer waren maghrebinische Korsaren eine reale Gefahr für christliche Handelsschiffe im Mittelmeer und im Nordostatlantik. Dennoch zeigten weder Marokkaner noch Türken irgendwelches Interesse an den für Spanier und Portugiesen so lukrativen Überseegeschäften mit der Neuen Welt und dem indischen

Raum. Die Gründe dürften in einigen Besonderheiten der europäischen Entwicklung zu suchen sein, die sich in anderen Kulturen nicht nachahmen ließen.

Wie bekannt waren die Kreuzzüge letztlich ein politischer und militärischer Fehlschlag gewesen, hatten aber gleichzeitig zum Aufblühen von Handel und Städten geführt. Der Lerneffekt war sehr groß gewesen. Wiederholt waren große Flotten aus dem Nordwesten Europas ins Mittelmeer gesegelt und hatten bewiesen, daß der einst so gefürchtete Ozean befahrbar war. Man hatte gelernt größere und hochseegängige Schiffe zu bauen, die den Galeeren des Mittelmeers weit überlegen waren. Als die Handelsrouten vom Atlantik ins Mittelmeer durch die Eroberung von Ceuta seitens der Portugiesen (1415) und Gibraltars durch die Kastilier (1462) geöffnet wurden, konnten die Seefahrertraditionen beider Bereiche verschmelzen. Die weniger gebildeten Nordwesteuropäer hatten gelernt die rauhen Meere zu befahren. Die gebildeteren Südeuropäer lieferten die ergänzenden geographischen Theorien und das Know-how des Handels mit fremden Kulturen. Projekte lagen in der Luft, doch sie mußten von jemandem finanziert werden, der bei den großen Risiken auch Geld verlieren konnte. Dies waren nicht die Kaufleute. Die erste Reise des KOLUMBUS wurde bekanntlich von Königin ISABELLA von Kastilien aus der Beute der Eroberung von Granada bezahlt. In Portugal setzte Prinz HEINRICH der Seefahrer seine Einkünfte als Großmeister des Christusordens für seine Expeditionen ein. Entdeckungsfahrten waren sozusagen ein Sport der Könige. Seriöse Kaufleute hätten sich kaum darauf eingelassen. Man mag vermuten, daß es kaum dazu gekommen wäre, hätten nicht die Templer und anderen Ritterorden der Kreuzfahrerzeit neuartige, finanzstarke Organisationen neben der Kirche hervorgebracht. Augenscheinlich fehlten solche Instrumente der *Finanzierung im großen* allen anderen Kulturen.

Mit den Entdeckungsfahrten tritt wie 2500 Jahre zuvor bei SALOMO & HIRAM der Staat als Kapitalgeber und Garant auf den Plan des Welthandels. In Spanien wie auch in Portugal blieb der Handel auch weitgehend in den Händen der Krone. Kaufleute hatten allerdings nach Art heutiger Joint-ventures die Möglichkeit sich daran zu beteiligen, sofern sie die entsprechenden Auflagen erfüllten und Gewinnanteile ablieferten. Dafür hatten sich beide Länder den *Segen der Kirche* geholt. Definitiv teilte dann im Vertrag von Tordesillas der Papst Alexander BORGIA die Welt in eine spanische und eine portugiesische Hälfte. Die Demarkationslinie dieser Konzessionen wurde 1494 am 48. Grad westlicher und 132. Grad östlicher Länge festgelegt. Diese Entscheidung des

9.1 Flagge und Handel

Spaniers Borgia schloß Venezianer, Genuesen, Florentiner, Johanniter, die deutschen Hansestädte, die Seeleute von Olèron oder wer immer noch in christlichen Gewässern Handel trieb von den neuen Überseeländern aus und verwies sie auf Beteiligungen im Rahmen der staatlich sanktionierten Reisen. Erst die Reformation durchbrach dieses päpstliche Tabu und brachte Spaniern und Portugiesen eine protestantische Konkurrenz auf den Hals.

Für gut 100 Jahre aber war der Überseehandel für Außenseiter illegitim gewesen. Wer solchen betrieb, konnte nicht die zugelassenen Stapelhäfen anlaufen, sondern nur die kleineren Landeplätze der Klippschiffahrt. Wer in Übersee erwischt wurde, riskierte die Konfiskation seiner Waren, wenn nicht Schlimmeres. Kaufleute, die sich mit Geschäften in solchen unbekannten oder unsicheren Gegenden befassen wollten, nannten sich in England *merchant adventurers* (NITSCHE 1953, S. 301). Sie mußten sich selbst schützen können. Dies geschah durch größere, bewaffnete Schiffe und durch königliche Freibriefe.

Eine *königliche Charter* oder Freibrief wies abenteuernde Kaufleute als Untertanen eines Herrschers aus und verbürgte für sie jene Rücksichtnahmen, die zwischen den europäischen Staaten in Friedens- oder Kriegszeiten üblich waren. Die Freibriefe ergaben auch einen Rahmen der *Finanzierung,* woraus sich später die Aktiengesellschaften entwickelten, deren Anteile nicht nur von Kaufleuten, sondern auch von Adeligen erworben werden konnten. Damit entstand ein weiteres Instrument, um größere Kapitalmengen zusammenzuführen.

Freibriefe gaben dem Begünstigten in der Regel ein ausschließliches Recht, in einem genau umrissenen Gebiet Handel zu treiben. Zu ihrer Nutzung bildeten sich *Handelscompagnien*. Die früheste scheint die Moskowitische Compagnie in England von 1553 gewesen zu sein. Sie betätigte sich außerhalb der Interessensphäre des Portugiesen im Geschäft mit den Russen via Archangelsk und sandte mehrere Expeditionen zur Suche nach einer nordöstlichen Durchfahrt nach China aus. In voll entfalteter Form traten die Britisch-Ostindische Compagnie von 1599 und die Niederländisch-Ostindische Compagnie von 1602 auf, die mit großen und stark bewaffneten Schiffen ihren Weg nach Indien notfalls auch erzwingen konnten. 1670 wurde die Hudson's Bay Co. eingerichtet, die zwar nur klein war, aber für die Geschichte Nordamerikas sehr wichtig wurde. Das erfolgreichste deutsche Unternehmen war die vom Großen Kurfürsten 1682 gegründete Brandenburgisch-Afrikanische Compagnie. Das Risiko ihres Kapitaleinsatzes ließen sich die Geldgeber durch die Übertragung potentieller staatlicher *Hoheitsrechte* erleichtern. Zwar wurde die Konzession primär für den Handel mit einem fremder Hoheit unterstehenden Küstengebiet ausgestellt. Sie schloß jedoch alle Rechte an dessen Ressourcen ein, die sonst der Krone gehörten, etwa der Bergbau, und garantierte eventuelle Gebietserwerbungen in einem vorerst noch unbekannten Hinterland. Die Compagnien erhielten daneben Hoheitsrechte über die nichtchristliche Bevölkerung ihrer Erwerbungen, durften in Namen ihrer Könige befestigte Plätze anlegen, Truppen aufstellen, Verträge mit einheimischen Staaten schließen, gegen diese auch Kriege führen, Zölle einheben und geeignete Maßnahmen gegen ihre europäischen Konkurrenten treffen. Dies schloß militärische Auseinandersetzungen nicht aus, wobei aber die Mutterländer nach Möglichkeit neutral blieben. Auf diese Weise konnten einige Handelsgesellschaften in Übersee ganze Imperien erwerben.

Als Ergebnis blieb bis ins 20. Jh. ein handelspolitisches System bestehen, welches die Überseekolonien nicht als Teile des Mutterlandes, sondern als mit diesem verbundene, ökonomisch eigenständige Wirtschaftsterritorien unter Verwaltung privater Firmen, später der Kolonialbehörden verstand. Dies begünstigte später den Zerfall der Kolonialimperien in selbständige Staaten, von denen nicht wenige ehemaligen Konzessionsgebieten der Chartergesellschaften entsprechen. Da ausländische Wirtschaftsaktivitäten in den eigenen Kolonien nicht gerne gesehen wurden, trachteten alle Staaten Europas zur Förderung ihres Überseehandels nach dem Besitz eigener Kolonien.

In wirtschaftsgeographischer Sicht ist zwischen Handels-, Herrschafts- und Siedlungskolonien zu unterscheiden. *Handelskolonien* waren die früheste Form, nach mittelalterlichem Vorbild meist nur einfache Faktoreien und Stützpunkte an fremden Küsten. Wenn sie Erfolg hatten, wurden sie zu Sammelpunkten für Waren aus dem Hinterland, Stapelplätzen für die Retourwaren aus Europa und Kontaktstellen zum einheimischen Handel. Hier erfolgte der Break of Bulk zwischen der Großschiffahrt und den kleineren Fahrzeugen des örtlichen Handels. Dafür genügten sehr kleine Territorien. Ihre Lage orientierte sich an Hafenplätzen, die leicht von großen Segelschiffen angelaufen werden konnten, vorzugsweise an Vorgebirgen, Kaps oder auf Inseln. Wichtig war auch die leichte Verteidigung. Die Überlegenheit der Europäer zur See machte es aber unnötig, die bestehenden Hafenplätze des einheimischen Handels direkt zu besetzen. Mit abseits gelegenen Standorten nahm man den einheimischen Kaufleuten auch kein Geschäft weg. Vielmehr profitierten diese vom zusätzlichen Import- und Exportvolumen.

Nicht überall war der *Kontakt zum einheimischen Handel* einfach. Es gab ja gewaltige Unterschiede von Rasse, Sprache, Kultur und Religion. Beim Bezug und Absatz von Waren wurden einheimische Ver-

9.1 Flagge und Handel

mittler eingesetzt. Dies war in China besonders deutlich, weil dort die kaiserliche Regierung den Kontakt ihrer Untertanen mit den Europäern möglichst gering halten wollte. Europäische Importfirmen gaben ihre Waren an *Compradoren* (Ankäufer) weiter, die mit einheimischen Vermittlern, den Schroffs, arbeiteten. Erst letztere leiteten die Waren an chinesische Abnehmer weiter (HELLAUER 1921, S. 263).

Compradoren waren in vielen Ländern eine eigene Kaste. Sie rekrutierten sich nicht aus der einheimischen Bevölkerung, sondern aus christlichen Mischlingsgruppen, Angehörigen verdrängter arabischer oder portugiesischer Kaufmannschaften, Zwischenwanderern aus den Levanteländern und indischen Händlerkasten, die sich im Gefolge der Europäer ausgebreitet hatten. Diese ersparten sich dadurch, in den eigenen Besitzungen mit weniger angesehenen Partnern und im Rahmen fremder Usancen Geschäfte machen zu müssen. Dies erlaubte den Europäern, als Oberschicht nach ihren eigenen Gesetzen und Gewohnheiten zu leben. Nicht wenige dieser Handelsminoritäten sind heute sozial und funktionell in den neuen Staaten gestrandet (dazu BUCHHOLT und MAI 1992).

Von den vielen Handelskolonien der Europäer haben nur wenige bis in unsere Tage überlebt. Zu nennen sind Hongkong und Macao, das längst verselbständigte Singapur sowie bereits an die jungen Staaten angegliedert die malaysischen Straits-Settlements und die indischen Unionsterritorien Goa (einst portugiesisch) und Pondicherry (einst französisch). SCHÖLLER (1984) und PTAK und HABERZETTL (1990) schildern die Geschicke von Macao, das 1557 unter chinesischer Oberhoheit gegründet wurde und der Handelsstadt Kanton (Guangzhou) als maritimes Dienstleistungszentrum vorgelagert war, ohne jemals über seine 18 km² hinaus auf sein Hinterland Einfluß zu gewinnen. In anderen Fällen, und besonders wo dieses Hinterland später erobert wurde, weitete sich der Handelsstützpunkt zum zentralen Ort für das Umland oder gar zur Metropole eines Kolonialreichs aus. Dies ist am deutlichsten in Indien, weil hier die britischen Stützpunkte zu den heutigen Metropolen Bombay, Madras und Kalkutta aufstiegen, während die einst konkurrierenden französischen, portugiesischen und dänischen Handelskolonien kleine Städtchen blieben. In China lösten die europäischen Handelsniederlassungen des 19. Jhs. eine extrem rasche Großstadtbildung in Shanghai, Tientsin und Tsingtau (Qingdao) aus, eine Folge wohl auch des früher postulierten Peripheriewunders.

Herrschaftskolonien entstammen dem Wunsch, die mobilisierbaren Ressourcen des Hinterlands zu okkupieren oder die Erzeugung begehrter Handelswaren besser zu organisieren. In der Regel und mit eventueller Ausnahme der Spanier in der Neuen Welt ging es den Europäern nicht darum, sich als feudale Oberschicht über die einheimische Bevölkerung zu setzen. Die Erzeugung begehrter Handelswaren war oft zu gering für die Ansprüche des Überseehandels, weil die Bauern im Umkreis der Handelsstützpunkte wenig Neigung zeigten, mehr davon zu erzeugen, als sie für den gewohnten Handelsaustausch benötigten. In solchen Fällen wurden ihnen über Abgabepflichten und Steuern in Geld sogenannte *Cash-crop-Systeme* auferlegt, welche die gewünschten Mengen sicherstellten. Dies gelang nicht überall, so kam es in dem eigentlichen Pfefferland Südindien zu keiner Durchsetzung größerer Mengenproduktion.

Die Handelsplätze der Herrschaftskolonien sind zumeist die ursprünglichen Ansatzpunkte an der Küste geblieben, ergänzt durch neue administrative Hauptstädte im Binnenland. Soweit einheimische Handelsplätze vorhanden waren, wurden sie zu nachgelagerten Sammel- und Verteilungsplätzen für die Hafenstädte. Dieses Grundmuster blieb weltweit erhalten.

Natürlich waren viele Herrschaftskolonien auch das Ergebnis des nun schon bekannten Sündenfalls allzu erfolgreicher Kaufleute. Waren einmal Flotten und Söldnertruppen verfügbar, so fanden die Militärs reichlich Gelegenheit sich zu betätigen und eroberten Stück um Stück die Hinterländer. Die Niederländer gingen in Indonesien sehr schnell zur Eroberung über. Die britischen Aktivitäten in Indien begannen in vollem Umfang mit der Schlacht von Plassey 1757, eine Vergeltungsaktion gegen den Nawab von Bengalen, der kurz zuvor 146 englische Kaufleute in einem Gefängnis hatte verdursten und ersticken lassen. Nur die Spanier errichteten in Lateinamerika von Anfang an Herrschaftskolonien auf den Trümmern der nunmehr der kommerziellen Ausbeutung ausgesetzten einheimischen Reiche. Ihre Vizekönigreiche Mexico (Neu-Spanien) und Peru entsprachen geographisch der weitesten Ausdehnung der vorgefundenen Beziehungsnetze des Azteken- und Inkareichs einschließlich handelsstrategischer Ausweitungen, wie dies ähnlich schon für das Alexanderreich festgestellt wurde.

Siedlungskolonien, die Auswanderern eine neue Heimat geben sollten, waren zunächst selten. Die große Zeit der Siedlungstätigkeit in Übersee sollte erst im 19. Jh. kommen, als die einsetzende Industrialisierung in Europa hier den massenhaften Import von Wolle, Getreide und Fleisch notwendig machte. Ihre handelsspezifische Rückverbindung zur alten Heimat ließ flächendeckende Handelsnetze entstehen, die noch heute weite Teile Nordamerikas, Südamerikas, Südafrikas und Australiens prägen, wobei diese Räume als Wirtschaftsgebiete oft wegen der Thünen-

9.2 Die Ausweitung der europäischen Weltwirtschaft

Effekte sehr einseitig blieben. Diese Strukturen hat insbesondere VANCE (1970) in seiner Studie des Großhandels für die USA untersucht.

Zwischen Siedlungskolonien und Herrschaftskolonien stehen die *Plantagenländer* (HOTTES 1991). Für ihre Ausbildung sind die handelsbedingten Größeneffekte ursächlich. Den Großanbau von Baumwolle und Zuckerrohr hatten schon die Venezianer mit untertänigen Bauern auf Zypern und Kreta eingeleitet. Dieses Regime wurde von den Portugiesen auf tropische Gebiete übertragen, als sich herausstellte, daß man solche Waren in Indien und Südostasien nur in viel zu kleinen Mengen erhalten konnte und wohl auch der weite Seetransport für Baumwolle und Zucker nicht lohnend war. Europäische Unternehmer erhielten Konzessionen zur Anlage von Plantagen von ihrer Krone oder den Handelsgesellschaften. Da sich die einheimische Bevölkerung ungern in dieses frühkapitalistische System pressen ließ, griff man schnell auf importierte Zwangsarbeiter oder Sklaven zurück. Der berüchtigte *Dreieckshandel* mit Gewerbeprodukten für Afrika gegen Sklaven für die Plantagen in Amerika, die wieder Zucker, Rum und andere Tropenprodukte nach Europa lieferten, war das traurigste Kapitel der Entfaltung des Welthandels im europäischen Zeitalter, so interessant ein solches Handelsmuster auch sonst sein mag. Nach der Aufhebung der Sklaverei holte man für die Plantagen landlose Pächter aus Indien und China als Kontraktarbeiter. Die Rassenprobleme solcher Länder sind Altlasten der Plantagenwirtschaft.

Den aktivsten Ausbau des Plantagensystems brachte der Zuckerrohranbau auf den Karibischen Inseln seit dem frühen 17. Jh. Dabei okkupierten Briten, Niederländer, Franzosen, Dänen und sogar Schweden die von den Spaniern weniger beachteten Antilleninseln und übertrugen dorthin das portugiesische Plantagensystem. Von hier griff es mit Baumwoll- und Tabakanbau in die Südstaaten der USA aus. Nach der Sklavenbefreiung verfielen auf vielen Inseln die Plantagen. Ersatz für das nun fehlende Angebot wurde auf Kuba, in Süd- und Südostasien, auf Fidschi, Reunion, Mauritius und Hawaii, in Afrika und im spanischen Lateinamerika mit vielen neuartigen Produkten geschaffen.

9.2 Gründe für die geographische Ausweitung der europäischen Weltwirtschaft

Die europäischen Kolonialmächte erwuchsen aus Staaten, die vor dem Entdeckerzeitalter Peripherien oder Semiperipherien einer von Venedig und Genua gesteuerten Weltwirtschaft gewesen waren. Neben den beiden päpstlich privilegierten Entdeckernationen waren dies die protestantischen Nordeuropäer und französische Hugenotten als Herausforderer und erfolgreiche Ausbrecher aus dem hanseatischen Handelssystem. Dazu kommt Rußland als Erbe der Nowgoroder Kaufleute und der Mongolen. Die Gründe aber, warum es in Europa vom 15. Jh. an in mehreren Schüben zu einer so unerhörten Ausweitung der eigenen Weltwirtschaft kam, lassen sich nicht mit einer Trotzreaktion von Peripherien erklären. Vor allem muß man dagegenhalten, daß keine der anderen Weltwirtschaften nach BRAUDEL (1986) jemals so expansiv gewesen war.

Die systematische Ausweitung einer solchen Weltwirtschaft über ihren bisherigen geographischen Handelshorizont hinaus macht nur dann einen Sinn, wenn *neuartige Bedürfnisse* in so großem Umfang auftreten, daß sie aus dem bestehenden Handelsbereich nicht mehr gedeckt werden können.

Für Europa wurde der Bezug der durch die Kreuzzüge in Gebrauch gekommenen indischen Gewürze zum entscheidenden Anstoß. Manche Autoren sprechen von einer Gewürzmanie in Europa. Dies hatte schon seit dem 12. Jh. die Araber angeregt, nach Südostasien vorzudringen, woher bislang in nur geringen Mengen Gewürznelken, Zimt und Muskat gekommen waren. Den Mehrbezug an Gewürzen hatten die Europäer in Edelmetall zu zahlen. Die islamischen Zwischenhändler bestanden darauf um so mehr, als die Päpste ein Embargo auf das strategisch wichtige Eisen und Holz aus Europa erlassen hatten, das zwar vielfach umgangen wurde, dennoch für die islamischen Staaten schmerzlich war. Die arabischen Zwischenhändler hatten ihrerseits in Indien mit Edelmetall zu bezahlen, da sie über keine Waren verfügten, die Indien wirklich benötigt hätte. Auch die großen Anstrengungen der europäischen Handelshäuser im Bergbau konnten den ständigen Abfluß von Zahlungsmitteln nicht kompensieren. In der Folge wurden die Kaufleute immer reicher, während der kleine Adel verarmte und auch das Handwerk der Städte litt. Die unbändige Gier der Konquistadoren nach Gold und Silber wird so verständlicher. Neues Gold läßt sich bekanntlich aus den Horten nichtsahnender, fremder Reiche am schnellsten gewinnen, was *Cortez* und *Pizarro* sehr gut verstanden.

Als Folge bildete sich nach der Umrundung Afrikas durch die Portugiesen ein zunächst einfach *erweitertes Welthandelsnetz* aus. Silber wurde aus Mexico und Peru von den Spaniern nach Antwerpen gebracht, dort übernahmen es die Portugiesen, die damit in Indien und anderswo Gewürzlieferungen bezahlten, die sie wieder über Lissabon nach Antwerpen lieferten. Gegenwaren waren ansonsten Gewerbepro-

9.2 Die Ausweitung der europäischen Weltwirtschaft

dukte aus Europa. Silber kam auch über die Vermittlung der Portugiesen aus Japan über Macao nach Südostasien und als kleiner Strom aus Mexico über die Philippinen dorthin. Darüber hinaus waren Spanier und Portugiesen im 16. Jh. wenig gegangen, und das neue Welthandelssystem hätte eigentlich mit dieser geographischen Konfiguration wieder zur Ruhe kommen können. Eine Marginalie zu diesen Strömen von Edelmetall bringen die Smaragde aus Kolumbien. Während der Jahrhunderte der spanischen Kolonialherrschaft wanderten sie auf den gleichen Wegen wie Gold und Silber nach Indien. Eine kleine Kollektion kann man im Topkapi-Museum in Istanbul bewundern, wohin sie wohl über Zahlungen im Mittelmeerhandel gelangten. In der Bank Melli Iran in Teheran lagern sie kistenweise, Kriegsbeute des persischen Eroberers NADIR SCHAH aus indischen Horten.

Auch die vergeblichen Versuche der protestantischen Nordeuropäer, eine *nordöstliche oder nordwestliche Durchfahrt* durch die Polarmeere nach Indien und China zu finden, hätten Marginalien bleiben müssen, wären sie nicht durch die Entdeckung des Pelzreichtums der nordischen Länder folgenschwerer geworden. Mit dem Wegfall kirchlicher Beaufsichtigung und dank ihrer Handelsprofite konnten sich neben Fürsten und Bischöfen nun auch Kaufleute seltenes Rauchwerk leisten. Kleine Mengen an Zobel- und Nerzfellen waren schon bisher im Zuge eines Wanderhandels aus den jugorischen Landen jenseits des Ural nach Nowgorod gelangt. Nun entstand Bedarf in Amsterdam und London. Die Briten hatten 1553 den Direkthandel mit Moskowitien aufgenommen, 1586 überschritten Kosaken unter JERMAK den Ural, und schon 60 Jahre später hatten die Russen bis in den fernen Osten Asiens das Pelzgeschäft organisiert. In Nordamerika setzte der Pelzhandel 1608 mit der Gründung von Quebec durch die Franzosen, gefolgt wenig später 1615 von den Niederländern in Neu-Amsterdam (New York) ein. Von hier kam Biber und Blaufuchs. Das Vordringen in Nordamerika war langsamer, da es hier keinen *Ultima-Thule-Effekt* gab, wie er den Russen in Sibirien zugute gekommen war. Immerhin erreichten amerikanische Pelzhändler 1811 den Pazifik und trafen hier auf die schon etwas früher eingetroffenen Russen.

Der *Pelzhandel* brachte eine ebenso große Ausweitung der Handelsnetze und der geographischen Weltkenntnis wie die Gold- und Silberbeschaffung und das Gewürzgeschäft. Er ist aber insofern wichtiger, weil er das Innere weiter Kontinentalräume der europäischen Weltwirtschaft anfügte, die man sonst wohl nur von den Küsten her flüchtig erkundet hätte.

Damit stellt sich die Frage, welche gesellschaftlichen Wandlungen seit der Renaissance in Europa fortlaufend güterbezogene Innovationen auslösten, und warum dies anderen Kulturen in diesem Ausmaß fehlte? Diese Antwort kann heute noch nicht gegeben werden. Es kann nur betont werden, daß derartige innovative Schübe weiterliefen und weiterlaufen. Sie brachten im 17. Jh. die Erschließung der Karibik für die Zuckerplantagen, dann des Südens der USA für den Baumwollanbau und Brasiliens für den Kaffee. Obgleich es sich dabei nicht mehr um völlig unbekannte Räume handelte, so bewirkten doch erst diese Erschließungsphasen den Ausbau von Siedlung und Handel in bisher völlig unbedeutenden Ländern. Zu weiteren Ausweitungen wurde der siedlungskoloniale Ausbau der Getreideexportwirtschaft, zuerst in Südrußland, dann in Nordamerika, am La Plata und in Australien. Ganz ähnlich die Expansion der Wollschafzüchter in Patagonien, Australien, Neuseeland und Südafrika oder der Kautschukboom im Amazonasgebiet. In jüngster Zeit bewirkt die unaufhaltsame Ausweitung der Erdöl- und Erdgaswirtschaft die Neubildung von Wirtschaftsstrukturen und Handelsnetzen in vorher kaum genutzten Peripherien.

Dieser Vorgang ist offensichtlich noch nicht abgeschlossen. Er sollte auch nicht zur Ruhe kommen, solange es auf der Welt noch die Muster des maritimen Weltwirtschaftsraums nach OTREMBA mit ihren großen, unterentwickelten Binnenperipherien in Afrika und Zentralasien gibt. Nur durch neue Güter- oder Handelsbooms könnten diese aus ihrer Misere erlöst werden. Nicht unmöglich erscheinen heute Expansionen der Nutzung in Polarregionen, die Tiefsee und den interplanetarischen Raum, sollte von dorther etwas Brauchbares zu holen sein.

Bei den Erklärungen der europäischen Expansion wird die Handelsseite gegenüber politischen und technischen Faktoren vernachlässigt. Es ist jedoch evident, daß Überseebesitzungen ohne Handelsprofite keinen Nutzen bringen. Daher wäre immer auch danach zu fragen. Es läßt sich freilich nicht immer genau sagen, ob die Flagge dem Handel oder der Handel der Flagge folgte. Sicher ist lediglich, daß ohne die Unterstützung durch die Staaten eine handelsbezogene Expansion der europäischen Weltwirtschaft viel langsamer und trotz der Nachfragebooms unvollständiger gewesen wäre. Im Hintergrund wirkten stets die Kirchen, deren weltweiter Missionsauftrag sich aller Instrumente zur Durchdringung der Ökumene bediente.

9.3 Außenhandelstheoretische Rechtfertigungen

Die feste Verbindung von staatlicher Politik und Kaufmannstätigkeit seit dem Entdeckerzeitalter fand zuerst in den Thesen der *Merkantilisten* einen Niederschlag, der das als unbeabsichtigtes Ergebnis entstandene Welthandelsregime rechtfertigen sollte. Die politische und militärische Macht eines europäischen Staates hing noch sehr wesentlich von seinem Reichtum an Zahlungsmitteln, also Edelmetall, ab. Nach merkantilistischer Auffassung müßte die Handelspolitik daher trachten, einen Zufluß von Edelmetall herbeizuführen bzw. den Abfluß aus dem Staatsgebiet zu verhindern.

Kolonien waren dazu ein probates Mittel, soweit man nämlich von dort Waren beziehen konnte, die man sonst mit Gold und Silber hätte bezahlen müssen. Solche Kolonialprodukte vor allem aus Plantagenkolonien waren wegen des Wegfalls von Zwischenhändlern auch billiger, und man konnte dafür eigene Gewerbeprodukte liefern. Um dies sicherzustellen, waren alle europäischen Kolonialmächte bestrebt, die Konkurrenten aus ihren jeweiligen Besitzungen fernzuhalten und den Handel mit dem Mutterland eigenen Kaufleuten vorzubehalten. Vielfach wurden den Kolonialbewohnern sogar der Bezug von Lebens- und Genußmitteln nur über das Mutterland gestattet. Die berühmte Boston Tea Party von 1773 als Ausgangspunkt des amerikanischen Unabhängigkeitskrieges zeigt das Ausmaß dieser Lenkung des Handels durch den merkantilistischen Staat. Dazu kamen Verbote der gewerblichen Verarbeitung von Rohwaren, der Mineralgewinnung und Regulationen für den Transport der Handelswaren. Typische für letztere sind die von Oliver CROMWELL 1651 verfügten *Navigationsakte*, welche England erst 1849 wiederaufhob. Mit diesem Instrument wurde der Import ausländischer Waren nach England wie auch der Export englischer Produkte nach Übersee den Schiffen unter britischer Flagge vorbehalten, desgleichen der Transport zwischen allen Territorien in britischem Besitz, also ein generelles Cabotageverbot. In ähnlicher Weise ordneten alle anderen Kolonialmächte ihr Handelsregime (HOTTES 1991, S. 249).

Durch diese Politik kam es zu signifikanten Veränderungen der europäischen Weltwirtschaft. Das *Zentrum der Finanzgeschäfte* wanderte zu den führenden Kolonialmächten, zuerst nach Amsterdam und dann nach London. Periphere Staaten machten ihre Zentren zu Teilmetropolen, unter denen neben Lissabon und Barcelona besonders Paris, Amsterdam, London, Kopenhagen und St. Petersburg hervortraten. Diese Städte lösten die früheren großen Handelsplätze an den europäischen Hauptverkehrsachsen wie Antwerpen, Köln, Lübeck, Augsburg, Nürnberg, Lyon, Venedig und Genua ab. An die Atlantikküste *vorgeschobene Hafenstädte* erhielten eine wichtige Rolle, besonders Glasgow, Liverpool und Bristol in England, St-Malo, La Rochelle, L'Orient, Bordeaux und das neugegründete Le Havre in Frankreich. Staatliche Zersplitterung in Deutschland führte im Merkantilismus zu den vielen Konkurrenzhäfen rund um Hamburg wie Glückstadt, Altona, Harburg, Wilhelmsburg.

Unter den Zentren wiederum hatten die Beziehungen einen sehr eigenartigen Aspekt. Was David RICARDO 1816 zum Methuenvertrag zwischen England und Portugal sagte und als Argument für seine Freihandelsthesen benutzte, hatte in Wirklichkeit wegen der merkantilistischen Handelspraktiken ganz andere Effekte. Portugal bezahlte nämlich die englischen Tuche nicht nur mit Wein, sondern auch mit den Produkten seiner Kolonien. Diese wurden selbstverständlich auf portugiesischen Schiffen gebracht, aber in Lissabon oder Porto von englischen übernommen. Daher verhinderten diese cif angelieferten und von Portugal frei importierten Tuche und Gewerbeprodukte die Ausbildung dieser Erzeugungen hier. Portugal war nicht mehr als eine *Schleuse*, welche die Produkte des Kolonialreichs auf ihrem Weg nach England und umgekehrt zu passieren hatten. Ab der zweiten Hälfte des 18.Jh. war das Land wieder zur Peripherie, diesmal Englands, abgesunken.

Auch andere Thesen der Außenhandelstheorie, etwa das Faktorproportionentheorem nach HECKSCHER-OHLIN, sind indirekt Begründungen für das eurozentrische Welthandelssystem. Es ist ja evident, daß die Rohstoffländer in Übersee mit reichlichen Naturressourcen, Klimavorteilen und Arbeitskraft Rohwaren hervorbringen können, während die Industrieländer mit ihrem Kapital und Know-how besser die Verarbeitung übernehmen. Daß dies aber nicht so hätte sein müssen, wird weniger beachtet.

Nicht daß irgendwer jemals die Möglichkeit einer Industrieentwicklung in Übersee geleugnet hätte, dies blieb später den Dependenztheoretikern vorbehalten. Jedoch wurde das etablierte Muster als selbstverständlich angesehen und geglaubt. Man hatte in all den Jahrhunderten der merkantilistischen Handelspolitik vergessen, daß der Orient, Indien und China früher vorzugsweise gewerbliche Güter nach Europa geliefert hatten und diese gerade durch die restriktiven Handelspraktiken zurückgedrängt worden waren. Industrieinvestitionen wurden von Europäern in ihren tropischen Kolonien kaum getätigt, selbst wo, wie für die Briten in Indien, Märkte vorhanden gewesen wären. Zu sehr war man gedanklich im merkantilistischen Handelsmuster befangen.

9.3 Außenhandelstheoretische Rechtfertigungen

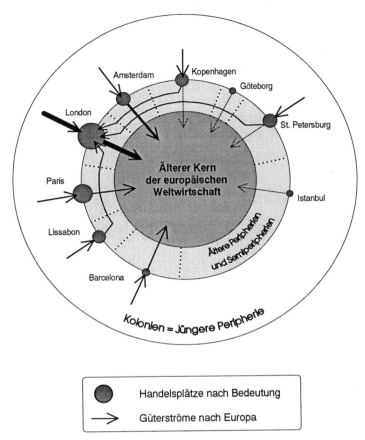

Abb. 8: Modell des europäischen Weltwirtschaftssystems im 18. Jahrhundert.

Daß sich auch nur wenige indische Unternehmer in der Industrie versuchten, liegt wohl auf der gleichen Linie. Sicher trugen zum Entwicklungsstillstand in Übersee, der im Laufe der Zeit in Ländern alter Kultur zum Rückstand wurde, viele andere Faktoren direkt und indirekt bei. Das merkantilistische Denken als grundlegende geistige Verirrung ist wohl hauptsächlich verantwortlich. Es sollte schließlich sogar den Marxismus von innen her zu Fall bringen.

Eine einfache geographische Modelldarstellung des europäischen Weltwirtschaftssystems würde Abb. 8 entsprechen. Aus dem einstigen Kernraum hatte sich im 16. und 17. Jh. der Schwerpunkt in die frühere westliche und östliche Peripherie Europas verschoben. Diese Länder kanalisierten den Handel mit ihren Kolonien durch ihre eigenen Häfen und Metropolen und stiegen zu Semiperipherien, ja zu Kernländern auf. Aus dieser aktiven Peripherie wurde das alte Kerngebiet beliefert, welches zwar aufnahmefähig genug war, aber in innovatorischer Hinsicht langsamer reagierte als die Kolonialmächte. Gemäß merkantilistischen Vorstellungen sollte ein Land möglichst nur verarbeitete Produkte, nach komparatistischem Kalkül vornehmlich Produkte mit hohem Anteil an Kapital und Know-how an der Wertschöpfung exportieren. Beides förderte in den führenden Kolonialmächten die frühe Industrialisierung, besonders in England und Frankreich, wogegen Portugal, Spanien, Dänemark und Rußland eher *Handelsschleusen* blieben und die Niederlande eine Zwischenstellung innehatten. Die Welt dahinter bildete eine buntscheckige äußere Peripherie, welche sich die Kolonialmächte in nationale Segmente aufgeteilt hatten.

Erst die Unabhängigkeit der USA, der vordringende Freihandelsgedanke, der Seefahrt und Handel von merkantilistischen Fesseln befreite, und der industrielle Aufstieg alter Kernländer wie Belgien, Deutschland und Italien durchbrachen dieses Muster. Leider wurde der Umbruch anfangs verdeckt, weil gerade diese Aufsteiger, zu denen sich auch die USA und Japan gesellt hatten, kein eiligeres Ziel kannten, als selbst Kolonialpolitik zu betreiben. Erst langsam brach sich die Erkenntnis Bahn, daß mit der Industrialisierung ein weiterer Umbruch im Welthandel eingeleitet worden war, der die alten Muster obsolet machen sollte.

Wie sehr noch zu Anfang des 20. Jhs. Kolonien als ausschließliche Reservate der Wirtschafts- und Handelsinteressen der Mutterländer angesehen wurden, zeigen die Geschicke der Unternehmungen der Gebrüder Mannesmann in Marokko (OGGER 1982). Um die Bewahrung ihrer Interessen gegenüber Frankreich, welches die zukünftige Kolonialherrschaft über dieses Land beanspruchte, ging es bei der Frage der *offenen Tür* in der Konferenz von Algeciras 1906 und beim *Panthersprung nach Agadir* 1911, über welchen der Erste Weltkrieg um ein Haar schon drei Jahre früher ausgebrochen wäre.

9.4 Geographische Auswirkungen von Freihandel und Staatshandel

Der Welthandel im europäischen Zeitalter scheint in vielen Aspekten staatlich gelenkt, indem den Kaufleuten Richtungen und Ziele vorgegeben wurden. Er unterschied sich natürlich gewaltig von den *staat-*

9.4 Auswirkungen von Frei- und Staatshandel

lichen Außenhandelsmonopolen, wie diese durch die Kriegswirtschaft im Ersten Weltkrieg vorbereitet, von der Sowjetunion 1918 eingeführt und später von den Ostblockstaaten und zahlreichen Drittweltländern nachgeahmt wurden. Man könnte das sowjetische Außenhandelsregime als extremen Merkantilismus bezeichnen, bei dem die Autarkiekomponente überbetont, die exportbezogene Politik aber vernachlässigt wurde. Demgegenüber steht als Idealmodell der *Freihandel,* bei dem private Handelsinteressen durch keinerlei Hemmnisse und Vorschriften von seiten des Staates behindert werden und sie sich bei Beschaffung und Absatz nach den jeweils günstigsten Märkten orientieren, wo immer auf der Welt diese zu finden sein mögen.

Bei reinem Freihandel kann ein Kaufmann seine Waren aus der gesamten Welt auf allen dafür geeigneten Wegen beziehen oder absetzen. Er sähe sich nur durch den Zwang zur Optimierung beschränkt, da er sich nicht auf Dauer auf Geschäfte einlassen dürfte, die ein Konkurrent günstiger besorgen könnte. Die Kontakte zu seinen Partnern werden vornehmlich unvermittelte Direktgeschäfte sein. Damit wird auch sichergestellt, daß die Kosten niedrig bleiben. Generelle Voraussetzung ist die vollkommene Information.

Da sich die Standorte der Kaufleute nach den Handelsfunktionen richten und diese wenigstens teilweise von den Handelsrouten bestimmt werden, muß der Kaufmann individuell über seinen Geschäftssitz entscheiden. Die Zahl der Handelsplätze wird groß sein. Jede bedeutendere Wirtschaftsregion wird ihr eigenes Zentrum mit allen Einrichtungen hervorbringen. Ebenso ist wegen der vollkommenen Vernetzung der Handelsplätze die Zahl der Handelswege sehr groß. Sie sind in ihrer Richtung vielfältig und im Verlauf flexibel. Auf Staatsgrenzen brauchen sie keine Rücksicht zu nehmen, wenn diese keine Barrieren darstellen. Konkret wird die Zahl der Grenzübergänge zwischen benachbarten Ländern dem Städtenetz beiderseits der gemeinsamen Grenze entsprechen.

Die Kaufleute werden systemimmanent eine gewisse Tendenz zur Agglomeration zeigen, wofür die kooperativen Erfordernisse des Handels und der schnelle Zugang zu Informationen entscheidende Faktoren sind. Dies bewirkt die Herausbildung vorrangiger Handels- und Wirtschaftszentren. Diese müssen aber nicht Hauptstädte und Regierungssitze sein, die in manchen Fällen gänzlich ohne Handelsbedeutung bleiben.

Bei staatlichem Außenhandelsmonopol besorgen eine oder mehrere Organisationen der Regierung den Export und Import, wobei sie weniger als Kaufleute, mehr als Beamte und Vollstrecker der staatlichen

Politik agieren. Sie beziehen und liefern Waren im Verkehr mit Partnerländern, zu welchen Handelsbeziehungen opportun erscheinen oder durch explizite Verträge vereinbart sind. Diese müssen nicht die jeweils günstigsten Beschaffungs- und Absatzmärkte sein. Alle Firmen im eigenen Land sind auf diese Einrichtungen angewiesen und deshalb zu indirektem Handel gezwungen, wobei sie nur einen Teil der gewünschten Wareneigenschaften selbst spezifizieren können. *Tauschgeschäfte* zu notorisch erhöhten Kosten gehören zum klassischen Repertoire des Staatshandels (HALBACH und OSTERKAMP 1988, CZINKOTA und RONKAINEN 1988, S. 543 ff.). Die Zahl der Tauschgeschäfte treibenden Länder weitete sich von den 12 COMECON-Staaten bis 1983 auf 88 aus, vor allem wegen ihrer Verschuldung im Gefolge der Erdölkrisen. Aber laut „Petroleum Economist" (März 1993, S. 22) könnten sich die afrikanischen Länder 1,4 Mrd. Dollar im Jahre ersparen, wenn sie beim Einkauf von Erdöl- und Erdölprodukten nicht auf der Einschaltung von Staatsfirmen beharren würden.

Der notwendige Kontakt mit Regierungsstellen zwingt Außenhandelsorganisationen und ihre Partner in die Hauptstadt, womit diese zum alleinigen internationalen Handelsplatz werden kann. Hafenstädte und Torpunkte werden auf rein technisch-logistische Funktionen reduziert. An Informationen ist nur soviel verfügbar, als die Außenhandelsorganisationen bedingt durch die Art ihrer Geschäfte und Partner weitergeben. Aktuelle Preistendenzen, Währungskurse und andere Dinge, die Kaufleute in einem freien Markt wissen müssen, bleiben irrelevant. Da Erzeuger und Nachfrager keine Direktkontakte zu ihren potentiellen Kunden aufnehmen können, erhalten *Messen* eine unentbehrliche Rolle in der Vermittlung von technischem Know-how und allgemeiner Geschäftsinformation (CZINKOTA und RONKAINEN 1988, S. 258).

Die Standorte der staatlichen Außenhandelsfirmen in der Hauptstadt bestimmen auch die Transportwege. Der Weg der Waren muß dann über diese führen, was sie notgedrungen auch zum wichtigsten Platz der Lagerhaltung macht.

Solche Dinge wurden bereits angesprochen, und gewiß finden sich die Modelle von Staatshandel und Freihandel nirgends völlig rein verwirklicht. Besser, ideologisch motivierter Staatshandel kommt dem Modell nahe, während Freihandel gewöhnlich weitab vom Idealzustand bleibt. Man kann aber bei einer geographischen Analyse der Handelsstandorte sehr schnell erkennen, welcher Art von Außenhandelsregime ihre Verteilung entspricht oder besser, während der entscheidenden Entwicklungsphasen entsprochen hatte, denn einmal ausgebildete

9.4 Auswirkungen von Frei- und Staatshandel

Strukturen werden auch nach Umbrüchen remanent bleiben. Weit mehr Länder, als sich jemals zum Staatshandel bekannten, zeigen die vornehmliche bis ausschließliche Konzentration in der politischen Hauptstadt. Darin mögen sich auch offiziell uneingestandene, faktisch aber zwingende Kontaktnotwendigkeiten zu Regierungsstellen äußern. Westliche Firmen in Entwicklungsländern setzen ihre Niederlassungen, Tochterfirmen und Regionalbüros fast nur in den Hauptstädten und deren nächster Umgebung an, von wo sie allenfalls durch besondere Privilegien in Exportwirtschaftszonen wegzulocken sind. Hierin leben die Denkmuster der europäischen Phase des Welthandels unverändert weiter. In einer neueren Untersuchung über Kolumbien und Südkorea zeigt REICHART (1993 b) wie sich alle Haltungen und auch Fehler der staatlichen Handelspolitik in der geographischen Ausprägung von Torpunkten, Städtesystemen und Verkehrsnetzen umsetzen und es dabei zu der unbeabsichtigten und als schädlich empfundenen *Aufblähung der Hauptstädte* auch in sehr armen Ländern kommen kann.

Aus einer anderen Sicht meint JOHNSTON (1989), daß sich Staaten selbst die komparativen Vorteile schaffen, auf welche sich ihr Außenhandel stützt. Am deutlichsten sei dies bei den hegemonialen Weltmächten, die sich große Vorteile verschaffen können. Verlieren sie ihre politische Vormacht, so ist auch die ökonomische weg, was der Zerfall der Sowjetunion bestätigt hat.

10. WELTHANDEL UND INDUSTRIALISIERUNG

Das Industriezeitalter bedeutet einen weiteren Umbruch im System des Welthandels. Die Zusammenhänge zwischen der Entstehung eines Industriesystems und dem Handel sind zwar noch nicht ganz klar. Solche sind aber insofern anzunehmen, als die große Zahl von Kontrakten mit gewissen Mindestlosgrößen auch zum Versuch der Erzeugung in solchen, meist wohl den Schiffsgrößen angemessenen Mengen führen wird und so über das im Handwerk übliche hinausgeht. Dieses Argument der *Economies of Scale* läßt sich symmetrisch durch die Ausbildung des Plantagensystems stützen, das ganz gewiß handelsbedingt war und ebenfalls den Masseneinsatz menschlicher Arbeitskraft brachte. Der Einfluß der Handelsbeziehungen auf die Ausbreitung oder Nicht-Ausbreitung der Industrie in den Entwicklungsländern ist sicherlich noch kontrovers, doch scheint gerade intensiver Austausch den Aufstieg von Schwellenländern zu begleiten oder überhaupt erst möglich zu machen.

Industrialisierung bedeutet jedoch nicht nur eine Veränderung in der Güterproduktion, sondern auch aller mit der Erfüllung von Handelsfunktionen verbundenen Verfahren. Diese erfassen über ständige Innovationen, die mit Dampfschiff und Telegraph einsetzten, das gesamte Welthandelssystem und gestalten es um. Neue Formen und Techniken schieben sich fortlaufend an die Stelle des Alten, ohne dieses sogleich ganz zu verdrängen. In dieser Situation der Gleichzeitigkeit des Ungleichzeitigen kommt es immer wieder zu interessanten Interferenzen und Synergien. Vielleicht liegt das Geheimnis der echten Schwellenländer darin, daß sie sowohl die Erzeugung von Industriegütern meistern als auch die Finessen des Handels mit solchen beherrschen.

10.1 Die Umwertung der Güter und der Kaufmannsaufgaben

Die Bedeutung der Güter im Welthandel ist in raschem Wandel, wie in Kapitel 3 (Tab. 3 und 4) gezeigt wurde. Dieses Bild eines kurzen Zeitabschnitts verdeutlicht die Trends nur ansatzweise. Die einstmals bestimmenden Waren finden sich heute auf Randpositionen zurückgedrängt. Dies gilt insbesondere, wenn ihre Erzeugung wie bei den Ge-

10.1 Umwertung von Gütern und Kaufmannsaufgaben   145

würzen nur schwer ausweitbar ist und auch intensives Marketing nicht zu einer wesentlichen Vergrößerung der Umsätze verhilft. Manche Waren wie Kohle, Eisenerz, Bauholz, Getreide oder Wolle hatten ihre Boomzeiten in früheren Phasen des Industriezeitalters. Die Zunahme der Mengen im Welthandel bleibt heute geringer, da vielfältige Substitutionen möglich geworden sind. Wieder andere rücken in den Vordergrund, wenn in wohlhabenden Ländern ihr Massenkonsum oder -gebrauch einsetzt, jedermann sie sich leisten kann. Kaffee, Zucker, Fleisch und Milchprodukte gehören zu dieser Gruppe ebenso wie die einfacheren Industriewaren wie Textilien, Haushaltsgeräte und Fahrzeuge. Hier ergeben sich immer wieder Sättigungseffekte, die aber einer Nachfragesteigerung weichen, wenn neue Länder ihren Aufstieg beginnen. Schließlich gibt es jene anteilsmäßig vorrückenden Gütergruppen, die eng mit dem Industrialisierungsprozeß selbst und seinem ständigen Modernisierungsbedarf verbunden sind und nicht substituiert werden können, wofür besonders die Büromaschinen stehen.

Dieses quantitativ geschilderte Bild der Warenseite gilt nicht unbedingt auch für die Exportpreise, was jedem Betriebswirt wohlvertraut ist. In Boomzeiten des Marktes für ein Produkt steigen die Preise nur kurzfristig und fallen dann wieder zurück, weil rationellere Produktionstechniken in großem Maßstab eingeführt werden und damit die Einheitskosten sinken. Sie bleiben auch bei nachlassender Nachfrage auf dem niedrigeren Niveau, weil sich höhere Preise dann kaum durchsetzen lassen. Jeder Versuch, sie wieder anzuheben, ruft neue Konkurrenten oder Substitutionsprodukte hervor oder läßt Großabnehmer wieder zur Eigenproduktion zurückkehren. In diesem Zusammenhang ist auch die Leistungssteigerung der Agrarwirtschaft in Europa nach dem Zweiten Weltkrieg zu sehen, die den internationalen Agrarhandel grundsätzlich verschoben hat.

Industrielle Methoden finden mit gewisser Verzögerung in die Handels- und Transporttechniken Eingang. Der *klassische Welthandel* bis zum Ende des 19. Jhs. bezog und lieferte kleine Gütermengen vielfach in Einzelpartien. Diese konnten mit handwerklichen Methoden manipuliert werden, die wir in Dubai noch in Überresten erhalten finden. Soweit diese Waren haltbar und keinem verändernden Einfluß unterworfen waren, durften auch die Handels- und Transportvorgänge langsam ablaufen. Lange Zeit gab es auch keine güterspezifischen Differenzierungen bei Handelsmanipulationen und dementsprechend blieben die Standortbindungen für alle Handelsfirmen ähnlich. Im Industriezeitalter fächern sich alle diese Relationen auf. Im Güterbereich wird nun zwischen Massengütern auf der einen, eilbedürftigen Stückgütern, Maschinen, Ersatzteilen mit hohem Einzelwert, noch eilbedürftigeren Modewaren und Postsendungen deutlich unterschieden.

Dies zwingt zu einer differenzierenden Anwendung moderner Transport- und Nachrichtentechnik und zu Anpassungen der Geschäftsabwicklung. Diese Trennung beginnt schon im 19. Jh. auf den Hauptrouten des Welthandels.

Wenden wir uns zunächst den *Massengütern* zu. Einfache Rohwaren wie Erze, Energieträger und Getreide werden bei fast ausschließlicher Nachfrage durch verarbeitende Industrien in immer größeren Partien gehandelt und transportiert. Dies brachte als Folge die Massengutfrachter, Tanker und Pipelines hervor, die nun nicht mehr die allgemeinen Seehäfen als Umschlagplätze benützen, sondern vielfach firmeneigene Spezialhäfen abseits traditioneller Handelsplätze. Reine Händler sind in solchen Märkten nicht mehr bestimmend. Die meisten Exporteure und Empfänger sind Großunternehmen. Diese mußten sich wegen ihrer quantitativen und qualitativen Beschaffungsprobleme mit Ausschaltung eines vorgelagerten Großhandels in die Rohstoffproduktion vorschieben. Zudem operieren sie als Multis in vielen Ländern. Die großen Erdölkonzerne sind dafür das beste Beispiel, weil sie die gesamte Verwertungskette vom Bohrloch bis zur Raffinerie und auch die Handelskette vom Rohölexport bis zur Tankstelle samt allen Funktionen alleine ausführen können.

Solche Organisationen betreiben Welthandel in großem Umfang. Dieser ist aber ein Teilaspekt der Aktivitäten des Gesamtunternehmens. Die Handelsaufgaben sind dabei in mancher Hinsicht vereinfacht, weil bei diesen *internen* oder *captiven Transfers* die Märkte im eigenen Unternehmen liegen und nicht erst gesucht und erschlossen werden müssen. Transaktionen werden zu internen Konditionen und Verrechnungspreisen abgewickelt, Zahlung und Kredit liegen ebenso wie die Warenqualität im Belieben des Unternehmens. Da damit fast jedes handelsbedingte Risiko wegfällt, könnte man boshaft sagen, die wäre nun kein ernsthafter, sondern nur mehr ein *Pseudo-Welthandel*.

Die Gewinnspannen der großen Organisationen sind keineswegs üppig, da ja auch ihre Konkurrenz ähnlich organisiert ist und die Produkte verschiedener Erzeuger für den Käufer fast austauschbar erscheinen, etwa Benzin verschiedener Marken (vgl. TAYLOR und THRIFT 1983). Es muß sehr scharf kalkuliert werden, und dies wieder bekommen nicht nur die Herkunftsländer der Rohwaren, sondern auch alle kleineren Konkurrenten, Außenhandelsfirmen und Frächter zu spüren. Die massiven Nachteile des industrialisierten Massenguthandels für Kleinerzeuger hat der deutsche Bergbau nach 1960 zu spüren

10.1 Umwertung von Gütern und Kaufmannsaufgaben 147

bekommen. Trotz reichlicher Reserven wurde er bis auf Kohlen, Kali und Öl fast völlig eingestellt.

Bei industriellen Fertigwaren, Investitions- wie auch Konsumgütern muß sich der Handel der *Verkleinerung der Welt* durch schnelle Transporttechniken anpassen. Vielfach sind die Geschäftsabläufe so zeitsensitiv geworden, daß Lufttransporte den langsameren See- und Landweg abgelöst haben. Dieser bietet den zusätzlichen Vorteil, daß er die größten Handelsplätze direkt verbindet, nunmehr auch jene im Binnenland und somit die maritimen Konfigurationen nach OTREMBA überwindet. Im Wechselspiel von quantitativer und zeitlicher Handelsfunktion können dabei gleiche Waren bald wie Massengüter mit Spezialfrachtern, bald als Containerladung oder auch in Einzelposten in Kurierpost befördert, kalkuliert und fakturiert werden, was im Handel mit Automobilteilen üblich ist.

In besonderem Maße ist seit dem Anfang der sechziger Jahre die *Containerisierung* des Stückgutverkehrs zur neuen Problemlösung geworden. HAYUT (1981) und FRANZ und SIEMSGLÜSS (1981) geben einen Zwischenbericht. Mittlerweile ist dieses Transportsystem weltweit durchgebildet. In den infrastrukturell besser ausgestatteten Ländern bieten Containerdienste Haus-zu-Haus-Transportketten, welche den Direkthandel der Industriefirmen erleichtern. In vielen Entwicklungsländern endet die Kette noch im Empfangshafen, wie aus unserem Eingangsbeispiel der Häfen von Dubai zu ersehen war.

Aus der Konfiguration der Erde gingen in jüngster Zeit die *Rund-um-die-Welt-Containerlinien* hervor. Diese Dienste nehmen ihren Ausgang etwa an der Ostküste der USA, laufen dann einen Haupthafen in Europa an, führen weiter durch das Mittelmeer und den Suezkanal nach Südasien bis Singapur. Danach wird ein Haupthafen in China, Taiwan oder Japan angelaufen, der Pazifik überquert und von einem Haupthafen an der Westküste der USA durch den Panamakanal wieder die Ostküste Amerikas erreicht. Der große Vorteil dieser Dienste liegt in der Vermeidung von Rückfrachtproblemen, wie sie sonst bei Pendel- und Kreisverkehren auftreten. Gewöhnlich sind nämlich die Warenströme zwischen zwei Destinationen nach Richtung, Menge und Art der Güter unpaarig. In solchen Fällen sind die Schiffe in einer Richtung unausgelastet. Der kontinuierliche Verkehr rund um die Welt kann solche Ungleichheiten entschärfen. Flugzeug und Containerketten haben Warensendungen vielfach schneller gemacht als den Postlauf. Die Briefpost reicht für die begleitenden Nachrichten und Geschäftsdokumente nicht mehr aus. Telephon und Telefax als raschere Kontakttechniken werden eine weitere revolutionierende Veränderung im Welthandel bedeuten.

Umwertungsvorgänge gehen auch von der politischen Weltsituation aus. Im Industriezeitalter kann sich kein Land mehr Kolonien leisten, und umgekehrt kann ein sich industrialisierendes Land nicht als Kolonie niedergehalten werden. Im europäischen Zeitalter war die Welt recht einfach gegliedert. Abgesehen von einigen Ländern der *offenen Tür* waren Kolonialgebiete nur über die Handelszentren der Mutterländer und dort ansässige Zwischenhändler erreichbar. Hier erscheinen Handelsrouten und Standortmuster geographisch vorgegeben. 1930 hatte Deutschland (laut Brockhaus) mit nur 47 Staaten Handelsverträge, wobei die Kolonialmächte für alle ihre Überseebesitzungen unterzeichneten. Gegenwärtig sind mehr als 180 Staaten international voll handlungsfähig. Dies vermehrt grundsätzlich die Anzahl der Plätze, zu denen Firmenkontakte nötig werden, und viele dieser Länder bestehen sogar darauf, daß die Geschäfte über ihre Häfen und Zentren laufen.

Auch dies begünstigt direkten Handel unter Ausschaltung von Zwischenhändlern in Handelsketten zugunsten eines festen Partners im jeweiligen Zielland. Wo dessen Dienste nicht ausreichen, ist es besser, mit einer Tochterfirma vor Ort präsent zu sein. Bei erklärungs- und wartungsbedürftigen Industrieprodukten ist dies für die Erzeuger wohl ebenso unumgänglich, wie wenn sie ihre Marken und Patente wirksam schützen wollen. Von einer solchen Präsenz her liegt es nahe, auch das Vertriebs- und Servicenetz in eigener Regie aufzubauen. Analog gilt dies für Einkaufs- und Zuliefererbeziehungen, die immer größeren Umfang annehmen.

Der *Welthandel* hat damit über ein breites, vielleicht schon sein breitestes Segment die *Eigenständigkeit gegenüber Erzeugern und Großabnehmern verloren*. An die Stelle der *königlichen Kaufleute* früherer Zeiten treten Angestellte der Außenhandelsabteilungen von im Grunde welthandelsfremden Konzernen am kürzeren oder längeren Zügel ihrer Vorstände. Den *klassischen Welthandelskaufmann* gibt es jedoch weiterhin. Seine Tätigkeiten sind allerdings weit spezieller geworden. Fachleute für einzelne Warengruppen, Länderspezialisten, findige Auftrags- und Kreditvermittler bei Barter- und Kompensationsgeschäften beweisen, daß solche Aufgaben nach wie vor auch dem Einzelkaufmann Chancen geben, die mit hohen Profiten honoriert werden. Über deren wirkliche Höhe sind sich die Auftraggeber wohl selten im klaren. Die verkehrs- und nachrichtentechnischen Neuerungen des 20.Jhs. könnten neben den Angestellten der großen Korporationen einen ganz neuen Typus von Welthandelskaufmann entstehen lassen. Leute, die eigenverantwortlich und durch sofortige Entscheidung ihre Geschäfte führen, wie dies bisher nur im Lokohandel und auf Spotmärkten denkbar war.

10.1 Umwertung von Gütern und Kaufmannsaufgaben 149

Was für Konsequenzen bringt dies für die Standorte von Kaufleuten und die Handelsplätze? Das Agglomerationsbedürfnis der klassischen Händler trifft offensichtlich für keinen der beiden angesprochenen Typen von Akteuren mehr voll zu. Ebensowenig gibt es für sie noch Beschränkungen ihrer Aktionsräume. Wo also wird man in Zukunft die Welthandelsgeschäfte tätigen?

In den modernen Volkswirtschaften sind heute noch, empirisch gesehen, Industriekonzerne, Handelsfirmen, Versicherungs- und Maklerdienste und die Zentralen der Banken in aufsteigender Reihe räumlich agglomeriert. Nur die großen Industriefirmen können es sich wirklich leisten, ihre Außenhandelsgeschäfte von ihren Firmensitzen und Stammwerken aus zu tätigen und ihre Auslandskunden zu sich zu bitten. Dies gilt vor allem dann, wenn es sich um Geschäfte mit ihren eigenen Produkten handelt. Aus diesem Grund und wegen ihrer Marktmacht entsprechen sie auch nicht dem als schwer vorstellbar geschilderten Typus des an seinem Standort isolierten Kaufmanns.

Ausländische Zweigstellen und Tochterfirmen zeigen ein wesentlich restriktiveres Standortmuster. Sie sitzen mit seltenen Ausnahmen in den Hauptstädten oder den wirtschaftlichen Steuerungszentralen ihres Gastlandes. Dies entspricht nicht immer reiner wirtschaftlicher Rationalität, denn die Aktionsorte der jeweiligen Geschäfte können auch in entlegenen Winkeln dieses Landes sein. Vielmehr spiegelt es die sozialen Bedürfnisse der im Ausland eingesetzten Mitarbeiter und deren grundsätzliche Abneigung, auch in den ärmsten Ländern der Welt auf irgendwelche Lebensannehmlichkeiten zu verzichten. Dies hält, wie es scheint, kommunikationstechnisch vielfach schon überholte Standortmuster aufrecht. In extremen Drittweltsituationen ist man dann gar nicht so weit von der Exklavenbildung älterer Faktoreien und Handelsstützpunkte entfernt, nur daß an die Stelle von Mauern und Flaggen elektrische Zäune und die Wimpel der Golfclubs treten.

Die Vertriebsstützpunkte der Direktanbieter müssen dichter gestreut sein und werden auch an zweit- und drittrangigen Plätzen eines Gastlandes nötig, um dessen Markt flächendeckend zu bearbeiten. An solchen Standorten, die keine eigentlichen Welthandelsplätze mehr sind, trifft man mehr und mehr auch ausländische Firmen mit eigenen Niederlassungen an. In Deutschland sind hinter den eigentlichen Steuerungszentralen Hamburg, Düsseldorf, Frankfurt und München besonders regionale Zentren wie Stuttgart, Hannover, Nürnberg und auch wieder Berlin anzuführen. Für Länder mit ähnlichen Marktpotentialen sind vergleichbare Standortmuster der Direktanbieter zu erwarten, aber leider kaum noch studiert. Theoretisch müßte sich aus solchen Studien auch die Schwelle erkennen lassen, ab der ein selbständiger, einheimischer Agent dem ausländischen Firmenangestellten kaufmännisch überlegen ist.

Wenn als zweiter Typus ein selbständiger Welthandelskaufmann genannt wurde, so wäre auch für diesen der Sitz an einem erstrangigen Handelsplatz nicht mehr unbedingt zwingend. Ist er sehr beweglich bei seinen Geschäften, so genügt vielleicht ein kleines Kontor in einer *Steueroase*, einem Touristenort oder sonstwo in angenehmer Umgebung. Nur die Nähe zu einem großen Verkehrsflughafen wird für ihn wichtig bleiben. Ansonsten aber tun Fluggesellschaften, Hotelketten, Mobiltelephon und Computerdienste schon heute ihr Bestes, um ihm überall in der Welt seine Arbeit zu ermöglichen. Im Extremfall könnte er bereits als *moderner Wanderhändler* ohne festen Firmensitz tätig werden. Die technischen Möglichkeiten dafür lassen sich sicher noch weiter verbessern. Freilich verlangt das Steuerrecht aller Staaten einen rechtlichen Firmensitz. Die entgegenkommende Gesetzgebung kleiner Off-shore-Paradiese wird aber auch in dieser Frage einen Ausweg wissen. Vorbilder bieten die Billigflaggen im Reedereigeschäft.

Angesichts solcher Entwicklungsalternativen erhalten die *Fachmessen,* wie sie heute von den führenden Handelsplätzen in immer rascherer zeitlicher Folge ausgerichtet werden, ein zusätzliches Gewicht. Ihre offizielle Funktion mag die Präsentation des Warenangebots und der Novitäten bleiben. Inoffiziell erscheint eine andere Funktion zunehmend wichtiger. Angesichts der geographischen Verstreuung der in einer Branche agierenden Kaufleute stellen solche Messen die noch immer nicht ganz entbehrliche Agglomeration der klassischen Handelsstädte wenigstens vorübergehend wieder her, samt deren Markt für die Informationen.

10.2 Die Triade und GROTEWOLDS Thesen zum Welthandel

Aus dem einstigen europazentrischen Weltbild stammt die Idee von der *einen Welt* als dem Endziel der modernen Entwicklung, worin alle kulturspezifischen und von den Sonderwegen einzelner Gesellschaften bedingten Verschiedenheiten ausgelöscht sein würden, sobald nur einmal die Wohlstandsunterschiede beseitigt wären. Zu ihrem Glück müßte man den Nationen notfalls verhelfen.

Wenngleich man sicher einen gewissen Trend zu einer solchen Vereinheitlichung feststellen kann, so hat doch Kenichi OHMAEs Buch „Macht der Triade" (1985) mit solchen Utopien aufgeräumt. Hier zeigt nämlich

10.2 Triade und GROTEWOLDS Thesen zum Welthandel

ein japanischer Marketingfachmann, daß gerade in den großen, entwickelten Märkten der USA, Japans und Westeuropas beträchtliche kulturspezifische Unterschiede im Design, der Aufmachung und der Werbung für die Produkte für den Absatzerfolg entscheidend werden können.

OHMAE rät aus diesem Grunde den Konzernen, sich in jedem der drei Triadenmärkte als einheimisches Unternehmen mit einheimischen Produkten zu präsentieren. Dies müßte eine Unternehmensorganisation mit völlig selbständigen Tochterunternehmen bedeuten, wobei einheimische Führungskräfte vor Ort die Einpassung in die Besonderheiten der Märkte vornehmen. Japanische Autohersteller in den USA und in Europa setzen mittlerweile höchst erfolgreich diese Triadenstrategie ein.

Die nordamerikanischen und ostasiatischen Triadenländer haben sich also im Laufe dieses Jahrhunderts vom Vorbild der europäischen Industrieländer gelöst und eigene, sehr effiziente Strukturen aufgebaut. Vorderhand werden sie noch von Peripherien umgeben, die man von den Kernländern aus marketingmäßig betreuen und beliefern kann. Aber auch diese werden sich eines Tages emanzipieren. Dazu kommt das wachsende Selbstbewußtsein der anderen Kulturen, das bereits zu ernsthaften Überlegungen im Marketing Anlaß gibt (z.B. ELBASHIER und NICHOLIS 1983, BERRY 1989).

Die *Triade* nach OHMAE besteht zwar aus Kerngebieten auf drei Kontinenten, bildet aber deshalb nicht drei Weltwirtschaften im Sinne von BRAUDEL, sondern nur eine. OHMAE erschien die Frage nach einer Eigenständigkeit des Ostblocks irrelevant. TERLOUW in seiner gründlichen Analyse der Handelsverflechtungen der Länder ist sich nicht sicher und würde sie heute wohl verneinen (TERLOUW 1992, S. 103).

In einer logischen Weiterführung des Triadenkonzepts ergäbe sich ein neues Bild des Welthandels. Bei seiner konsequenten Umsetzung müßte sich der größte Teil des physischen Warenaustauschs bei Industriegütern durch Produktion im jeweiligen Triadenbereich selbst ersetzen lassen, während nach wie vor und weit stärker als bisher die qualitativen Attribute der Waren, repräsentiert durch Muster, Lizenzen, Patente, Konstruktionsunterlagen, Fertigungssysteme, logistische Konzepte und Software aller Art zu den eigentlichen Objekten ihres gegenseitigen Austauschs aufsteigen.

Etwas anders, aber doch in Grundzügen verwandt, ist das Bild, welches Andreas GROTEWOLD (1979, 1993) in seiner *„regionalen Theorie des Welthandels"* zeichnet. Ausgehend von Ansätzen bei LINDER (1961) und PREDÖHL (1971) betont er, daß die entwickelten Industrieländer, welche konkret mit den Kerngebieten der Triade zusammenfallen, vornehmlich Waren austauschen, die in die gleichen Kategorien der internationalen Güterstatistik fallen. Es handelt sich dabei um Waren mit dem gleichen Verwendungszweck, aber von unterschiedlichen Herstellern und differenziert durch Machart, Design und Marke. Derartige Dinge könnten gemäß den Thesen nach HECKSCHER und OHLIN keine Gegenstände eines umfangreicheren Austauschs sein, weil ja Industrieländer nahezu dieselbe Faktorenausstattung haben. Es scheint hier also etwas Neues entstanden zu sein, und daß bei hohem Wohlstand andere Momente für Art und Intensität des Handels maßgeblich werden, womit sich auch HANINK (1988) kritisch auseinandersetzt.

Nach GROTEWOLD, der die Periode von 1953 bis 1973 untersucht, hat der Austausch den eigentlichen Industrieländern von 55,6% auf 69,3% des Welthandelsvolumens zugenommen. Planwirtschaften, Erdölländer und die entwickelten Peripherieländer (z. B. Finnland, Australien, Portugal) konnten ihren Platz mit 19,0 bzw. 18,6% annähernd halten. Dagegen fielen die weniger entwickelten Länder von 22,4% auf 11,8% zurück. Der Austausch zwischen Industrieländern ist damit zum bestimmenden Segment des Welthandels geworden. Eine Nachuntersuchung für die Periode 1975 bis 1988 hat dies im wesentlichen bestätigt, wenn auch die Erdölexportländer vorübergehend eine Ausnahme machten. Es stieg aber der Anteil der von GROTEWOLD umrissenen Kernländer weiter von 61,2% auf 64,9%.

GROTEWOLD unterscheidet im internationalen Handel vier Formen:
1) *Handel innerhalb der Kerngebiete:* Dieser umfaßt vornehmlich den Austausch gleicher Waren, wobei er gestützt auf die Automobilindustrie 50% annimmt. Dies begründet er nach PREDÖHL mit dem Vorherrschen vollständiger und nachbarschaftlich verflochtener Industriekomplexe mit allen vor- und nachgelagerten Erzeugungsstufen, Hilfsleistungen und Diensten. Fachlich geschulte Arbeitskraft ist neben der Nachbarschaft der Erzeuger wichtigster Standortfaktor, so daß intraindustrieller Handel mit Zuliefer- und Zwischenprodukten neben jenem mit Ausrüstungen und gleichartigen Konsumgütern bedeutenden Umfang hat. Meßbar ist dieser Handel eigentlich nur in Westeuropa. Hier zeigt sich wie erwartet eine leichte Steigerung, die sich allerdings zwischen 1980 und 1988 nicht mehr einstellte.

2) *Handel zwischen den Kerngebieten,* als welche er die Triadenräume und die zentrale Sowjetunion annimmt. Hierfür postuliert er einen Austausch gleicher Waren von 30%, wobei es sich wieder um die Produkte der oben genannten Industriekomplexe handelt. Für 1975 bis 1988 ergab sich eine Verstärkung dieser Handelsströme. Während sie aber zwischen Westeuropa und Japan wie auch von Westeuropa nach

10.2 Triade und Grotewolds Thesen zum Welthandel

den USA stark zunahmen, zeigte sich zwischen den USA und Japan wegen der vielen Zweigwerksgründungen und Partnerschaften kein Zuwachs mehr. Insgesamt entfielen 1988 41,8% des Welthandels auf den Austausch zwischen den Kernländern.

3) *Handel zwischen den Kerngebieten und den Peripherien:* Hier bleibt der Anteil gleicher Waren nach Grotewold mit 10% recht gering. Insgesamt sinkt der Anteil dieses Segments. Die Ursachen sieht Grotewold im Fehlen vollständiger Industriestrukturen und innovativer Vorsprünge in Entwicklungsländern und der Substitution von Naturprodukten durch Industriegüter in den Kerngebieten, z.B. von Kupfer durch Recyclingmaterial oder Glasfasern. Die Periode 1975 bis 1988 ergab ein leichtes Nachlassen des Handels der Peripherien mit Westeuropa und den USA. Jedoch konnten viele dieser Länder als Exporteure einfacher Industriewaren auftreten, was Grotewold nicht vorhergesehen hatte. Zwischen 1974 und 1985 vollzog sich auch der spektakuläre Boom der Erdölexportländer, die gleichwohl 1988 fast wieder auf das Ausgangsniveau zurückgefallen waren, so daß sich weltweit kein Anstieg dieses Handels ergab. 1988 liefen 22,6% des Welthandels von Peripherien in die Kerngebiete und 23,9% in umgekehrter Richtung.

4) *Handel der Peripherieländer untereinander:* Er wird vornehmlich mit Energieträgern und in geringem Umfang von speziellen Produkten durchgeführt. Für seinen Umfang sind nicht industrielle Verflechtungen, sondern der Bedarf und die Zahlungsfähigkeit der Länder maßgeblich. 1988 erreichte er 11,6% des Welthandels.

Grotewold betont mit Nachdruck (1979, S.59), daß der Handel zwischen den Kerngebieten und den Peripherien heute nicht mehr gesteigert werden könnte, indem letztere noch mehr Rohwaren erzeugen und exportieren, wie dies teilweise noch die Programme der Rohstoffonds der UNCTAD vorgesehen hätten. Vielmehr sinkt die Nachfrage der Kernzonen nach Rohwaren tendenziell und trotz der Aufgabe eigener Erzeugung etwa im Bergbau. Die Gründe liegen wohl in deren sehr geringem Bevölkerungswachstum, daneben in der weit über den Eigenbedarf hinausgetriebenen Agrarproduktion, dem Wandel von einer Industrie- zu einer Dienstleistungsgesellschaft und dem immer gewissenhafteren Recycling von Abfallstoffen. In den Peripherieländern hat steigender Verbrauch bei raschem Bevölkerungswachstum die gegenteilige Wirkung.

Insgesamt geben die Kerngebiete den Peripherieländern zuwenig *Wachstumsanreize.* Nur solche könnten dort die Industrialisierung vorantreiben und eventuell einige von ihnen zu den Kerngebieten aufschließen lassen. So hatte etwa der industrielle Aufstieg Deutschlands um die Jahrhundertwende die frühere skandinavische Rohstoffperipherie mitgezogen. Nach dem Zweiten Weltkrieg wurden dann neben Österreich auch Norwegen und Finnland vollwertige Industrieexporteure. Auch Japan ist erst seit dieser Zeit ein Kernland. Sein Aufstieg hat gewaltige auf Japan ausgerichtete und von diesem ausstrahlende Handelsströme ausgelöst und es einigen Ländern Ost- und Südostasiens erlaubt, die Grundlagen ihres eigenen Industriesystems zu legen. Japan ist auch geographisch gesehen ein gutes Beispiel, weil seine isolierte Weltlage die Effekte besonders klar erkennen läßt.

Wir könnten daraus folgern, daß angesichts des potentiell meist gegebenen Überflusses an Naturprodukten, deren sogenannte Knappheit ja eigentlich ein ökonomischer Mythos ist, nur Wachstum der Kernregionen ein eindeutiges Ausgreifen der Handelsverflechtungen zu den Ressourcenperipherien auslöst. Dort werden dann Produktionseinrichtungen und Erzeugungsgebiete entstehen, die in den Boomphasen ihrer Marktzyklen starke Wohlstandssteigerungen bringen. Später würde gerade der gesteigerte Handel bei den Abnehmern die Bestrebungen zur Substitution verstärken. So war es einst bei Rübenzucker versus Rohrzucker, Naturkautschuk versus Synthesekautschuk, Luftstickstoff versus Chilesalpeter, und so würde es auch bei einer neuerlichen Energiepreiskrise mit Sonnen- und Kernenergie gegenüber Erdöl, Erdgas und Kohle sein. Insgesamt und ohne eigene Industrialisierung scheinen die Peripherieländer immer noch zu *ständiger Repetition* der älteren Formen der Einbettung in den Welthandel verdammt zu sein. Gelingt es ihnen, sich in den Austausch von Industrieprodukten, später auch gleicher Waren und Serviceleistungen einzuschalten, so kann sich dies ändern. Es gibt ermutigende Zeichen dafür.

10.3 Zu einigen Plagen der Dritten Welt

Über die grundsätzliche Benachteiligung der Peripherien, im heutigen weltwirtschaftlichen System der Entwicklungsländer, wird von den Kirchen, Politikern, Dependenztheoretikern und den Philosophen der Weltsysteme beredet und seit langem Klage geführt (so WALLERSTEIN 1979; SENGHAAS 1972, 1978). Solche Klagen sind berechtigt, insofern der Welthandel keine Gerechtigkeit im Sinne der biblischen Moralvorstellungen kennt. Wir haben bereits gesehen, daß es für internationale Transaktionen eigentlich unerheblich ist, ob die Exportpreise wirklich alle sozialen und ökologischen Kosten der Erzeugung decken.

10.3 Zu einigen Plagen der Dritten Welt

Genau dies aber dürfte man sich in den enger geknüpften sozialen und politischen Netzen der entwickelten Volkswirtschaften nicht mehr leisten, will man nicht deren Zerfall riskieren. So unerfreulich und unethisch diese Unterscheidung sein mag, so unmöglich ist es nach wie vor, auf den Weltmärkten die sehr andersartig zustande kommenden Gestehungskosten der gleichen Produkte aus verschiedenen Ländern zu nur einem gerechten Preis zu vereinheitlichen. Theoretisch wurde dieses Problem von der *Grenznutzenschule* der Nationalökonomie für Inlandspreise beantwortet, wonach sich diese nach den Kosten des teuersten, gerade noch zur vollen Deckung des Bedarfs notwendigen Produzenten bestimmen müßten. Auf den Weltmärkten funktioniert dies eher umgekehrt. Die Preise orientieren sich in offenen und beliebig ausweitungsfähigen Beschaffungsnetzen nach dem billigsten Anbieter, der gerade noch bei diesem Niveau seinen Betrieb aufrechterhalten und diesen ausweiten kann. Daraus ergibt sich eine sekulär sinkende Tendenz vieler Preise für Welthandelsgüter.

Dies wird allerdings gemildert durch die Lehren vieler Krisen und Konflikte in aller Welt. Sie haben den Importeuren gezeigt, daß es für sie außerordentlich günstig ist, wichtige Rohwaren aus möglichst vielen Herkunftsländern zu beziehen. Bei Störungen springen dann andere Lieferanten ein, ohne daß sofort extreme Knappheitspreise zu zahlen wären. Bei Erdöl und vielen anderen Rohwaren ist es heute üblich, aus allen denkbaren Lieferländern zu beziehen und dort über längerfristige Vereinbarungen oder eigene Beteiligungen an der Produktion zu verfügen, auch wenn dies im Schnitt etwas teurer kommt. Deutschland bezog 1992 sein Rohöl direkt aus 17 Ländern und zusätzlich indirekt aus 11 Nachbarländern. Insgesamt gab es 1992 74 rohölproduzierende Länder, von denen 45 als Exporteure auftraten (Petroleum Economist 9/1992, ESSO-Oelmarkt 1992). Diese Aufspaltung gibt auch Ländern mit höheren Gestehungskosten einige Chancen.

Freilich verhilft ihre weltweite Aktivität den großen Industrie- und Handelsfirmen auch zu eklektischen Praktiken. Besteuerung, Abgaben, Sozialasten und Wechselkursschwankungen bewirken Unterschiede, die oft den reinen Gestehungskosten gleichkommen. Indem man diese Momente ständig überwacht und berücksichtigt, lassen sich Bezüge aus teureren Herkunftsländern drosseln und die Fehlmengen aus günstiger gewordenen Quellen ordern. Dies geht sogar schneller, als die Warenbörsen reagieren können. Bei dem allgemeinen Bemühen der Regierungen der Drittweltländer um Exporte und der Bereitschaft vieler Hilfsorganisationen, sie zu finanzieren, bleibt es leicht, immer wieder noch billigere Lieferanten zu finden.

Natürlich sind bei diesem Spiel viele Winkelzüge möglich. Wichtige Abnehmerländer und deren Handelsfirmen können die realen Exportpreise drücken oder durch komplexere Bartergeschäfte für sich günstigere Preise erzielen. All diesen Gefahren wollte man die integrierten Rohstoffonds der UNCTAD entgegensetzen. Diese passen aber nicht mehr in eine Szenerie, worin die Stellung der Staaten gegenüber den privaten Großfirmen schwächer geworden ist.

Unter den Plagen der Dritten Welt und nunmehr auch der einstigen Zweiten steht in auffälliger Weise das Problem der Länder mit nur einem Exportprodukt. Diese Länder und ihre Wirtschaft sind dann von den mitunter erratischen Preisschwankungen dieses Guts in jeder Hinsicht abhängig. Die *Einproduktländer* gelten als Erbstücke des Kolonialismus, was für einige kleinere durchaus zutrifft. Die Erdölländer, welche 40% dieser Gruppe ausmachen, können jedoch nicht auf früheren Kolonialismus zurückgeführt werden, weil sie erst später entstanden sind. 20% sind Bergbauländer, bei denen dieser Umstand durch geologische Zufälligkeiten mitbedingt ist. Immerhin sind die restlichen 40% reine Agrarexporteure, bei denen man fragen muß, warum ihre Exportgüterpalette so eng ist und wodurch sie so klein werden konnte?

Betrachten wir den Fall, daß ein Land nur ein Gut hätte, das dank komparativer Vorteile exportfähig ist. Nichts hindert dann die Kaufleute dieses Landes, durch Zwischenhandel, Veredlung der Rohware, Verwertung von Nebenprodukten, Nutzung freien Frachtraums, Erzeugung von Komplementärgütern usw. die Güterpalette auszuweiten. Dies geschieht auch oft. Dubai, das nach seiner Naturausstattung ein einseitiger Erdölexporteur sein müßte, liefert heute Aluminium, andere Industriewaren aus eigener Produktion, vermittelt solche aus Japan, die per Flugzeug oder Container nach Europa oder Amerika weiterlaufen, weil die Rückfrachten dorthin nur ein Viertel bis ein Fünftel der Preise der Gegenrichtung ausmachen. Eine interessante Nische fand sich für die Erzeugung einfacher Bekleidung für die USA, anfangs wegen des Fehlens einer Importquote für Textilien aus den Vereinigten Arabischen Emiraten. Inzwischen wurde eine solche Quote eingeführt, aber die junge Bekleidungsindustrie ist bereits stark genug, um sich auch ohne diesen Vorteil zu behaupten.

Kaufleute, die man nicht behindert, werden solche Chancen entdecken und auch in scheinbar aussichtslosen Situationen eine reiche Exportgüterpalette und regen Handel zustande bringen. Genau dies haben aber viele unabhängig gewordene Länder nicht zugelassen. Ihre Kaufleute wurden zu vielen staatlichen Bevormundungen unterworfen. Am schädlichsten erwies sich die sogenannte *Importsubstitution* als Pro-

10.3 Zu einigen Plagen der Dritten Welt

gramm einer eigenständigen Entwicklung, wie REICHART (1993 b) argumentiert:
Betreibt nämlich ein Land seine Industrialisierung hinter einer zu hohen Mauer von Schutzzöllen, so bedeutet dies höhere Inlandspreise für alle Leistungen. Dies trifft die bisherigen Exporteure, indem es deren Gestehungskosten hinauftreibt. Sie müßten nun im Export höhere Preise verlangen, was sie aber nicht durchsetzen können. Bekommen sie in dieser Situation keine Subventionen ihrer Regierung, müssen sie dieses Geschäft aufgeben. Letztlich bleibt einem Land dann nur jenes Exportgut, bei dem es weltweit zu den billigsten Erzeugern gehört und womit es am wenigsten verdient. Oft wird diese Produktion vom Staat auf dem Rücken der Bauern trotz schlechter Erträge beibehalten, weil sie die einzige Chance darstellt, Devisen ins Land zu kriegen. Dies war sicherlich bei ägyptischer Baumwolle vor 1973 der Fall gewesen. Selbst viele Erdölländer verspüren solche Effekte und bezahlen ihren zeitweiligen Vorteil mit dem längerfristigen Verlust aller anderen Exportchancen. Nur mehr je 3% der Exporte von Algerien und Nigeria entfallen auf die einstigen Warengruppen.

Die Nutzung vielfältiger Chancen setzt ein freies Handelsregime voraus. Ein Wandel in dieser Richtung setzt in vielen Ländern seit dem Anfang der achtziger Jahre ein. Heute erscheint das Problem der Einproduktländer nicht mehr so gravierend, wie es in Medien und Schulbüchern noch dargelegt wird. Viele Entwicklungsländer haben bereits ansehnliche Exportanteile bei Industrie- und Veredelungsprodukten, und in einigen Fällen übertreffen diese bereits die Rohwarenexporte.

Von den nahezu 200 Staaten und größeren abhängigen Gebieten waren 1990 noch 62 als Einproduktländer zu definieren, wenn man die Schwelle auf 50% der Gesamtexporte für dieses Gut ansetzt. Ihre Anzahl geht wieder zurück, nachdem lange Zeit die gegenteilige Entwicklung festzustellen war.

Eine interessante, aber selten behandelte Frage gilt dem *Importbedarf der Entwicklungsländer*. Diesen haben Geographen meist nur für Nahrungsmittel und Energieträger untersucht. Man ist daher immer noch auf RÜHL (1932) für eine systematischere Studie angewiesen. Dabei ist die Zusammensetzung und die Zunahme der Industriegüterimporte recht aufschlußreich, läßt sich aber nur für wenige Länder über genügend lange Zeiträume verfolgen, und das Bild wird durch weltwirtschaftliche Einflüsse oft gestört.

Eine Untersuchung der drei Länder Malaysia, Elfenbeinküste und Burkina Faso (Overvolta) durch GUTH (1991) ergab für die Periode 1960 bis 1986 einen auf das 10- bis 20fache steigenden Importbedarf und damit auch kräftige Zunahmen pro Kopf. Diese Zunahme setzte in den beiden afrikanischen Ländern 1973 ein, in Malaysia schon 10 Jahre früher. In der Anfangsphase dominierten Textilien, Bekleidung, Straßenfahrzeuge, Düngemittel, einfache Maschinen und Pharmazeutika, nur in Malaysia bereits Metallwaren und Kunststoffe. In der folgenden Phase verstärkter Importsubstitution traten rasche Zunahmen der Importe von Metallwaren, Kunststoffen, Chemikalien und anderen industriellen Zwischenprodukten auf. In Malaysia, das nach 1973 schon von der Ölpreissteigerung profitierte, wurden nun in wachsendem Umfang Elektrogeräte, Spezialmaschinen und industrielle Meß- und Prüfgeräte importiert. Hier und auch in der Elfenbeinküste gingen die Importe von Garnen und Textilien rasch zurück. Nach 1980 stagnierten in den beiden afrikanischen Ländern die Importe, und ihre Zusammensetzung änderte sich nur wenig. Malaysia zeigte dagegen die Wirkung einer ungebrochenen Industrialisierung und Wohlstandssteigerung im Vorrücken der Elektrogeräte, Feinmechanikprodukte, aber auch Spiel- und Kunststoffwaren bei sinkendem Bedarf an Fahrzeugen dank inländischer Montage.

Auch die *Exporte von Industriegütern* sind für Schwellenländer wenig untersucht. LE HERON (1990) stellt für Neuseeland fest, daß hier der Erfahrungsgewinn der Exporthändler sehr wichtig war und der Zugang zu Informationsquellen und der Aufbau einer Handelsorganisation entscheidend für den Erfolg werden.

10.4 Die Welt heute – Methodik und falsche Perspektiven

Internationale Handelsstatistiken erlauben es heute, die Staaten der Welt und ihren Außenhandel in jeglicher Hinsicht nach dem Umfang, der Zusammensetzung nach Gütern und nach der Richtung ihrer Exporte und Importe zu untersuchen und zu klassifizieren. Wichtigste Quellen sind die Jahrbücher der UNCTAD, das Internat. Trade Statistics Yearbook und auch das Statistical Yearbook der Vereinten Nationen. Manche Fragen können auch bereits aus so einfachen Nachschlagewerken wie dem FISCHER Weltalmanach ausreichend beantwortet werden (vgl. Tab. 7). Dies ist somit keine Aufgabe handelsgeographischer Forschung mehr, sondern angewandte Bearbeitung, für welche auch keine Dokumentation in Lehrbüchern nötig wird. Die Fragestellungen sind allerdings noch lange nicht ausgereizt.

Dazu eine Längsschnittuntersuchung einfachster Art nach Daten aus Ausgaben des FISCHER Weltalmanachs für Chile. Zwischen 1977 und

10.4 Die Welt heute

1990 stieg dessen Einwohnerzahl von 10,7 auf 13,1 Millionen; das Bruttosozialprodukt pro Kopf von 1235 Dollar auf 1900. Die Importe pro Kopf wuchsen von 222 Dollar auf 569 und der BIP-Anteil von 18% auf 29,9%. Auf der Exportseite gelang es Chile, seine Erlöse durch Ausweitung und Veredlung bei seinem klassischen Exportgut Kupfer und neuen Waren wie Holzprodukten und Südfrüchten noch schneller zu steigern. Lagen die Pro-Kopf-Werte 1977 erst bei 205 Dollar, so 1990 bei 690, und die BIP-Anteile waren von 16,6 auf 36,3% gestiegen. Dies ist eine leicht nachvollziehbare Fingerübung. Da man aber davon ausgehen kann, daß mit zunehmender Entwicklung und Industrialisierung eines Landes solche Erscheinungen zu erwarten sind, erhält ein solcher Längsschnitt einen Wert als Indikator für die Qualität der Wirtschaftspolitik eines Landes. In jedem Fall stehen den Chilenen mehr und vielfältigere Güter zur Verfügung als früher.

Die Weltexporte betrugen 1990 nach dem UNO Yearbook (1993, S. 856/857) 3012 Mrd. US-Dollar zu fob-Werten. Die Importe aller Länder beliefen sich auf 3392 Mrd. Dollar cif. In der Differenz stecken als Hauptfaktoren die Entgelte für internationale Transporte und Handelsleistungen. Natürlich spiegelt sie auch Auswirkungen von Währungskursschwankungen, und sie enthält Handelstransaktionen mit Freizonen und Freihäfen, wo kein zweiter Grenzübertritt der Waren verzeichnet wird, sowie Differenzen auf Grund exportierter, aber noch nicht eingetroffener Ware. Die Differenz ist so groß, daß sie Geographen eigentlich interessieren sollte.

Interessante Auswertungen auf statistischer Basis haben NIEROP und VOS (1988, S. 358 f.) angestellt. Sie untersuchten die Auflösung der einstigen imperialen Handelsblöcke. Ihre Bedeutung nimmt rasch ab, weil die Politik der Streuung der Handelsbeziehungen immer deutlicher wird. Die Dominanz einstiger Mutter- oder Hegemonialländer schwindet. Nur die EG macht hier eine Ausnahme. TERLOUW greift dies ausgehend von einer Diskussion der Weltsystemthesen nach WALLERSTEIN auf und untersucht vorherrschende Austauschbeziehungen als *Subsysteme des Weltsystems* (TERLOUW 1992, S. 100). Er findet für 1980 noch ein US-amerikanisches, französisches, japanisches, sowjetisches Subsystem, daneben ein westdeutsches und ein britisches. Das westdeutsche umfaßte damals die nichtkommunistischen Nachbarländer ohne Frankreich, dafür aber auch Schweden, Griechenland und die Türkei. Das einst weltumspannende britische Subsystem war auf Gambia, Sierra Leone, Malawi, Kenia und Irland reduziert.

Um die Bedeutung des Handels für einzelne Länder zu erfassen, bietet sich der Vergleich von absoluten Pro-Kopf-Werten oder der Pro-

10. Welthandel und Industrialisierung

Tab. 7: Einbindung wichtiger Welthandelsländer in den internationalen Austausch gemessen an den Güterimporten 1990

Land	Importe (in Mrd. Dollar)	Importe pro Kopf (in Dollar)	Importe als Anteil am BIP pro Kopf (in %)
USA	509	2027	9,3
BRD	390	6393	27,4
Japan	236	1903	7,5
Frankreich	231	4095	21,0
Großbritannien	210	3658	22,7
Italien	183	3172	18,9
Niederlande	126	8456	48,9
Belgien/Luxemburg	123	11800	73,6
Kanada	118	4453	21,7
Hongkong	100	17543	152,5
UdSSR	90	311	6,2
Spanien	90	2307	21,0
Südkorea	82	1916	25,5
Schweiz	67	10000	27,1
Singapur	66	22000	197,1
China VR	64	57	15,4
Taiwan	63	3119	41,6
Schweden	50	5814	24,6
Österreich	50	6493	33,1
Australien	39	2280	13,4
Bangladesch (z. Vergl.)	3,65	34	16,1
Sri Lanka (")	2,69	158	33,6
Zaire (")	0,75	158	33,6
Zentralafr. Rep. (")	0,17	56	14,4

Zusammengestellt nach Fischer Weltalmanach 1993.

zentanteile am BIP an. Dabei ist die *Importseite aufschlußreicher* als die Exportseite, die eher etwas über die Wirtschaft aussagt (THOMAN und CONKLING 1967, HANINK 1987). Immer noch gilt der Exporteur als der Held, der die Wirtschaft seines Landes ankurbelt. Aber die Aufgabe der Kaufleute ist es ihrem eigentlichen Sinne nach, einer Gesellschaft jene Güter zuzuführen, welche sie brauchen, um das Leben vielfältiger und reicher zu machen, kurz die Wohlfahrt zu steigern. Dieser Unterschied ist nicht trivial, und der eigentliche Held sollte der Importeur sein. Manche Länder haben schlechterdings nichts zu exportieren, erhalten

10.5 Alternativen zum internationalen Warenhandel 161

jedoch Mittel für ihre Importe aus verschiedensten Quellen. Diese Importe decken in jedem Falle den nachfragewirksamen Bedarf ab. Wie Tabelle 7 zeigt, treten hier beträchtliche Unterschiede auf. Als Kontrast zu den führenden Welthandelsländern sind auch einige arme Entwicklungsländer angeführt.

Hier fallen zunächst die geringen Importwerte einiger großer Welthandelsländer wie USA, Japan, Australien und auch Italien auf. Diese sind vom Handel wenig abhängig. Europäische Industrieländer zeigen dagegen hohe Importe pro Kopf und BIP-Anteile von 20 bis 30%. Auffällig sind die sehr ähnlichen Kopfquoten für Nachbarländer wie Deutschland – Österreich und Japan – Südkorea bei weit höheren BIP-Anteilen des kleineren Landes. Daß sich hohe Importwerte bei Ländern mit aktivem Zwischenhandel finden, ist verständlich bei den Niederlanden, Hongkong und Singapur. Die hohen Werte für Belgien und die Schweiz weisen auf die Wohlfahrtsbedeutung der Importe hin, wobei das hohe Wohlstandsniveau der Schweiz den BIP-Anteil drückt. Die Volksrepublik China steht bei den absoluten Werten noch auf der Ebene eines armen Entwicklungslandes, trotzdem sind hier die BIP-Anteile nicht so niedrig, wie man erwarten würde. Dies gilt ähnlich für die meisten anderen Entwicklungsländer mit geringen Exporten bei sozusagen normalem Importbedarf, der dann allerdings nicht in der Handelsbilanz ausgeglichen werden kann.

Aus einer solchen Aufstellung lassen sich welthandelsferne Länder mit Weltmarktbedeutung (USA, Japan); welthandelsferne Länder ohne Weltmarktbedeutung (UdSSR, Zaire), eigentliche Welthandelsländer (BRD, Österreich, Schweden); arme weltmarktabhängige Länder (Sri Lanka); Zwischenhandelsländer usw. klassifizieren, ohne daß mit dieser Typologie sehr viel Einsicht gewonnen wäre.

Anders ist dies sicher, wenn man eine wohlfahrtsbezogene Perspektive wählt. Dann müßte man sagen, daß die Kaufleute der USA, Japans und der UdSSR die Wohlfahrt ihrer Mitbürger zu gering schätzen und eine Selbstgenügsamkeit im Handel vielleicht auch eine Selbstgenügsamkeit im Geiste ist.

10.5 Alternativen zum internationalen Warenhandel

Stellt man ein Wohlfahrtsziel im Welthandel heraus, was bedeutet dann das starke Vordringen transnationaler Konzerne mit ihren Netzwerken von Tochterfirmen? Oft wird diese *freie Produktion* im weltweiten Rahmen kritisiert. Aber man sollte sie vielleicht gar nicht mehr in das Korsett staatlicher Regelungen einbinden wollen, da sie ohnehin schon vielfach über die Lenkungs- und Kontrollkapazität der Regierungen hinausgewachsen ist und ein Instrument der Wohlfahrtssteigerung darstellen kann.

Allerdings gibt es heute erst wenige transnationale Unternehmen mit wirklich moderner Organisationsstruktur. Gerade große Konzerne haben oft die bürokratischen Organisationsmuster ihres Stammlandes intern kopiert und halten weiter daran fest. Weiten sie solche Strukturen über fremde Länder aus, so ist der Effekt wenig anders als im Kolonialismus.

Zu einer Wertung des Beitrags solcher Firmen muß man kurz die *Lohnveredlung* als alternative Form des Welthandels betrachten. Motiv dafür ist die reichlich vorhandene, billige Arbeitskraft armer Länder. Es werden jedoch dann Güter nach internationalen Standards erzeugt, die sonst in dieser Art nicht hervorgebracht worden wären. Diese können zu viel niedrigeren Preisen auch auf dem Inlandsmarkt des Gastlandes angeboten werden, als für gleichartige Importe aus Industrieländern zu zahlen wären. Zugleich sind die Auftraggeber die Importeure von sonst noch nicht vorhandenen Organisations- und Managementmethoden und von Know-how. Wollte eine unabhängige Privat- oder Staatsfirma in einem Entwicklungsland dieses erwerben, müßte sie dafür weit mehr aufwenden.

Reine Dienstleistungen und Techniken treten bisher kaum als Welthandelsgüter auf. Dies muß nicht so bleiben (CZINKOTA und RONKAINEN 1988, S.521 ff.). Vielleicht dürfte es auch nicht so bleiben. Dienstleistungen können sich verselbständigen und zu spezialisierten internationalen Unternehmen führen, die nur mehr *intangible Waren* anbieten, wie Planung, Kontrolle, Organisation, technische Überwachung, Consulting, Monitoring von Innovationen, bei denen der Anwender auf Spezialisten angewiesen bleibt, weil er dies noch nicht selbst einrichten kann. Deshalb haben in der gegenwärtigen Uruguay-Runde des GATT Dienstleistungen und geistiges Eigentum einen hohen Stellenwert erhalten. Manches wird noch zuwenig in seiner Zukunftsbedeutung wahrgenommen. Mit Ausbreitung der Mikroelektronik auf immer neue Anwendungen werden Softwarepakete, Expertensysteme, Lernprogramme und die Nutzerlizenzen zu eigenständigen Welthandelsgütern, ähnlich wie es die Urheberrechte an Büchern und Filmen schon seit langem sind.

Wie schnell sich solche Alternativen zum Warenhandel durchsetzen, ist noch unklar. Viele Formen sind bereits vorhanden und werden innovativ auf neue Anwendungsbereiche übertragen. In der Warensystematik der Statistiken tauchen sie noch nicht auf. Vielleicht aber manchen sie eines Tages den heutigen Handel mit Rohwaren und industriellen Massengütern zu Reliktformen, womit der Umbruch des Welthandels im Industriezeitalter zu Ende geführt würde.

11. WELTHANDEL – VOM ANFANG ZUM ENDE DER GEOGRAPHIE?

Der amerikanische Historiker FUKUYAMA hat jüngst mit der These Aufsehen erregt, die Weltgeschichte wäre nach dem Zerfall des Sowjetimperiums und seines andersartigen Wirtschafts- und Gesellschaftsmodells zu Ende gekommen. In der Tat haben die gegenwärtigen blutigen Konflikte mehr den Charakter von Wirtshausraufereien mit schweren Waffen als von welthistorisch bedeutsamen Vorgängen.

Die Handelsgeographie steht vor einer ähnlichen Situation. O'BRIEN (1992) hat dies plakativ aufgegriffen und ist dafür von GOTTMANN (1993) scharf kritisiert worden. Sein Ansatzpunkt ist die veränderte Rolle des *Zeitfaktors* bei Geschäftstransaktionen. Diese bestehen im Welthandel aus physischen Ortsveränderungen von Waren und immateriellen Transfers von Geld und Informationen. Letztere, so meint O'BRIEN, können heute weltweit in der Einheit der Zeit abgewickelt werden. Computervernetzung eliminiert die bisher nur durch Kalender und Zeitzonen standardisierten Zeitunterschiede der Akteure. Computer sind personenunabhängig weltweit vernetzbar, sie sind rund um die Uhr, tags und nachts und an Feiertagen, betriebsbereit. Ihre geographische Lokalisation ist gleichgültig (O'BRIEN 1992, 73). Bank- und Börsendienste sind die Pioniere. Für sie läßt sich die Welt auf einen Ort in real-time komprimieren, der nur mehr weitverstreute Schauplätze (RITTER 1991 b, S. 18 ff.) in potentiell unbegrenzter Zahl aufweist. Um so mehr sich der Welthandel entmaterialisiert, um so deutlicher wird auch die Rolle der Länder, Staaten und Handelsplätze zurückgehen.

Was kann dies für die Geographie bedeuten? Sie zog lange Zeit ihre Rechtfertigung als Wissenschaft aus dem Umstand, daß die einzelnen Teile der Geosphäre sehr verschiedenartig sind und zugleich schwierig zu erreichen und zu bereisen waren. Daran knüpfte sich die unvermeidliche Erwartung, dort auch große Reichtümer finden zu können, die wir real als Gold, wertvolle Waren, als Beute oder Handelsprofit, Erlebnis oder Photoertrag sehen dürfen.

Geographie begann gewiß mit den allerersten Fernhandelsbeziehungen, die es nahelegten, gewonnenes Wissen systematisch aufzubewahren und weiterzugeben. Dabei hatte man keinen Vorteil von irgendwelchem Geflunker, war also an der Wahrhaftigkeit im wissenschaftlichen Sinne

11. Welthandel – Ende der Geographie? 165

früh interessiert. Besondere Dokumentationstechniken und Vorstufen der Landkarten mußten dem mehrdimensionalen Charakter der realen Welt gerecht werden, die sich nicht einfach in einer linearen epischen Erzählung ausdrücken läßt.

Diese Geographie war anfangs in hohem Maße *praktische Handelsgeographie*. Sie hatte als solche ihre Hochblüte im Zeitalter der Entdeckungen und Eroberungen. Dieser folgte die neuzeitliche Blüte als Erdwissenschaft mit einiger Verzögerung. Diese brachte ein Auffächern in ein Bündel von Geowissenschaften, unter denen die Geographie selbst verzweifelt nach einem eigenen Sachobjekt fahndete. Darüber ging ihr so manche nützliche Tradition verloren.

Befaßt sich die Geographie mit den Unterschieden von Ort zu Ort und den Wegen, diese Orte auch zu erreichen, so lag dem zugrunde, daß vernünftige Handlungsabläufe nicht an mehreren Orten gleichzeitig ablaufen konnten. Die griechische Dramaturgie machte aus der Einheit von Ort, Zeit und Handlung ein wichtiges Prinzip. Der Bürger lebte ja in seiner Polis in einer so verfaßten Welt. Lediglich der Kaufmann kam und ging, ohne daß man genau verstehen konnte woher, wohin und warum.

Erst in den Volkswirtschaften des 19. Jhs. gelang es teilweise, die fehlende Einheit von Ort und Zeit bei Handlungsabläufen durch schnelle Verkehrs- und Nachrichtentechniken über weite Räume hin zu ermöglichen, indem man nun auch im Laufe nur eines Werktags andere Städte aufsuchen, dort seine Geschäfte erledigen oder seinen Partnern Nachrichten zukommen lassen konnte. Das geographische Publikumsinteresse, bis dahin recht deutlich auf die Gegebenheiten einzelner Städte und kleiner Gebiete ausgerichtet wie bei BÜSCHING und selbst noch bei HUMBOLDT, verschob sich zu ganzen Ländern. Deren Unterschiedlichkeit war unbestreitbar noch gegeben, während man sich bei Städten innerhalb eines Landes als Geographieanwender mehr und mehr darauf verlassen konnte, daß es überall Postämter, Bahnhöfe und Hotels geben würde.

Was vor 100 Jahren zur Zeit HETTNERS für ein Land galt, scheint bald weltweit möglich zu werden. Mit Telefon, Telefax und bald auch Bildtelefon ist jeder Geschäftspartner auf der ganzen Welt in Sekundenschnelle erreichbar. Flugzeuge und schnelle Expreßzüge verknüpfen im Tagesrandverkehr oder Nachtsprung halbe Kontinente. Touristen können sich durch Fernsehen und Videos eigentlich besser über fremde Länder informieren als durch eigene Reisen, die ohnehin zu 90% vorgefertigte Industrieprodukte sind.

In der Tat braucht man in einer solchen Welt die alte, dokumentierende Geographie nicht mehr, und sie weckt auch nur bescheidenes Interesse.

Dieses wäre noch weit geringer, gäbe es bereits weltweit eine funktionierende Einheit von Ort, Zeit und Handlung, wie dies die Computervernetzung erwarten läßt. Wird Geographie in dieser Rolle vollends entbehrlich, und muß dies tatsächlich ihr Ende sein? Selbst wenn O'BRIEN unter Geographie nur das räumliche Gefüge versteht, täten Geographen gut daran, das Menetekel zu lesen und in Rückbesinnung auf die Wurzeln ihrer Profession Bereiche wiederzuerkunden, die vielleicht trotz alles Zusammenwachsens der Welt nicht unnütz geworden sind. Die vergessene Geographie des Welthandels hielte viele Erträge für sie bereit.

LITERATURVERZEICHNIS

Abu Chacra, F. (1991): Trade and trade routes of the Quraysh. In: K.R. Haellquist, op.cit., S. 38–42.

Agergard, E.P., Olsen, A. und J. Alpass (1985): Die Beziehungen zwischen Einzelhandel und städtischer Struktur; die Theorie der Spiralbewegung. In: G. Heinritz, op.cit., S. 55–85.

Andree/Heiderich/Sieger (1930): Geographie des Welthandels. Bd. 3; verfaßt v. B. Dietrich und H. Leiter. Wien.

Behrens, Ch. K. (1957): Betriebslehre des Außenhandels. Essen.

Berekoven, L. (1985): Internationales Marketing. 2. Aufl. Berlin.

Berekoven, L. (1986): Grundlagen der Absatzwirtschaft. 3. Aufl. Berlin.

Berry, B.J.L. (1989): Comparative geography of the global economy. Economic Geography, vol. 65, S. 1–18.

Bibby, G. (1970): Looking for Dilmun. Marmondsworth/Middlesex.

Bitter, W. (1921): Die wirtschaftliche Eroberung Mittelamerikas durch den Bananentrust. Braunschweig. Nachdruck. Darmstadt 1974.

Bobek, H. (1959): Die Hauptstufen der Gesellschafts- und Wirtschaftsentwicklung in geogr. Sicht. Die Erde, Bd. 90, S. 258–297.

Böhm, K. (1974): Standorte des internationalen Handels. Unveröff. Diplomarbeit; Hochschule f. Welthandel, Wien.

Bösch, H. (1966): Weltwirtschaftsgeographie. 4. Aufl. Braunschweig.

Bottin International (1973): Internationales Handelsregister. Hrsg. Soc. Didot-Bottin. Paris.

Bouffier, W. (1929): Die Klauseln im Kaufvertrag. Betriebswirtsch. Forsch. d. Wirtschaftsverkehrs. Bd. 1. Wien.

Braudel, F. (1986): Aufbruch zur Weltwirtschaft, München.

Bredow, J. und B. Seiffert (1993): INCOTERMS 1990. Bonn.

Bucher, R. (1990/91): Die räumliche Gestalt von Außenhandelsgeschäften. Unveröff. Diplomarbeit; Institut f. Wirtschafts- und Sozialgeographie. Nürnberg.

Buchholt, H. und U. Mai (1992): Marktagenten und Prügelknaben. Die Erde, Bd. 123, S. 309–320.

Bulliet, R.W. (1990): The camel and the wheel. New York–Oxford.

Büsching, A.F. (1754ff.): Neue Erdbeschreibung. Hamburg.

Carter, F. (1972): Dubrovnik (Ragusa). A classic city-state. London.

Cateora, F.R. und J.M. Hess (1966): International Marketing. 2. Aufl. 1971. Homewood/Illinois.

Childe, G.V. (1952): Man makes himself. Orig. Ausgabe 1936. New York.

Childe, G.V. (1975): Soziale Evolution. Orig. Ausg. London 1951.

Chisholm, M. (1966): Geography and Economics. London.
Christaller, W. (1933): Die zentralen Orte in Süddeutschland. Jena. 2. Aufl. Darmstadt 1968.
Czinkota, M.R. und I. Ronkainen (1988): International Marketing. New York.
Deutsch, P. (1974): Handelsklauseln. Handwörterb. d. Absatzwirtschaft, S. 727–734. Stuttgart.
Dostal, W. (1979): Der Markt von Sana'. Wien.
Dunkel, A. (1992): „Der Kampf lohnt sich". Interview in: Forum – Internat. Universitätsmagazin, Jgg. 8/4, S. 23.
Ebeling, Ch.D. (ca. 1800): Erdbeschreibung und Geschichte von Amerika. Hamburg.
Elbashier, A.M. und J.R. Nicholis (1983): Export marketing in the Middle-East. European Journal of Marketing, Vol. 17/1, S. 68–81.
Escher, A. und E. Wirth (1992): Die Medina von Fez. Erlanger Geogr. Arb. Bd. 53. Erlangen.
Evers, H.D. (1991): Traditional trading networks in Southeast Asia. In: K.R. Haellquist, op. cit., S. 142–152.
Fischer Weltalmanach, Ausgaben 1993 und 1994, München.
Franz, J.C. und C. Siemsglüss (1981): Das Containerverkehrssystem. In: Der Containerverkehr aus geogr. Sicht. Nürnberger wirtschafts- und sozialgeogr. Arb., Bd. 33, S. 25–50.
Friedman, J. (1986): The world-city hypothesis. Development and change, Vol. 17/1, S. 69–83.
Gabriel, E.F. (1987): The Dubai Handbook. Ahrensburg.
Gaebe, W. (1989): Die Dynamik der internationalen Bank- u. Finanzzentren. Das Beispiel London. In: K. Wolf (Hrsg.): Zum System u.z. Dynamik hochrangiger Zentren im nat. u. internat. Maßstab. Frankfurter Geogr. Hefte Bd. 58, S. 43–70.
Gottmann, J. (1993): Global financial integration: The end of geography. Besprechung von R. O'Brien. The Geogr. Journal, Vol. 159, S. 101.
Greiner, P. (1992): Handelsliberalisierung, ökonomische Integration und zwischenstaatliche Konflikte. Münster.
Grill, W. und H. Percynsky (1985): Wirtschaftslehre des Kreditwesens. 21. Aufl. Bad Homburg v.d.H.
Grötzbach, E. (1976): Der Welthandel in der Gegenwart. 4. Aufl. Paderborn.
Grotewold, A. (1963): What geographers require of international trade statistics. Ann. of the Ass. of American Geogr. Vol. 53, No 2.
Grotewold, A. (1979): The regional theory of world-trade. Grove City/Pennsylvania.
Grotewold, A. (1992): Welthandel in Raum und Zeit. Trier.
Guth, T. (1991): Der Importbedarf an Industriegütern in Entwicklungsländern. Unveröff. Diplomarbeit, Lehrst. f. Wirtsch.- und Sozialgeogr. Nürnberg.
Haellquist, K.R. (Hrsg. 1991): Asian trade routes, continental and maritime. Skandinav. Inst. of Asian Studies: Studies on Asian Topics 12, London.
Haggett, P. (1983): Geographie, eine moderne Synthese. New York.

Halbach, A. J. und R. Osterkamp (1988): Die Rolle des Tauschhandels für Entwicklungsländer. Forschungsber. d. Bundesmin. f. wirtsch. Zusammenarbeit, 91. Köln.

Hanink, D. M. (1987): A comparative analysis of the competitive geographical trade performance of the USA, the FRG and Japan – the markets and marketers hypothesis. Economic Geogr., Vol. 63, S. 293–395.

Hanink, D. M. (1988): An extended LINDER-model of international trade. Economic Geography, Vol. 64, S. 322–334.

Hanink, D. M. (1989): Trade theories, scale and structure. Economic Geography, Vol. 65, S. 267–270.

Hayut, Y. (1981): Strukturwandlungen im Gütertransport über See in ihren Auswirkungen auf die Investitionspolitik der Seehäfen. München.

Heinritz, G. (1985): Standorte und Einzugsbereiche tertiärer Einrichtungen. Darmstadt.

Hellauer, J. (1920): System der Welthandelslehre. Berlin.

Hellauer, J. (1921): China. Berlin–Leipzig.

Hellauer, J. (1954): Welthandelslehre, 8. Aufl. Wiesbaden, 1. Aufl. Berlin 1910.

Henzler, R. (1970): Betriebswirtschafslehre des Außenhandels. Wiesbaden.

Herrmann, H., Schmidke, W.-D., Bröcker, J. und K. Peschel (1982): Kommunikationskosten und internationaler Handel. Schr. d. Inst. f. Regionalforschung, Univ. Kiel. München.

Hettner, A. (1932): Das länderkundliche Schema. Geogr. Anzeiger, Bd. 33, S. 1–6. Nachdruck in: R. Stewig (Hrsg.): Probleme d. Länderkunde. Darmstadt 1979, S. 85–95.

Hettner, A. (1952): Allgemeine Geographie des Menschen. Bd. 3 Verkehrsgeographie, Hrsg.: H. Schmitthenner. Stuttgart.

Hirsch, S. (1974): Hypotheses regarding trade between developing and industrial countries. In: H. Giersch (Hrsg.): The internat. division of labour, problems and perspectives. Tübingen, S. 65–82.

Hofstede, G. (1980): Culture's consequences: International differences in work-related values. Beverly Hills/Calif.

Hottes, K. H. (1991): Die Plantagenwirtschaft in der Weltwirtschaft. Bochumer Schr. z. Entwicklungsforsch. u. Entwicklungspolitik, Bd. 29. Frankfurt.

Humboldt, A. v. (1809): Versuch über den politischen Zustand des Königreichs Neu-Spanien. Tübingen.

Humlum, J. (1978): Kulturgeografi 1+2. Textband u. Kulturgeogr. Atlas, 8. Ausgabe, Kopenhagen.

International Labour Organization (ILO) (1977): Economic transformation in a socialist framework. JASPA. Addis Abeba.

Jäckel, W. (1991): Internationales Rohstoffabkommen und nationale Entwicklungspolitik im Widerspiel am Beispiel Kaffee/Indonesien. Zt. f. Wirtschaftsgeographie, Bd. 33, S. 158–169.

Jahrmann, F. U. (1988): Außenhandel. 5. Aufl. Ludwigshafen.

Johnson, J. (1981): Location and trade theory. Univ. of Chicago, Dept. of. Geogr., Research Paper 198. Chicago.

Johnston, R.J.: Extending the research agenda. Economic Geogr. Vol. 65, S. 338–347.
Jülg, F. (1993): Grenzübergänge am Beispiel der Republik Österreich. In: Nürnb. wirtschafts- u. sozialgeogr. Arbeiten, Band 46, S. 351–382.
Jueterbock, D. (1988): 10 Jahre S.W.I.F.T. – Netzwerke – ein Meilenstein der Automaten? Die Bank 5/1988, S. 269–275.
Jungfer, J. (1982): Die Beziehungen zwischen Zahlungsbilanz, Außenhandel und Wirtschaftswachstum. Volkswirtsch. Stud., Bd. 17: Außenhandel. Düsseldorf.
Kellner, K. (1990): Die Gliederung Deutschlands nach marketingstrategischen Gesichtspunkten. Nürnb. wirtschafts- u. sozialgeogr. Arb., Bd. 43. Nürnberg.
Klein-Blenkers, F. (1974): Handelskettenanalyse. Handwörterb. d. Absatzwirtschaft, S. 721–727. Stuttgart.
Klingbeil, D. (1977): Aktionsräumliche Analyse und Zentralitätsforschung. Münchener Geogr. Hefte 39, S. 45–74.
Klingbeil, D. (1978): Aktionsräume in Verdichtungsräumen. Münchener Geogr. Hefte 41. München.
Kreutz, H. und Ch. Kreutz (1994): „Hans im Glück". Die Generierung von Systemen sozialer Ungleichheit durch ungleichen Tausch. In: H. Kreutz (Hrsg.): Formen des Tausches. Opladen.
Latocha, G. (1992): Einige Überlegungen zur Theorie periodischer Märkte. Erdkunde, Bd. 123, S. 113–124.
Le Heron, R.B. (1980): Export and linkage development in manufacturing firms. The example of New Zealand. Economic Geography, Vol. 56, S. 281–299.
Leister, I. (1963): Das Werden der Agrarlandschaft in der Grafschaft Tipperary/ Irland. Marburger Geogr. Schr. Bd. 18. Marburg.
Leiter, H. (1929): Wirtschaftsgeographie. In: Die Handelshochschule, Bd. IV, S. 589–840. Berlin–Wien.
Leiter, H. (1930): Welthandel. In: Andree/Heiderich/Sieger, Geogr. d. Welthandels, Bd. 1. Wien.
Leitherer, E. (1962): Die exportwirtschaftliche Literatur; Bibliographie. Ber. d. Inst. f. Exportforschung. Köln–Opladen.
Leontief, W.W. (1951): The structure of the American Economy 1929–1938. 2. Aufl. New York.
Leuchs, J.M. (1791): Allgemeine Darstellung der Handlungswissenschaft. Nürnberg. Nachdruck. Vaduz 1979.
Linder, S.B. (1961): An essay on trade and transformation. New York.
Lindwurm, A. (1878): Die Handelsbetriebslehre. Leipzig.
List, F. (1841): Das nationale System der politischen Ökonomie. 2. Aufl. Jena 1910.
Loh, W.W. (1983): Das S.W.I.F.T.-System, die moderne Datenübertragung im internationalen Zahlungsverkehr. Frankfurt.
Lorenz, D.S. (1967): Dynamische Theorie der internationalen Arbeitsteilung. Berlin.

Lösch, A. (1939): Eine neue Theorie des internationalen Handels. Weltwirtsch. Archiv, Bd. 50, S. 308–327. Nachdruck in: E. Otremba und U. a. d. Heide: Handels- und Verkehrsgeographie, S. 205–230. Darmstadt.

Lösch, A. (1940): Die räumliche Ordnung der Wirtschaft. Jena. Nachdr., 3. Aufl. Stuttgart 1972.

Ludovici, C.-G. (1768): Grundriß des vollständigen Kaufmannssystems. Leipzig.

Ludovici, C.-G. (1752–1776): Eröffnete Akademie der Kaufleute oder vollständiges Kaufmannslexikon. Leipzig.

Luhmann, N. (1984): Soziale Systeme. Frankfurt.

Malunat, B. M. (1987): Der Kleinstaat im Spannungsfeld von Dependenz und Autonomie. Europ. Hochschulschr., Bd. 104. Frankfurt.

Marperger, P. J. (1714): Der vollkommene schlesische Kaufmann (auch: „Schlesischer Kaufmann"). Breslau.

Mc Connell, J. E. (1986): Geography of international trade. In: Progress in human geography, Bd. 10, S. 471–483.

Menck, K. W. (1992): Wie bilden sich Rohstoffpreise? Entwicklung und Zusammenarbeit, Jg. 33 (6), S. 8–10.

Meynen, E. (1985): International geographical glossary. (Darin Stichwörter z. Handelsgeogr. v. W. Ritter.) Wiesbaden.

Miracle, G. E. und G. S. Albaum (1970): International marketing management. Homewood/Illinois.

Myint, H. (1968): The classical theory of international trade and the underdeveloped countries. In: Therberge, J. D. (Hrsg.): Economics of trade and development. New York.

Myrdal, G. (1957): Economic theory and underdeveloped regions. London.

Niebuhr, C. (1774): Entdeckungen im Orient 1761–1767, Kopenhagen. Nachdruck. Tübingen 1973.

Nierop, T. und S. de Vos (1988): On shrinking empires and changing roles: World trade patterns in the postwar period. Tijdschr. v. econ. en sociale Geografi. Vol. 79, S. 343–364.

Nitsche, R. (1953): Uralte Wege – ewige Fahrt, Handel entdeckt die Welt. München.

Nurkse, R. (1959): Contrasting trends in 19th and 20th century world trade. In: G. Haberler und R. M. Stern: Equilibrium and growth in the world economy, S. 282–303. Cambridge/Mass. 1962.

Oberparleiter, K. (1930): Funktionen und Risiken des Warenhandels. 2. Aufl. 1955. Wien.

O'Brien, R. (1992): Global financial integration: The end of Geography. London.

Obst, E. (1960): Allgemeine Agrar- und Industriegeographie. 2. Aufl. Stuttgart.

Ogger, G. (1982): Die Gründerjahre. München.

Ohlin, B. (1937): Interregional und international trade. Cambridge.

Ohmae, K. (1985): Macht der Triade, die neue Form des weltweiten Wettbewerbs. Wiesbaden.

Otremba, E. (1957): Allgemeine Geographie des Welthandels und des Weltverkehrs. Stuttgart.

Otremba, E. (1960): Der Wirtschaftsraum, seine geographischen Grundlagen und Probleme. 2. Aufl. Stuttgart.

Otremba, E. (1978): Handel und Verkehr im Weltwirtschaftsraum, 2., neubearb. Auflage von Otremba, 1957 (oben). Stuttgart.

Otremba, E. und U. auf der Heide (Hrsg. 1975): Handels- und Verkehrsgeographie. Darmstadt.

Oxford Economic Atlas of the World (1972), 4. Ausgabe. London.

Peet, R. L. (1969): The spatial expansion of commercial agriculture in the 19th century. A von Thünen interpretation. Economic Geogr. Vol. 45, S. 283–301.

Predöhl, A. (1961): Weltwirtschaftliches Handwörterbuch der Sozialwissenschaften. Bd. 11, S. 604–613. Göttingen.

Predöhl, A. (1971): Außenwirtschaft. 2. Aufl. Göttingen.

Ptak, R. und P. Haberzettl (1990): Macao im Wandel. Sinologica Colonensia, Bd. 14. Stuttgart.

Quasten, H. (1970): Die Wirtschaftsformation der Schwerindustrie im Luxemburger Minett. Arb. aus dem Geogr. Inst. der Univ. des Saarlandes. Saarbrücken.

Reichart, T. (1982): Die Ananas – ein neues Weltwirtschaftsgut? Nürnb. wirtschafts- u. sozialgeogr. Arb., Bd. 38. Nürnberg.

Reichart, T. (1993 a): Entwicklungsachsen verschwinden in den Tunneln der Ritterschen Hohlwelt. In: Nürnberger wirtschafts- und sozialgeogr. Arb. Bd. 46, S. 93–106.

Reichart, T. (1993 b): Städte ohne Wettbewerb. Bern.

Ricardo, D. (1816): Principles of political economy and taxation. London.

Ritter, C. (1822 ff.): Die Erdkunde im Verhältnis zur Natur und Geschichte des Menschen. Berlin.

Ritter, W. (1981): Die Innovation des Containerverkehrs und ihre geographischen Auswirkungen. In: Der Containerverkehr aus geogr. Sicht. Nürnb. wirtschafts- u. sozialgeogr. Arb. Bd. 33, S. 1–24. Nürnberg.

Ritter, W. (1984): Handelswege und Städtesysteme. In: F. Tichy und J. Schneider: Stadtstrukturen an alten Handelswegen, S. 1–14. Neustadt a. d. Aisch.

Ritter, W. (1985): Qatar, ein arabisches Erdölemirat. Nürnberger wirtschafts- u. sozialgeogr. Arb. Bd. 38, Nürnberg.

Ritter, W. (1987): Gewerbliche Wirtschaftsformationen im nördlichen Bayern. Ber. z. dt. Landeskunde, Bd. 61. S. 425–452. Trier.

Ritter, W. (1991 a): Wirtschaftskarten in Schulatlanten – Und die Wirtschaftstheorie? Wiener Schriften z. Geographie und Kartographie, Bd. 3; S. 176–183.

Ritter, W. (1991 b): Allgemeine Wirtschaftsgeographie. München.

Ritter, W. und W. Strzygowski (1970): Geographie. Darmstadt.

Rossavik, M. (1991): Lebendschafimporte und ihre Bedeutung für die Fleischversorgung Arabiens. Dissertat. Univ. Erlangen-Nürnberg, Selbstverlag, Stavanger.

Rühl, A. (1975): Zur Frage der internationalen Arbeitsteilung. In: E. Otremba und U. a. d. Heide, op. cit., S. 191–204. Original 1932.
Samatar, A. I. (1993): Structural adjustment as development strategy? Bananas, boom and poverty in Somalia. Econ. Geography, Vol. 60, S. 25–43.
Schär, J. F. (1921): Allgemeine Handelsbetriebslehre. 4. Aufl. Leipzig.
Scheu, E. (1927): Der Einfluß des Raumes auf die Güterverteilung. Ein wirtschaftsgeogr. Gesetz. Mitt. d. Vereins d. Geogr. an d. Univ. Leipzig, VII, S. 312–38. Nachdruck mit fehlerhaften Formeln in: E. Otremba und U. auf d. Heide; op. cit.
Schmidt-Wulffen, W.-D. (1985): Subsistenz und Weltmarktproduktion in ihrer Bedeutung für die Entstehung der Dürre 1969–1973. Zeitschr. f. Wirtschaftsgeogr. Bd. 29, S. 97–106.
Schöller, P. (1984): Macau – Funktionsumkehr am Überseetor Ostasiens. In: F. Tichy und J. Schneider (Hrsg.): Stadtstrukturen an alten Handelswegen. S. 89–100. Neustadt a. d. Aisch.
Schonberg, J. F. (1956): The grain trade: How it works. New York.
Schumpeter, J. (1926): Zur Theorie der volkswirtschaftlichen Entwicklung. 2. Aufl. München/Leipzig.
Senghaas, D. (1972): Imperialismus und strukturelle Gewalt. Analysen der abhängigen Reproduktion. Frankfurt.
Senghaas, D. (1978): Abkoppelung als entwicklungspolitische Devise. In: NZZ-Wirtschaftsredaktion (Hrsg.): Entwicklungspolitik im Umbruch. Zürich.
Seyffert, R. (1931): Die Handelskette. Handwörterb. d. Betriebswirtschaftslehre, S. 2576–2581. Orig.: Die Betriebswirtschaft, Bd. 24, S. 337–343.
Seyffert, R. (1951): Wirtschaftslehre des Handels. Köln–Opladen. 3. Aufl. 1957, 4. Aufl. 1972.
Smith, Rob. und E. Gormsen (1979): Market place exchange. Mainzer Geogr. Stud. 17. Mainz.
Smith, Ru. und O. M. Phillips (1951): Industrial and commercial geography. 3. Aufl. New York.
Stackelberg, H. v. (1948): Grundlagen der theoretischen Volkswirtschaftslehre. Bern.
Stahr, G. (1991): Internationales Marketing. Ludwigshafen.
Stamp, Sir D. (1975): Chisholm's handbook of commercial geography. 19. Aufl. London.
Staudacher, Ch. (1991): Dienstleistungen, Raumstrukturen und räumliche Prozesse. Wien.
Sundhoff, E. (1979): 300 Jahre Handelswissenschaft. Göttingen.
Taylor, M. und J. N. J. Thrift (1983): Business organization, segmentation and location. Regional Studies 17, S. 445–460.
Terlouw, C. P. (1992): The regional geography of the world-system. Nederlandse Geogr. Studies 144. Utrecht.
Thoman, R. S. (1965): Free ports and foreign trade zones. Cambridge/Massachusetts.

Thoman, R.S. und E. Conkling (1967): Geography of international trade. Englewood Cliffs/New Jersey.
Thünen, H. v. (1826): Der isolierte Staat in bezug auf Landwirtschaft und Nationalökonomie. Neuausgabe der 4. Auflage. Stuttgart 1966.
Tietz, B. (1985): Der Handelsbetrieb. München.
Todd, E. (1985): The explanation of ideology, family-structure and social systems. Oxford.
Toynbee, A. (1963): A Study in history. Vol. 7 a, Universal states. London.
Tragl, I. (1991): Kalender und Geschenktermine für Spielwaren. Nürnb. wirtsch. u. sozialgeogr. Arb., Bd. 44. Nürnberg.
Uhlig, Ha. (1992): Südostasien vor dem Jahr 2000. Geogr. Rundschau, Bd. 44, S. 10–17.
Uhlig, He. (1976): Die Sumerer. München.
UNCTAD (1989): Handbook of international trade and development statistics 1988. New York.
United Nations (1993): Statistical Yearbook 1990/91. New York.
United Nations (1989): International Trade Statistics Yearbook. New York.
Vance, J.E.Jr. (1970): The merchant's world: The geography of wholesaling. Englewood Cliffs/New Jersey.
Vernon, R. (1966): Trade and international investment in the product cycle. Quarterly Journal of Economics, Vol. 13, S. 109–207.
Voigt, F. (1973): Verkehr. Bd. I: Die Theorie der Verkehrswirtschaft. Berlin.
Wallerstein, I. (1979): The capitalist world economy. New York.
Walter, R. (1989): Märkte, Börsen, Ausstellungen und Konferenzen im 19. u. 20. Jahrhundert. In: H. Pohl (Hrsg.): Die Bedeutung der Kommunikation für Wirtschaft und Gesellschaft, S. 379–440. Wiesbaden.
Wansborough, J. (1991): Ugarit – a bronze-age hansa. In: Haellquist K.R., op. cit.
Willke, H. (1982): Systemtheorie. Stuttgart.
Wirth, E. (1974): Zum Problem des Basars (suq, carsi). Der Islam, Bd. 51, S. 203–260. Fortgesetzt: Bd. 52, S. 6–46.
Wirth, E. (1988): Dubai. Ein modernes städtisches Handels- und Dienstleistungszentrum am Arabisch-Persischen Golf. Mitt. d. fränk. Geogr. Ges. Bd. 33/34, Erlangen; S. 17–128. Detto: Erlanger Geogr. Arb. Bd. 48, 1987.
Woodward, D.J. und G. Stockton (1989): Sub-saharan Africa: From crisis to sustainable growth. Washington D.C.

REGISTER

Absatzhandel 52
Absatzmarkt 22 f.
Abschließungspolitik 114
Agrargesellschaft 78
Amsterdam 110. 137
Antwerpen 110. 134. 137
Araber 124 f.
Arabischer Golf 90 f. 100. 117
Arbitermarkt 29
Argentinien 35. 75
Athen 97. 100. 120
Auktion 51. 57
Außenhandel 14
  direkter – 59 ff.
  indirekter – 59 ff.
Außenhandel(s), -firma 39. 55
  -kammer 100
  -monopol 141
  -theorie 4. 16 ff. 22. 34
Australien 35. 75

Bananen 89 ff. 93. 107
  -Trust 55. 88
Barbiepuppe 83
Barriere 110. 141
Bernsteinstraße 117
Beschaffung(s), -handel 51
  -markt 22 f.
Boom 93
Börse, Börsenplatz 25. 27. 51. 70
Boston Tea Party 137
Break of Bulk 27. 130
Bremen 98. 101
Brügge 51. 81. 91

Cash-Crop 79. 132
Chartergesellschaft 129 f.
Chile 69. 71. 158

China 9. 98. 101. 109. 114. 122. 131. 138
Christaller-Modell 31. 98
Cif, Cif-Preise 24. 50 ff. 64 ff. 99. 159
Comprador 131
Container 27. 147

Delos 100
Dependenztheorie 20. 138
Deutschland 154 f.
Diamanten 30. 68
Dienstleistung 162
Dilmun (Bahrain) 118. 120
Direkthandel 30. 48 f. 53 ff. 141. 147 f.
Distanz 5. 8. 17. 31 ff. 75. 111
  -geschäft 57
  psychologische – 33
Dokumentenakkreditiv 59. 62
Dreieckshandel 133
Dubai 1 f. 7. 23. 32. 46 f. 63. 95. 101.
  113. 117. 145. 147. 156
Dubrovnik (Ragusa) 47. 96 f.

Echtheit 76
Economies of Scale 123. 144
Effektivgeschäft 57. 71
EFTA 105
Einheit von Ort, Zeit und Handlung
  22. 25. 49. 53. 57 f. 95. 165 f.
Einproduktland 156 f.
Einzelhandelskonzern 55
Eisen 120. 145
Embargo 104. 134
Emporium 51. 120
Entwicklungsland 157
Erdöl (Rohöl) 7. 28. 30. 54. 81. 86. 93.
  136. 155 f.
Erfüllungsort 51. 58. 63 ff. 70

Erzeugermarke 83
Europäische Union (Gemeinschaft) 105
Expansion der Handelsnetze 114
Export, -preis 145
-statistik 65

Factoring 62
Faktorei 99. 149
Faktorwanderung 20
Fernhandel 36. 74. 112 f. 116
Finanzierung 128 f. 137
Flagge und Handel 127. 136
Flughafen 24
Fob, Fob-Preise 24. 50 ff. 58 ff. 64 ff. 107 f. 123. 159
Frankreich 76
Freie Produktion 161
Freihafen 26. 60. 103. 159
Freihandel 13. 16 f. 20. 95. 99 ff. 104. 106. 140
Freihandelszone 104 f.
Fungibilität (Fungible Ware) 81. 85
Funktion; räumliche 22 ff. 51
zeitliche – 25 f.

Gateway 42. 44. 52
GATT 106 ff. 162
Gebrauchswert 8. 66 f.
Genua 97. 110. 133. 137
Geographie, -anfänge 76. 164
-ende 164
Geschäft 9. 22. 48. 57
Gesetz der komparativen Kosten 16
Getreide 75. 120. 136. 145
Gewürze; -handel 7. 49. 80. 87 f. 134 f. 145
gleiche Waren 19. 79. 152 ff.
Global Sourcing 56
Gold 7. 30. 70. 119
Grenzübergang 120
Güter, -bedarf 103
-import 160
-ströme 32

Hafenstadt 142
Hamburg 38. 43. 98. 101. 103. 149
Handel, indirekter – 48. 142
internationaler – 4. 6
interner – 4. 6
Handel(s), -austausch (klimabedingter) 74 f.
-block 159
-funktion 22 ff. 37. 41. 47. 51. 84. 94 f. 112. 116. 141
-geographie 3 f. 11 f. 23. 164 f.
-güter (kulturspezifische) 73. 76. 79 ff.
-haus 10. 98. 134
-kapital 18
Handel(s),
-compagnie 129
-kette 8. 26. 29. 47 ff. 54 f. 66. 83. 89 f. 94. 122. 124 f.
-kolonie 130
-kosten 112
-manipulation 103
-marke 28
-netz 114. 120 f.
-platz 10. 28. 30. 39 ff. 48. 51 ff. 60 f. 94. 102. 111. 131 f. 141. 146
-plätze (Deutschland) 41 ff.
-plätze (USA) 43 f.
-politik 21
-qualität 81 f. 89
-region 102
-route 141
-schleuse 140
-stadt 45. 53. 56. 102. 141 ff.
-stadt (freie) 94. 97. 100. 113
-transaktion 57
-weg 94
-wissenschaft 4. 10 f. 22. 37
-zentrum 141
Hans im Glück 66
Hanse 98 ff.
Hauptstadt 45. 53. 56. 102. 141 ff.
Heckscher-Ohlin-Theorem 18. 77. 138. 152
Herrschaftskolonie 131

Register

Hongkong 98. 101. 131. 161
Hort 26
Hudson's Bay Co. 78. 129
Humankapital 18

Importsubstitution 157
Inco-Terms 24. 63 ff.
Indien 101. 119. 122. 131 f. 138
Industrialisierung 138. 140. 144 ff.
Industrie, -firmen 53
 -länder 79
 -produkte 35. 83
Information 23. 34. 85 f. 95 ff. 141. 150
Innovation 54. 136
Intangible Ware 162
intelligente Güter 84

Jagdwirtschaft 78
Japan 114. 151 f. 161
Joint-venture 128

Kaffee 72. 74. 82. 108. 145
Kamelkarawane 121 ff. 127
Kanada 35
Karawanserei 122
Karthago 9. 97. 100
Käufermarkt 51. 67
Kaufmann, -leute 8 ff. 34. 37 ff. 118. 141
Kaufmann (Standorte) 46. 141
 -schaft 10. 94
 -shof 99
Kernregion, -raum 110 f. 114. 139. 151 ff.
Kirche 10. 128. 136
Kolonie 23. 97. 130. 137. 140. 148. 162
Kommerzgeographie 4. 12
komparative Kosten, -vorteile 16. 19 f. 75. 107. 111 f. 143
Konkurrenz 40. 54. 69 f. 94. 98. 103. 111
Konsularwesen 60. 96
Kontaktperipherie 113
Kontinentalsperre 104
Kontor (Hanse) 99. 123

Kooperation 95 ff. 98 ff. 111
Kreditfunktion 29
Kreuzzug 128. 134
Kühlkette 55. 69
Kupfer 73. 86. 118. 120. 159
Kurierdienst 32

Lager 29
Lagerhaltung 26. 142
Lissabon 54. 124. 134. 137 f.
Local Content 84
Lohnveredlung 79. 162
Loko-Geschäft 57
 -Handel 51
London 52. 70 f. 75. 98 f. 104. 110. 124. 137
Lübeck 52. 97. 137
Lufttransport 147

Macao 98. 131. 135
Malaysia 81. 158
Manchester 104
Marco Polo 9. 122
Marke 76
Marketing 4. 14 f. 29
Markt, periodischer 117
 -form, -konfiguration 67. 89
 -segment 99
Marokko 127. 140
Marxismus 16. 21 f.
Massengut 145 f.
Meistbegünstigung 20. 104. 107
Merchant Adventurer 129
Merkantilismus 11. 16. 136. 139. 141
Messe, -platz 29. 56. 142. 150
Methuenvertrag 16
Mobilität der Kaufleute 123
 - der Ware 8. 123
Monopol 68 f. 73
Moskau 101. 125

Nachbarschaftshandel 36. 45
Nachfrageakkumulation 26
Navigationsakte 137

Netzwerk 5. 9f. 23. 45ff. 54. 95. 98.
111. 117. 120
New York 70
Nowgorod 97. 99. 101. 125. 134
Nürnberg 52. 137. 149

offene Tür 140
Oligopol 68f.
OPEC 69
Optimierung 23. 25. 50. 141

Palmyra 53. 97. 120
Paris 137
Pelzhandel 7. 74. 135
Peripherie 18. 101. 112ff. 126. 133.
139. 153ff.
Perlentauchersyndrom 90ff.
Petra 53. 120
Plantagenwirtschaft 3. 54f. 133. 144
Portugal (Portugiesen) 74. 113f. 125f.
133. 134f. 138
Post 32. 147
Präsenz 46
Preis 16. 66ff. 111
 -bildung 89
 gerechter 16. 66ff. 111
Produktionsgebiet 90. 93. 115. 120
Protestanten 134
Pufferlager 26

Qualitätsfunktion 28ff. 60
Qualitätsprüfung 28
Quantitätsfunktion 27ff.

Raumkonzept 5. 19
Recycling 69. 108. 154
Reformation 129
regionale Theorie 21. 151
Regionalbüro 56
Remanenz 50f. 143
Ricardo, David 16f. 74. 138
Richtung d. Handels 112. 117
Risiko 24f. 31ff. 95. 109
 -distanz 33
Rohstofffonds 107. 153

Rohware 50. 81f. 87f.
Rotterdam 53
Rückfracht 1. 32. 147
Rund um die Welt 147
Rußland (Russen) 35. 129. 135f.

Saison 25. 75
Salomo 119. 128
Scheus Gesetz 35
Schutzzoll 20
Schwellenland 144. 158
Seefahrt (Schiffahrt) 10. 52. 122. 127.
130
Seehafen 38f.
Segelnde Ware 26
Segment d. Handelswege 122
Seide, Seidenstraße 115. 125
sekundäre Warenbewegung 85
Seltenheit 73f. 76. 117
Semiperipherie 111f. 133
Sibirischer Trakt 125
Siedlungskolonie 132
Singapur 101. 161
SITC-Code 85ff.
Sklaverei 133
Somalia 89ff.
Sowjetunion 45. 75. 109. 143. 161
Sozialismus 13
Spanien 134
Spekulation 25. 57. 71
Spotmarkt 26
Staat 10. 25. 101ff. 118. 136
Staatshandel 120. 142ff.
Städtewesen, älteres 79
Standards 27. 80. 82. 89. 108
Standort der Kaufleute 24. 38. 149
Stapelplatz 26. 51
Statistik 82. 85ff. 163
Steueroase 150
Steuerungszentrale 38. 41. 149
Straße 117
Stückgut 146
Stufenlehre 77
Stützpunkt 122. 124f.
Südostasien 9

Register

Sumerer 118
SWIFT 61f.
Systemumbruch 116. 163

Tarif, -distanz, -zone 32
Tauschgeschäft 142
Tauschwert 66ff.
Tee 80. 107
Telefax 32. 147. 165
Terminhandel 25
Terms of Trade 20
Thünen, -güter 31f. 35. 51. 77
-modell 17f. 34. 109
Tokio 70
Torpunkt 26. 39. 142f.
Triade 36. 150f.
Transfer, interner 146
Transport 23
-kosten 17. 31
Transit 123
-handel 52. 59ff. 113. 120

Überweisung 61
Ultima Thule 113. 135f.
Umweg 60
UNCTAD 20. 107. 153. 156. 158
Universalreich 110
Unravelling Point 52
USA 35. 132. 151f. 156. 161

Venedig 9. 52. 97f. 100. 110. 123f. 133. 137
Verkäufermarkt 67
Vorort 42. 100

Währungskurs, -risiko 63
Währungsunion 105
Wanderhandel 117. 135. 150
Ware 7f. 47. 72ff.
graue – 76
Warenklassifikation 85

Weg, der Ware 58ff.
– der Zahlung 58. 61
Weihrauch, -straße 74. 119
Welt 6
Welthandel 6ff. 25. 36
Region des – 39. 116
-handelsgut 12. 35. 72ff. 82. 163
-handelskaufmann 22. 37. 45. 94. 148. 150
-handelslehre 14f.
-handelsnetz 134
-handelsplatz 1. 96f.
-handelssystem 116
-handelstransaktion 7ff. 30. 39
Weltmarkt 68. 155
-preis 67. 71
Weltstadt 3. 29. 33. 38. 98
Weltsystem 73. 159
Weltwirtschaft 7. 109f. 113. 118. 134
europäische – 135. 137. 139
-wirtschaftsgut 73
-wirtschaftskrise 91
-wirtschaftsraum
kontinentaler – 109. 122
maritimer – 109. 136. 147
Wertschöpfung 30. 84
Westeuropa 151f.
Wirtschaftsformation 76. 96
WTO 107
Wunder, ökonomisches 113f. 124

Zahlungsklausel 65
Zeit 164
-distanz 32
Zinn 69. 73
Zoll 100ff.
-freizone 26. 103
-verein 105
Zwischenhandel 161
-lager 26. 103
Zucker 133. 136. 145
Zulieferer 84